商务印书馆(成都)有限责任公司出品

Michael Oakeshott: An Introduction
Paul Franco

欧克肖特导论

[美]保罗·佛朗哥 著
殷莹 刘擎 译

商务印书馆
The Commercial Press

Micheal Oakeshott: An Introduction
by Paul Franco
Copyright © 2004 by Paul Franco
Originally published by Yale University Press.
Simplified Chinese edition copyright © 2014 Shanghai Sanhui Culture and Press Ltd.
Published by The Commercial Press
All rights reserved.

献给埃丝特

目 录

前言 1
书目缩写一览表 1

第一章 欧克肖特的声音 1
第二章 观念论 32
第三章 政治哲学 74
第四章 理性主义 106
第五章 人类的对话 149
第六章 公民联合 185
结语 234

进一步阅读 238
索引 244
人名中英文对照表 263
译后记 266

前　言

我在1990年出版了我的第一部研究迈克尔·欧克肖特的著作。自此之后学界对于他思想的兴趣与日俱增，数本研究其哲学的著作，还有许多博士论文以及大量的研究论文相继问世。当然，在英伦学术圈之外，欧克肖特一直被视作一位重要的保守主义思想家，甚至被（错误地）誉为"撒切尔主义"背后的哲学"灰衣主教"（*éminence grise*）。但即便是在美国，他的名字也开始在非学术文本中更为频繁地出现。例如，在1996年美国总统竞选期间，《纽约客》刊登了一篇文章，阐述欧克肖特的反理性主义哲学如何可能被用来为克林顿和多尔的政治竞选缺乏远见做辩护。[1]1999年《新共和》上的一篇文章也谈到了欧克肖特，将他与列奥·施特劳斯（Leo Strauss）一并讨论，将他称为塑造了现代美国保守主义的伟大欧洲人之一。[2]当然，在最近与伊拉克战争期间，主要是施特劳斯及其在华盛顿的新保守主义追随者们占据了媒体的大量版面。然而，保守主义权威评论家大卫·布鲁克斯（David Brooks）巧妙地矫正了这种不平衡状况：在《纽约时报》社论版发表的文章中，他让欧克肖特的亡灵复活，想象性地介入了对伊拉克问题的辩论。虽然布鲁克斯承认，对于在一个全然非民主传统的国家中强制推行民主的这种努力，欧克肖特会有一些疑虑，但布鲁克斯仍然坚持认为，在美国人采用的那种无计划的重建伊拉克的方式中，有某些深刻的欧克肖特式的东西：像真正的欧克肖特主义者一样，他们"虽然陷入混

---

[1] Adam Gopnik, "Man without a Plan," *New Yorker*, 21 October 1996, 194—198.
[2] Alan Wolfe, "The Revolution That Never Was," *New Republic*, 7 June 1999, 34—42.

乱",但却从"错误经验"中获得教益。[3]

所有这些说法虽然没有多少启发性,但却表明,对欧克肖特的思想给出一个全面的介绍,指出其与21世纪持续的相关性,可能会对当代政治反思和辩论做出有用并且及时的贡献。这正是我在本书中力图企及的目标。我将主要集中讨论欧克肖特的政治哲学,阐明这种政治哲学何以体现了不仅是一种保守主义,而且是一种(在最宽泛意义上)的自由主义理论。我将阐明,欧克肖特的保守主义比其他形式的保守主义更令人信服也更适于我们的境遇,而他的自由主义理论在哲学深度、精致性和想象力上胜过了其他种种当代理论。然而,我不会仅仅局限于讨论欧克肖特的政治哲学,也同时会考察他对于哲学、历史、艺术、道德、宗教和教育等方面的重要且具有高度原创性的观点。欧克肖特详细阐述了这样一种政治哲学,其中政治并非最高的事物,而只是人类在文化王国(他称之为"人类的对话")中获得更实质性的完满实现的必要条件。那么就此而言,探讨他对人类经验中这些非政治部分的思考是绝对至关重要的。在本书的第一章中,我对欧克肖特的生平做了简短的概述,以此展示其性格特征,而最重要的是表明这个人的风格。

因为我努力想写一本即便是非专业的读者也能理解并感兴趣的书,因此本书尽量避免在不必要的情况下引用那些不断增多的研究欧克肖特的学术文献。我并不是说这些学术文献没有价值,也不是说我未曾从中获益。总体而言,欧克肖特在其阐释者方面是幸运的。因此,在本书最后,我提供了一份进一步阅读的指南,为那些对于围绕欧克肖特哲学所展开的学术辩论感兴趣的读者提供参考。

在本书的写作过程中,我受到许多人的恩惠。首先,也是最重要的,是我的编辑罗伯特·巴尔多克(Robert Baldock),他在多年以前就提议我写这样一本书,并耐心地等待我抽出时间从事这一工作。埃尔哈特基金会(Earhart Foundation)、鲍登学院(Bowdoin College)和弗莱彻

---

[3] David Brooks, "Arguing with Oakeshott," *New York Times*, 27 December 2003, 35.

家族基金（Fletcher Family Fund）慷慨地为本书提供资助，支持本书的研究和写作。我年迈的师长蒂莫西·富勒（Timothy Fuller）通过他自己有关欧克肖特的研究、他作为欧克肖特遗著执行人的工作，以及他对无数有关欧克肖特思想的专题讨论会和学术研讨会的整理，始终是我的灵感之源。在伦敦政治经济学院的一次愉快的午餐上，肯尼斯·米洛（Ken Minogue）与我分享了他对欧克肖特的回忆。诺埃尔·奥沙利文（Noel O'Sullivan）和他的妻子玛戈特（Margot）在他们位于赫尔的家中盛情款待我，给我讲述关于欧克肖特的故事，以及他们对欧克肖特哲学的洞见。诺埃尔还尤为热心地给我看他收藏的来自欧克肖特的私人信件——我在好几处有所援引。莱斯利·马什（Leslie Marsh）开创了"迈克尔·欧克肖特协会"（Michael Oakeshott Association）并建立了极为重要的网站，这已成为有用信息的一个固定来源。安娜·陶尔森（Anna Towlson）和她的员工对我帮助极大，使我得以接触英国政治经济科学图书馆档案资料中欧克肖特未经发表的手稿、记事簿和信件。我在鲍登学院的同仁，尤其是埃迪·克劳德（Eddie Glaude）——哎，现在他在普林斯顿——温柔地推动我不时地对自己正在做的事情以及这样做的原因做出解释。我的孩子，克莱尔（Claire）和山姆（Sam）在他们生命中的每一天都给予我快乐。山姆的朋友乔治（George）不断地询问我写到哪里以及何时将完成，这使我保持诚实。我的妻子吉尔（Jill），一如既往地，必不可少。最后，我的姐姐埃丝特（Esther），这本书作为对她的纪念献给她。她给予了我毕生的爱、鼓舞和一种勇敢的榜样，对此我将永远铭记。

书目缩写一览表

对欧克肖特作品的援引在文中以如下缩写形式表示。BLPES 指的是位于伦敦政治经济学院的"英国政治与经济科学图书馆",在那里收藏着大量欧克肖特撰写的以及有关欧克肖特的未发表的材料(手稿、演讲稿、笔记、书信等)。其中一些材料近日已结集出版——可惜太迟了,我未能用上——题为《什么是历史? 及其他论文》(*What is History? and Other Essays*, ed. Luke O'Sullivan [Exeter: Imprint Academic, 2004])。

"CBP"	"Contemporary British Politics," *Cambridge Journal* 1 (1947—1948): 474—490.
"CPJ"	"The Concept of a Philosophical Jurisprudence," *Politica* 3 (1938): 203—222, 345—360.
"CS"	"The Cambridge School of Political Science," BLPES, File 1/1/2.
"DSM"	"A Discussion of Some Matters Preliminary to the Study of Political Philosophy," BLPES, File 1/1/3.
EM	*Experience and Its Modes* (Cambridge: Cambridge University Press, 1933).
HCA	*Hobbes on Civil Association* (Indianapolis: Liberty Fund, 2000).
"JL"	"John Locke," *Cambridge Review* 54 (1932—1933): 72—73.
MPME	*Morality and Politics in Modern Europe: The Harvard Lectures*, ed. Shirley Letwin (New Haven and London: Yale University Press, 1993).

OH	*On History and Other Essays* (Oxford: Basil Blackwell, 1983).
OHC	*On Human Conduct* (Oxford: Clarendon Press, 1975).
PFPS	*The Politics of Faith and the Politics of Scepticism*, ed. Timothy Fuller (New Haven and London: Yale University Press, 1996).
RP	*Rationalism in Politics and Other Essays*, new and expanded edition, ed. Timothy Fuller (Indianapolis: Liberty Fund, 1990).
RPML	*Religion, Politics and the Moral Life*, ed. Timothy Fuller (New Haven and London: Yale University Press, 1993).
SPD	*The Social and Political Doctrines of Contemporary Europe* (Cambridge: Cambridge University Press, 1939).
"TH"	"Thomas Hobbes," Scrutiny 4 (1935—1936): 263—277.
VLL	*The Voice of Liberal Learning: Michael Oakeshott on Education*, ed. Timothy Fuller (New Haven and London: Yale University Press, 1989).

第一章 欧克肖特的声音

> 不探明一个人的风格,就会错过其言行四分之三的意义。
> ——欧克肖特,《学与教》(*VLL*,56)

迈克尔·欧克肖特于1990年12月18日去世。在随后而来的讣告悼文中,欧克肖特获得了对其学术生涯最好的评价。伦敦《泰晤士报》(*The Times*)称"欧克肖特是20世纪少数几位杰出的政治哲学家之一"。《卫报》(*Guardian*)的评价更高,称他"或许是本世纪最有原创性的学院派政治哲学家"。《独立报》(*Independent*)随声附和,宣称欧克肖特"为本世纪所形成的保守主义政治做出了最有说服力和最为深刻的哲学辩护"。《每日电讯报》(*Daily Telegraph*)直截了当地称欧克肖特"是自密尔,甚至伯克以降盎格鲁—萨克逊传统中最伟大的政治哲学家"。这样的评价——对于一个在生前常被贬斥为犬儒的反动分子和"保守派名流"(Tory Dandy)的思想家来说——已经不算坏了。

在多塞特海岸边,那个欧克肖特度过了生命最后20年的小村子里,各种感人至深的悼文着实让村民们感到惊讶。他们所认识的欧克肖特仅仅是一个快乐的、多少有些遁世的人,就其实际年龄而言显得相当年轻,与他的艺术家妻子一起,居住在镇郊一栋简陋的采石工的村舍内。没人知道他是一位著名的哲学家。面对前来参加葬礼的数十人,一名多少有些困惑的乡村牧师宣告:"看来有一位非常了不起的人曾生活在我们中间。"[1]这句墓志铭非常符合欧克肖特传奇般的自我埋

---

[1] 对于欧克肖特葬礼的这一描述,我是从约西亚·奥斯皮茨(Josiah Lee Auspitz)那篇精彩的回忆录中获得的,见于"Michael Oakeshott: 1901—1990," *American Scholar* 60 (1990—1991), 351—352。

没。在他去世后，几乎所有的追忆文章都谈到了他的谦逊，他毫无矫饰的平易低调。他回避了各种公共荣誉，甚至拒绝了玛格丽特·撒切尔（Margaret Thatcher）授予的名誉勋爵（Companion of Honour）称号。据说，当披头士乐队获得"大英帝国勋章"（MBE）时，欧克肖特曾讽刺性地评论道："真是再恰当不过了！荣誉给了那些对之渴望的人们。"

最后这句评论流露出欧克肖特最为突出的学识特性之一：他的破除偶像品质（iconoclasm）。与他的同代人以赛亚·伯林（Isaiah Berlin）爵士不同，欧克肖特从未成为英国思想的或者政治的"国教"的一部分。实际上，他的大部分生涯都用于嘲弄它。诺埃尔·安南（Noel Annan）恰当地将欧克肖特——与伊夫林·沃（Evelyn Waugh）和弗兰克·利维斯（F. R. Leavis）一起——归入成长于两次大战之间那一代英国知识分子当中伟大的"离经叛道者"（deviants）之列，这些人"否定了（我们时代的）几乎所有信仰和前提"。[2] 在1920年代和1930年代，欧克肖特拒绝社会科学中占支配地位的实证主义，抵制分析哲学的浪潮。"二战"之后，他批判集体主义以及中央社会规划，这种规划不仅是艾德礼（Attlee）政策的标志，也是（如麦克米伦［Macmillan］这样的）保守派的政策标志。最后，欧克肖特在其整个生涯中都矢志不移地抗拒那种将知识政治化的强大倾向，反对那种声称历史与哲学应当关切、介入以及服务于实践的喋喋不休的主张。恰恰是由于欧克肖特——借用尼采的说法——是"不合时宜的"，他才会在今天仍然对我们保持着影响。

迈克尔·约瑟夫·欧克肖特（Michael Joseph Oakeshott）1901年12月11日生于肯特郡的谢费尔德（Chelesfield），卒于1990年12月18日（如前文所述）。从生卒年代来看，他出生于维多利亚女皇去世的那一年，死于柏林墙倒塌的后一年，也就是随后苏联解体的前一年。他的一生实际上经历了20世纪所有重大的事件：两次世界大战、法西斯主义

---

[2] Noel Annan, *Our Age: English Intellectuals between the World Wars — A Group Portrait* (New York: Random House, 1990), 5.

的兴衰、冷战、共产主义的兴衰,当然还有不列颠持续的衰落,从世界头号强国变成一个勉强二流的国家。这是一个被死亡和毁灭所造就的世纪,是最黑暗的世纪。但正因如此,20 世纪并非完全疏离于政治哲学家。正如欧克肖特曾指出的那样:"政治哲学家的特征就是对人类处境抱以幽暗的态度:他们在黑暗中应对。"(HCA,6)

尽管如此,欧克肖特的早年似乎还是快乐的岁月。他的父亲,一位税务局公职人员,是一名费边派的社会主义者。但这似乎没对年轻的欧克肖特产生什么影响,无论是正面的影响还是相反地让他对此有所抵触。据欧克肖特自己说,他父亲"从不在家谈政治",他"向来不是一个属于'党'的人","他对文学的兴趣向来强于对政治的兴趣"。[3]欧克肖特与许多他同代的杰出作家与知识分子不同,他没有进入最好的公立学校,而是就读于哈普敦的一所实行进步教育法的男女同校的学校:圣乔治学院(St. George's School)。像伊顿公学(Eton)那样的学校,由于军队般的严格管理,崇尚比赛,使很多欧克肖特的同代人难以忍受。而欧克肖特在圣乔治学院的经历使他免受这些苦恼。这所学校鼓励学生进行真正的智识探索,并培养他们对美和道德的感受性。欧克肖特对此有过亲切的回忆,说这所学校是"一个被厚厚的、坚固的篱笆围起来的地方,篱笆之内是一个召唤各种活动和趣味的世界⋯⋯这里有许多笑声和乐趣,也有许多认真严肃的事物"。[4]

1920 年,欧克肖特进入剑桥大学冈维尔与凯斯(Gonville and Caius)学院。当时还没有独立的政治科学系,他选了历史学学士学位考试的政治科学科目。1922 年和 1923 年,他分别在这个考试的两个部

---

[3] 引自《欧克肖特》中的一封信,见于 Robert Grant, Oakeshott (London: Claridge Press, 1990), 11—12。
[4] Oakeshott, "Personal Retrospect: By a Scholar," in *St. George's School, 1907—1967: A Portrait of the Founders*, ed. H. W. Howe (Harpendon, 1967), 14—18。此文的部分摘录可见于 Grant, Oakeshott, 119—120。有关这一时期的比赛崇拜和英国公学的单调氛围,参见 Annan, *Our Age*, ch. 3。

分获得一等荣誉。在完成了学士学位考试之后,欧克肖特前往德国,于1923年至1924年间在马堡和图宾根学习神学,很可能在1925年又去了一次。这使得人们推测,他可能听过海德格尔的课,当时海德格尔在马堡教书。但至少在欧克肖特自己的写作中,没有多少证据表明,他曾经听过海德格尔讲课,或如果他听了对他产生了什么影响。[5] 1925年,凭着一篇(如今已不复存在的)学位论文,欧克肖特获得了冈维尔与凯斯学院的一项基金资助,这使他能留在这个学院里做研究工作,并最终在此执教。

尽管我们没有他的学位论文,但根据一些未出版的手稿以及在他去世之后出版的手稿中,我们能够清晰勾勒出欧克肖特这一时期的思想。最早的手稿之一是1924年写的论文,题为《政治科学的剑桥学派》("The Cambridge School of Political Science")。在文章中,欧克肖特颇有所指地批评了剑桥大学(他自己刚刚完成的)政治科学的课程。他批评剑桥学派将政治科学当作一门自然科学来对待,专注于对政治制度和政府形式做纯粹经验性的分类,而不是注重对人类本性及本质状态的哲学理解。他写道:"如果政治科学这一术语要获得任何有效的含义,那么它就必须参照某种道德科学,而不是某种自然科学,也就是说,以政治哲学来命名这一学科会比其他任何名称都更恰当。"("CS",19—20)因此,他建议修改政治科学的教学大纲,第一部分包括政治哲学史,第二部分包括对于国家的性质与目标的哲学考察。

在1925年的两篇手稿——《论政治哲学研究的一些初步问题》("A Discussion of Some Matters Preliminary to the Study of Political Philosophy")以及《对社会性之本质与意义的若干评论》("Some Remarks on

---

[5] 在欧克肖特已发表的作品中只有两处对海德格尔的援引:*OHC*, 26; and *OH*, 20。有一本未标注日期的笔记本,似乎出自欧克肖特在伦敦政治经济学院的日子。其中有一些笔记论及《存在与时间》(*Being and Time*),关注海德格尔涉及"当下此在"中的那种"活着的过去"的历史观。(BLPES File 3/5)

the Nature and Meaning of Sociality")*——之中,我们可以发现他对实证主义的政治科学做出的一个类似的批评。前者实际上可能就是那篇遗失的学位论文。在这篇论文中,欧克肖特区分了政治哲学与其他更专门性的探索——科学、历史学、心理学和政治经济学,认为"政治哲学不是一门科学"而是"一种努力,去探求我们称之为政治生活的这种复杂事物的真正意义和意涵"。他宣称,近来在政治生活的研究中最严重的误解,就是没有对哲学与科学之间的区别保持"清醒的意识"。("DSM",52,56—57)同样地,他在《对社会性之本质与意义的若干评论》一文中表达了这样一种不满:对源自机械学和生物学的那些"谬误性的和误导性的隐喻的运用"已经完全歪曲了我们对社会生活的理解。人类社会性的真正性质并不能通过蚂蚁或土拨鼠的行为得到展现。"社会的本质……并不服从于纯粹自然主义的解释……社会是一个道德事实而非自然事实。"(*RPML*,47,49—50)

除了反实证主义的倾向之外,欧克肖特这些早期文章也深受观念论(idealism)哲学的影响。英国观念论——以托马斯·格林(T. H. Green)、弗朗西斯·布拉德雷(F. H. Bradley)、伯纳德·鲍桑葵(Bernard Bosanquet)以及约翰·麦克塔戈特(J. M. E. McTaggart)等为代表的学派——由于乔治·摩尔(G. E. Moore)和伯特兰·罗素(Bertrand Russell)的"反驳"而遭到颠覆,到那时已经在剑桥陷于颓势。然而,观念论在剑桥仍然有其影响,尤其是在那些研究伦理学、政治哲学或神学的学人中间。欧克肖特在学生时期曾选读麦克塔戈特讲授的"哲学研究导论"课程,并与观念论的伦理学史家威廉·索利(W. R. Sorley)关系密切。在《经验及其模式》(*Experience and Its Mode*)的序言中索利得

---

* 原文(以及索引)中,作者将这篇手稿的标题写为"Some Remarks on the Meaning and Nature of Sociality",根据迈克尔·欧克肖特协会网站所提供的参考文献(http://www.michael-oakeshott-association.com/index.php/bibliography),正确的标题应为"Some Remarks on the Nature and Meaning of Sociality"。——译者注

到欧克肖特的致谢。[6]此外,于1927年至1939年间担任剑桥第一任政治科学主席的厄奈斯特·巴克(Ernest Barker)是欧克肖特的亲密同事及好友,他也部分地受到英国观念论影响。[7]

在欧克肖特最早期的作品中,他得益于观念论思想的方面主要体现在他对个体与社会之相互依存的理解。例如,他批评功利主义没有把握这种相互依存的关系,只是将社会看作是众多孤立自我的聚集,而不是看作一个真正的社会整体。诉诸黑格尔、布拉德雷、鲍桑葵(也还有柏拉图和亚里士多德)的思想,他反对自我是与社会对立的某种东西,而认为自我为了其最充分的发展需要社会。在对传统的自由个人主义的反驳中,欧克肖特用最强烈的观念论语言宣称:"自我不只是需要社会,在其最完全的意义上说,自我就是社会。"而且说:"自我就是国家,国家就是自我。"并最终说:"'人与国家'的对峙(versus)完全是一派胡言。"("DSM",131,133,137)

除了政治哲学,欧克肖特这一时期的其他主要兴趣在于宗教和神学。1920年代,他是《神学研究学刊》(*Journal of Theological Studies*)的定期评论人。他属于剑桥学人的一个团体,这些人经常提交和讨论关于神学的论文,他写过几篇论宗教的文章。在许多论文与评论中,欧克肖特的目标是辩护性的,但并非以任何正统神学的方式。他的关怀在于针对科学特别是历史的批判来为宗教辩护,所采取的方式是论证,对宗教的判断应该依据一种实用的标准而非其理论的正确性。他在某处

---

[6] 索利在1925年10月24日写了一封信给欧克肖特,祝贺他成为凯斯学院的研究员:"这给了你所需要的机会,来完成自己的观点并运用它们。我很荣幸地有机会读到你的论文,我确信你既有洞见又有力量,产生出有关政治哲学的真正有价值的作品。如果你是在开辟一条孤独的垄沟,那么你已经学会了犁得又深又直。"(BLPES, File 6/1)

[7] 有关巴克的观念论,参见Julia Stapleton, *Englishness and the Study of Politics: The Social and Political Thought of Ernest Barker* (Cambridge: Cambridge University Press, 1994)。

写道:"毕竟,宗教如果不是实践性的话,那么就一无所是。"[8]他依循布拉德雷,将宗教视为道德的"完成"或"完满",为道德那无尽而费力的"应然"提供了一种既令人慰藉又生机勃勃的"实然"。(*RPML*,41—42)宗教的这种承诺,不是在彼岸世界的幸福,而是一种更热切激烈的此世的生活方式。在这一时期最有趣的论文之一《宗教与世界》("Religion and the World",1929)中,欧克肖特论辩称,宗教所反对的这个"世界"并不是指属于尘世生活的一切,而是指一整套价值——将成功和外在成就赞誉为高于其他一切,并牺牲当下的所有以换取未来的成果。宗教反对这种世俗的"名利主义的理想",提倡一种完全"即兴的生活"(extempory life),在这种生活中每一个时刻都包含着整体的意义。在欧克肖特看来,这种宗教生活"就等同于处在其最充盈状态的生活本身,这里不会有什么宗教的复兴——这不是一种更为勇敢和敏锐的生活方式的复兴"。(*RPML*,30—35)

1920年代末,欧克肖特完全投身于剑桥学人圈子的生活中。他在1928年的春季学期(Lent term)讲授了他的第一门课,主题是"政治研究的哲学路径"(The Philosophical Approach to Politics)。[9]正如标题所示,他再次关注了方法论的问题:研究政治的哲学路径包含什么,它又如何不同于其他一些更不具体的路径。在一份明显是为《经验及其模式》所准备的草案中,他考察了三种思考方式:科学的、历史的和实践的,并表明这三者与哲学的具体思考相比都过于抽象。到了1931年,欧克肖特作为历史学系的一名成员定期开课,讲授的主题包括功利主义、观念论政治思想,以及为历史学科学位考试(Historical Tripos)的政

---

[8] Oakeshott, Review of *The Christian Religion and its Competitors Today*, by A. C. Bouquet, *Journal of Theological Studies* 27 (1926), 440.

[9] BLPES, File 1/1/7. 封存这些讲义的信封上写有"我的第一门课",标注的日期是1935年。但是据1928年1月10日的《剑桥大学周报》(*Cambridge University Reporter*)记载,欧克肖特在1928年春季学期讲授了"政治研究的哲学路径"这门课程。他在1929年春季学期再次讲授此门课程。

治科学科目所开设的核心课程——"政治思想史"和"现代政府理论"。在巴克的领导下,后面这些课程替换了老的教学大纲中那些非理论性的课程,这多少依循了欧克肖特在1924年提出的方案。

1933年,欧克肖特出版了他的第一本书《经验及其模式》。这是一部大胆而格外早熟的著作(此书出版时他才31岁),致力于将哲学理念的含义确定为"没有预设、保留、抑制或变型的经验"。(*EM*,2)正如在早先讲座中所做的那样,他考察了科学、历史和实践这几种经验形式,并表明它们与哲学的具体立场相比是抽象而不完全的,以此发展了这种哲学理念。然而,说哲学优于这些抽象的经验模式并不意味着哲学就可以主宰它们。欧克肖特认为,每一种模式在它自身的领域中都是自主的,也免受其他经验形式之权威的支配。用属于一种经验形式的思考来批判另一种,就会犯下不相干性的谬误或 *ignoratio elenchi*。因此,历史独立于科学以及实践的立场;而从历史或科学中,实践也没有什么可以学习或惧怕的。最重要的是,哲学对实践或政治的生活无所贡献。他写道:"离我们需求最远的东西就是,国王应该成为哲学家。"(*EM*,321)

有一点似乎挺奇怪,欧克肖特的第一部著作完全专注于知识的理论,只有一次在脚注中提到了政治哲学。但是,在他自1920年代起的作品中,有一点是再清楚不过了,那就是在处理政治哲学的实质性问题之前,这样一种方法论的前言是必要的。早在1925年,他就明确指出,如果我们没有一个恰当的知识的理论,或"理论化的理论"(theory of theorizing),就不可能在任何一个哲学探究的领域中取得一点进展。"伦理学、所谓的宗教哲学、政治学、美学、所有思考的学问,都依赖于一种知识的理论。"一种"政治哲学,如果没有形而上学的前言作为基础,或者这种基础在根本上是错误的,就注定会传播谬误而非真理"。("DSM",10,187—188)《经验及其模式》就是这种形而上学的前言。

在这本书的导言中,欧克肖特坦率地承认,他的论证中"所有有价值的东西都来自一种亲和——亲和于那种因'观念论'这个多少有些含混的名字而为人所知的东西,我自觉从中受益最多的著作是黑格尔的《精神现象学》和布拉德雷的《表象与实在》(Appearance and Reality)"。(EM,6)这段陈述再完全不过地确保了这本书不会在1930年代的哲学大环境中获得公平的对待,当时处在支配地位的是逻辑实证主义。不出所料,苏珊·斯特宾(Susan Stebbing)在她发表在《心灵》(Mind)的书评文章中总结说:"那些未被布拉德雷说服的人,不太可能被欧克肖特先生转变。"[10]但这个观点错失了欧克肖特著作的新颖之处。诚然,欧克肖特的观点在很大程度上得益于布拉德雷,但新颖之处在于他应用这种观点的方式——将其应用到独特的20世纪问题,其中最重要的问题是:在这个科学和社会科学的时代,哲学的任务是什么?在这本书对20世纪实证主义和历史问题的关注中,欧克肖特的观念论更接近罗宾·科林伍德(R. G. Collingwood)和贝内德托·克罗齐(Benedetto Croce)而非19世纪的英国观念论。

并不令人意外,科林伍德对《经验及其模式》做出了一个热烈的评论,称论历史的那一章是"对历史思想至今写下的最具穿透力的分析"。[11]这里有个小故事,一天在牛津,科林伍德突然在他的课上挥舞着一本《经验及其模式》,宣称这是20世纪最伟大的哲学成就。[12]不幸的是,科林伍德的观点并不占上风——至少没有立即流行起来——《经验及其模式》用了30多年才卖出最初的1000本。然而,自1966年以来,由于分析哲学(尤其是其早期的逻辑实证主义的面貌)的影响已经衰落,这部著作已被重印了三次。

赋予《经验及其模式》持久力量的原因之一在于它的风格。欧克肖特像他的导师布拉德雷一样,是一位非凡的哲学文体家;的确,在欧

---

[10] L. Susan Stebbing, Review of Experience and Its Modes, in Mind 43 (1934): 405.
[11] R. G. Collingwood, Review of Experience and Its Modes, in Cambridge Review 55 (1933—1934): 249—250.
[12] 见于雪莉·莱特文(Shirley Letwin)为一部正在筹备中的欧克肖特传记所做的注释。

克肖特将各种哲学立场贬斥为荒唐、怪异、古怪的行文中,人们可以听到布拉德雷的回声。但是《经验及其模式》的文风在根本上不像布拉德雷那样高度的刻意雕琢、具有隐喻性或独特另类,而是一种被休谟驯服的布拉德雷。这种风格既优雅又具有对话性,从不陷入技术性的黑话术语或死气沉沉的抽象。虽然也会引经据典,但它从不过度彰显博学,"哲学时常也会在博学中败坏"。(*EM*,8)这本书当然不缺乏论证,实际上它包含着比欧克肖特此后任何著作都更加明显的论证;然而,它试图建立一个知识世界的总体图景,以此来推进论证。正如其他人已经指出的那样,这也是一本年轻人写就的书,带着那种欧克肖特后期作品中再未重现的自信和宏伟设想。

在1930年代余下的岁月中,欧克肖特提炼出《经验及其模式》中所辩护的那种哲学理念的含义,为政治哲学所用。这一时期最重要的方法论作品是《哲学法理学概念》("The Concept of a Philosophical Jurisprudence",1938),在这篇文章中,他从自己的哲学理念——将哲学视为"没有保留或预设的思想和知识"——的立场出发,批判法哲学当中一些最重要的观念。他也开始了政治哲学史的写作,包括论及洛克和边沁的文章,以及为霍布斯研究论著所写的两篇长篇书评。同属这一时期的还包括他与盖伊·格里菲斯(Guy Griffith)合作撰写的《经典著作指南》(*A Guide to the Classics*,1936),而这本书让许多热心的政治哲学学生失望,因为它最终并非关于柏拉图和亚里士多德,而是关于如何在马赛中挑选赢家的技艺。

除了写作,欧克肖特在这段时间也忙于开课讲学,并被公认为一位耀眼的教师。诺埃尔·安南在1937年至1938年间聆听过欧克肖特关于现代国家的课程,他说自己被这些课程深深地震撼了:"在历史系,除了穆尼亚·波斯坦(Munia Postan)之外,没有一位教师能与他相提并论。"他尤其难忘欧克肖特给出"令人目眩的比喻来证成——或至少给出一个强有力的证据来支持——黑格尔式的国家概念及其与社会和公共意见的关系"。[13]

当然,在学院以外,世界正处在政治和经济的危机。主要的事件是人所共知的:全球经济萧条、希特勒在德国兴起、长期失业问题(事态因1936年从贾罗到伦敦的大游行而加剧)、莫斯科审判秀(Moscow show trials)*、西班牙内战、不列颠的绥靖政策,以及最终在1939年爆发战争。正是在这种背景下,艺术家和知识分子变得日益政治化,普遍地倒向马克思主义。即便剑桥也没有逃脱历史的喧嚣。安东尼·布朗特(Anthony Blunt)、盖伊·伯吉斯(Guy Burgess)、唐纳德·麦克莱恩(Donald Maclean)和金·菲尔比(Kim Philby)开始了他们苏联间谍的生涯。杰出的物理学家、终身的共产主义者约翰·伯纳尔(J. D. Bernal)坚持不懈地为他的事业开展宣传、组织活动。甚至欧克肖特在凯斯学院的亲密朋友、年轻的科学史家李约瑟(Joseph Needham)也为韦伯夫妇难以捉摸的巨著《苏维埃共产主义:一个新文明?》(*Soviet Communism: A New Civilization?*)写了一篇满怀同情的书评,赞扬苏维埃人的美德。[14]

在所有这些事件中,欧克肖特站在哪里?他完全不采取任何立场,至少在他的写作中是如此,这恰恰是他的特色(也多少令人沮丧)。我们知道,他的政治哲学观念的一个基本特征是,政治哲学对实际的或政治的生活无所贡献。利维斯所创建的刊物《审视》(*Scrutiny*)在1939年6月号主办了一场关于"政治的主张"(The Claims of Politics)的专题讨论会,当时欧克肖特借此机会重申了他的观点,认为哲学以及一般意义上的文化在特征上是非政治性的。他否定存在着一种每个人具有的直接参与政治活动的责任,为此他写道:

---

[13] 来自雪莉·莱特文对诺埃尔·安南的采访,见于 BLPES, File 15/5/2。
* 莫斯科审判秀,指的是1930年代苏联大清洗时期的一系列"公开审判"。此次审判由斯大林主导,表面上是公开审判,其实判决结果都已提前确定。——译者注
[14] Joseph Needham, "A New Civilization?" *Cambridge Review* 57 (1935—1936): 325—326.

> 政治是一种高度专门化和抽象化形式的共同活动……在一个社会生活的表面展开……一种视野显得如此清晰和实用,但不过是一种精神的迷雾,这种视野的局限性与政治活动是密不可分的。政治行动所关涉的,是一种僵化的、对微妙差异迟钝的心灵,是在重复中已变得虚假的情感和智识的积习,是反省的缺失、不真实的忠诚、虚妄的目标,以及虚假的意义。(*RPML*,93)

在1939年9月说这番话并不容易,或许也不明智。然而,欧克肖特的立场也并非没有自己的含混之处。因为尽管他否认文学、艺术和哲学应该直接介入政治实践,但他最终却赋予了它们远为重要的角色——再造社会的价值并进而保护社会免于"意识的败坏"。(*RPML*,95)

应该在这种精神中来理解欧克肖特自己对1930年代的政治话语鲜有贡献。他的确介入了与一些政治教条的交锋,这些教条使他的同代人充满了炽烈的激情,但他拒绝成为一个意识形态家。因此,在为一部研究辩证唯物主义的论著所撰写的书评中,他对作者的批判并没有多少是针对其马克思主义观点,而是针对他们为这些观点辩护的那种教条的和非哲学化的方式。在谈到伯纳尔对此书的贡献时,他写道:"这些观点可以出自恩格斯本人的手笔;甚至他的阐述也毫无新意,都同样刻板。"这不是马克思本人的真实面目,马克思的哲学包含"一些深刻和具有启发性的洞见(*aperçus*)"。[15]指出这一点是有趣的:直到1938年欧克肖特讲授马克思之前,剑桥学人中没有人讲过。[16]

---

[15] Oakeshott, "Official Philosophy," *Cambridge Review* 56 (1934—1935): 108—109.

[16] Anna, Our Age, 5. 欧克肖特在1938年和1939年的复活节学期中讲授了"卡尔·马克思政治理论"的课程(1937年7月12日和1938年7月30日的《剑桥大学周报》)。这一事实使埃里克·霍布斯鲍姆(Eric Hobsbawm)在他最近的回忆录《有趣的时代》中的主张产生了疑义,这个主张是,在1930年代剑桥历史系中,唯有穆尼亚·波斯坦一人"知道马克思、韦伯、桑巴特和其他中欧和东欧的名人"。参见 *Interesting Times: A Twentieth-Century Life* (London: Allen Lane, 2002), 203.

大约在这一时期,欧克肖特在巴克的鼓励下汇编了一卷原始文献,涉关欧洲主要的社会和政治学说潮流:代议民主、天主教、共产主义和法西斯主义。他的篇目筛选简洁地表明了这些学说的主要原则,而他的导言反映出他的政治哲学观念所要求的那种智识上的疏离。他拒绝简单地谴责共产主义和法西斯主义:他写道,共产主义"是新的学说中,我们有最多东西要学习的一种学说",而"法西斯主义对自由民主制的批判是太过尖锐以至于不能被简单地忽视"。他对代议民主也持有相当批判性的看法,指出其主要弱点在于理论的个人主义和物质主义的伦理理想。对于后者,他借用大卫·劳伦斯(D. H. Lawrence)的表述,嘲讽地称其为"自圆其说的生产性的伦理"。[17]然而,他承认代议民主包含"一种比任何其他形式都更为全面的对我们文明的表达"。欧克肖特评估了自由民主制与共产主义、法西斯主义的根本区别所在,那就是在自由民主制看来,"将一个普遍的生活计划强加给一个社会既愚蠢又不道德"(*SPD*,xviii—xxi),当他做这样一种评估时,我们也得以窥见他自己的道德信念。

当战争爆发时,欧克肖特并没有从守卫这种信念中退缩。他于1940年应征入伍,直到1945年一直在一个被称为"幻影"(Phantom)的情报部门服役,其任务是穿越敌后并报告炮击目标的有效性。在同一部门服役的保守派的记者佩里格林·沃索恩(Peregrine Worsthorne)讲述了一个故事,时年40来岁的欧克肖特与比他年轻的同僚一起介入了所有"不适合的冒险",而从不透露他是一位著名的剑桥学人。战后,沃索恩返回剑桥参加了一次由著名的欧克肖特所做的讲座,这时他才惊讶地看到他的老战友登上讲坛。[18]这个故事或许并不可靠,很难相

---

[17] 劳伦斯使用了与《恋爱中的女人》(*Women in Love*)中那位工业家杰拉德·克里奇(Gerald Crich)有关的表述。这一引述的线索来自 Robert Grant, "Michael Oakeshott," in *Cambridge Minds*, ed. Richard Mason (Cambridge: Cambridge University Press, 1994), 236 n 2.

[18] Peregrine Worsthorne, *Daily Telegragh*, 21 December 1990, 19.

信欧克肖特的同志们完全不知道他以前做过什么。而且一位军官同僚回忆说每个人都知道欧克肖特是一位剑桥学人。[19]然而,这个故事捕捉了欧克肖特所享有盛名的那种谦恭和不装模作样。

战后,欧克肖特继续他在剑桥的教职。巴克曾想让他继任政治学讲席教授的席位,但这一职位最后被美国政治思想史家丹尼斯·布罗根(D. W. Brogan)获得。欧克肖特仍有许多事情需要忙碌,他被邀请为布莱克威尔出版社的政治文本系列编辑霍布斯的《利维坦》,由此产生了1946年他那著名的《利维坦》导论。有趣的是,欧克肖特原本不想研究霍布斯。但当他询问是否能换另一个思想家的文本时,得到的回答是"所有其他课题都被分完了"。[20]这个不情愿的指派任务结果成了一笔财富,不仅因为欧克肖特的《利维坦》导论成为20世纪研究霍布斯最重要的论文之一,而且因为这给了他一个机会来深入地思考霍布斯,这位对欧克肖特自己的政治哲学施加了巨大影响的思想家。霍布斯对理性在政治中的作用抱有极端的怀疑主义,并且理解权威与个体性的相互依赖,欧克肖特从中发现了与他所处的不安年代密切相关的思想线索。在导论中最有启示作用的段落之一中,他写道:"恰恰是理性,而非权威,对个体性有摧毁作用……霍布斯不是一位绝对主义者,恰恰是因为他是一位威权主义者。他对理性推论力量的怀疑主义……连同他余下的个人主义,使他与他那个时代或任何时代的理性主义独裁者分道扬镳。"(HCA,67)

1947年,欧克肖特接管了创办不久的《剑桥学刊》(Cambridge Journal)的编辑职务,开始撰写一系列评论文章,犀利地批判艾德礼政府的集体主义政策及其背后的理性主义心态。这些文章——《政治中的理性主义》(1947)、《科学的政治》(1948)、《当代英国政治》(1948)、《巴别塔》(1948)、《关于自由的政治经济学》(1949)、《大学》(1949)、《理

---

[19] 与马克·拉美治(Mark Ramadge)的访谈,见于 BLPES, File 15/5/1。
[20] 来自肯尼斯·米洛对欧克肖特的采访,见于 BLPES, File 8/4。

性的行为》(1950),以及《英国广播公司》(1951)——得到了相当的关注,并将欧克肖特从知名的剑桥学人转变为一位重要的公共知识分子。诺埃尔·安南回忆说:"当我在战后回到剑桥,人们在讨论一般性的思想时,参照引述的不是利维斯,而是欧克肖特。"〔21〕

欧克肖特将他对战后英国中央社会规划的批判,置于一种批判理性主义的更大的框架之中。对欧克肖特而言,理性主义心态最为突出的特征是它对于经验的化约态度,它想要"将相互缠绕的和多样的经验化约为一套原则"的那种欲求,它"面对一切局部而短暂事物的那份急躁不安"。(RP,6,7)在政治中,这类化约的心态转变为一种对意识形态政治的偏爱——一套抽象原则的简洁性和(虚幻的)自足性要比行为传统的复杂性和相对的开放性得到更高的估价。理性主义政治还不只是意识形态化的,它也是与修正和改良政治相对立的那种毁灭和创造政治。对一个理性主义者而言,"政治活动存在于将他所在社会的所有继承之物——社会的、政治的、法律的和制度的——带到他智识的审判台","有意识计划的和蓄意实行的事物"被认为"优于在岁月中无意识地生长并确立自身的事物"。(RP,8,26)在这种对理性主义政治的批判中,存在着伯克清晰的回响,尽管欧克肖特自己将这种批判建基于更为严格的源自其观念论的认识论思考。

这一切与战后艾德礼政府所偏爱的中央规划思想又有何关联?欧克肖特认为,一个"中央规划的社会是所有理性主义政治的理想"("CBP",478),这种理想将一个单一目标强加于社会并把权力集中在政府手中来实施这一目标,由此极端地简化了社会的复杂性。这种集权不可避免地导向专制主义,尽管是那一类温和而平庸的专制主义,这种类型比那种老式的暴政更难以察觉:"我们的政治观察已经被教育为只能察觉那种(用林肯的话说)属于'狮子家族或老鹰部落'的暴君。

---

〔21〕 Annan, Our Age, 387.

对暴政起疑心的时候,我们本想发现一个斯特拉福德(Strafford),却只找到了一个克里普斯(Cripps);我们本想发现一个克伦威尔(Cromwell),却只找到了一个克莱门特·艾德礼(Clem Attlee),然后我们便放心了。"("CBP",485)欧克肖特认为最近的战争经验在很大程度上滋养了中央计划的理想,但他反对当时盛行的那种观点——战争时期的社会应当被用作和平时期社会的样板:

> 在战争中,我们传统中最肤浅的东西都受到了鼓励,仅仅因为它对于获胜是有用的甚至是必需的……有许多这样的人,他们对于社会进步的思想只知道(除此之外一无所知)沿用战时社会的特征——人为的统一性、狭隘的统摄一切的目标、致力于单一的事业而将其他一切都从属于它——所有这些对他们来说都是令人鼓舞的;但他们崇尚的指向暴露了他们灵魂的空洞。(VLL,116)

当然欧克肖特并不是唯一表明这些观点的人。弗里德里希·哈耶克(Friedrich Hayek)在1944年就已经出版了他反对中央社会计划的小册子《通向奴役之路》(The Road to Serfdom)。在这本书中,他也攻击了当时的那种流行观点:战争期间一切事物从属于一个单一目标的经验应该被用于和平时期。然而,虽然他们两人对中央社会计划的批判存在许多相似之处,欧克肖特却批评了《通向奴役之路》,认为它在根本上太过意识形态化。他认为,哈耶克著作的主要意义在于"它是一种学说这一事实,而不在于这种学说的说服力。一个抵制所有计划的计划可能比它的对手要好,但是它们同属一种政治风格"。(RP,26)这个批评或许有点不够厚道,但它凸显出两位思想家之间一种重要的哲学差异。哈耶克强调有必要形成一种自由意识形态,来对抗集体主义意识形态[22],

---

[22] Friedrich Hayek, *The Road to Serfdom*(Chicago: University of Chicago Press, 1944), 216—219.

这最终与欧克肖特对所有意识形态的批判无法兼容。更一般地说,欧克肖特对哈耶克为自由所做的辩护怀有很深的保留意见,这种辩护是工具性的,所依据的是自由可以促进经济效率和繁荣。

欧克肖特在《剑桥学刊》上的文章表现出对《经验及其模式》中纯粹的哲学观点的一种转移,而由于这些文章的论战性特征,让他的一些敬慕者将它们归于其整体作品的次要位置。但这些文章并没什么令人难堪之处,虽然它们是论战性的,但它们被倾注了欧克肖特独特的哲学视野。它们同样富有洞见、优雅且时常相当风趣。就最后一个特征(风趣)而言,我只给出一个例子,取自欧克肖特批评英国广播公司(BBC)的一篇文章,在该文中,他嘲弄BBC自诩为公共品味的改进者和这个国家的导师。他写道:

> 想一想BBC播出的"新闻快报"……由一张报纸各个版面所呈现的这个世界,是一个破烂不堪、冷酷无情、奇形怪状、飘忽不定、娱人逗趣的世界,而一个有辨识力的人是为了一种想象力的品质来选择他要读的报纸,这种想象力能够组合出报纸所提供的那幅图景:真相,那些在乏味细节之外便无人问津的真相。一条BBC快讯当然无法与此竞争:它所提供的世界图景必然是选择性的。但这幅图景是依据一种没有任何报纸可以效仿的严肃性来选择的。那个BBC所呈现的世界也为各种琐碎留出了空间,但它们的琐碎性是被标明出来的;不让听众对"生活是热忱的"产生疑问。(递交给广播委员会的)备忘录上称"目标是要准确地、公平地、清醒地以及非个人化地陈述每天的新闻",不过为了使这份目标清单更为完整,本应该加上一个词——"持续不断地"。无疑我们对战争本该给出新闻报道的多样性,但这样做符合公共利益吗?整个世界遍布着那种严肃的无稽之谈,让听众在持续的局势报道中知晓这些无稽之谈贫乏而可疑的细节,又属于对社会目

标的何种阐释呢?……收听新闻正在变成一种紧张不安的精神失调。[23]

1950年,欧克肖特在结束了对牛津的短期访学之后,被聘为伦敦政治经济学院(LSE)的政治科学讲席教授。这个讲席职位是哈罗德·拉斯基(Harold Laski)逝世后所留下的空缺。保守派的欧克肖特即将到费边社会主义(Fabian socialism)的大本营去继任(曾由拉斯基和格雷厄姆·沃拉斯[Graham Wallas]担任的)讲席教授之职,这则消息在左翼阵营中引起了一片惊恐。理查德·克罗斯曼(R. H. S. Crossman)在《新政治家》(New Statesman)中愤怒地写道:"(欧克肖特)这个傲慢的偶像破坏者举着他的斧头迈进这所学院——这所由韦伯夫妇创立来致力于改善人类社会科学研究的学院;就在这里,他砸碎了一个又一个偶像——那些由拉斯基和沃拉斯所树立的使学院蓬荜生辉的偶像。"[24]欧克肖特自己则在就职演讲《政治教育》("Political Education")的开场白中,强调了他就任LSE讲席教授的反讽意味:"这样说似乎有点负义,(拉斯基和沃拉斯)应该由一位怀疑者来继任;他会做得更好,只要他知道怎么去做。"(RP,44)

在余下的演讲中,他继续批判他所谓的政治的意识形态风格,认为它依赖于对政治活动性质的一种错误理解,以及对展开这种政治活动所必需的知识的一种错误理解。一种政治意识形态——就像《人权宣言》或洛克的《政府论下篇》——仅仅是一个具体政治传统的缩略版本,因而绝不应该被当作政治活动的一个自足或自立的基础。政治必然是一种探索,探索政治行为传统中所暗含的东西,这个传统没有"永恒不变的中心",也没有"至高无上的目标"。(RP,61)欧克肖特以一种令人难忘的(对某些人而言是虚无主义的)意象来总结他对政治的

---

[23] Oakeshott, "The BBC," *Cambridge Journal* 4 (1950—1951):551.
[24] R. H. S. Crossman, "The Ultimate Conservative," *New Statesman and Nation*, 21 July 1951, 60.

怀疑性理解：

> 在政治活动中，人们在无边无际、深不见底的大海上航行。在那里，既没有可以避难的港湾，也没有可以抛锚的陆地；既没有起航的地方，也没有指定的终点。这番事业就是让漂浮保持平衡；大海既是朋友也是敌人；而航海术的要义就在于运用传统行为方式的资源，将每一个不利的处境化敌为友。
>
> （*RP*,60）

此后的几年中，欧克肖特鲜有著述，他投身于自己在LSE的教学工作——其中包括他极富盛名的关于政治思想史的讲座——以及他作为政府系主任的行政职责。在后一个角色中，他为LSE引介了形形色色的演讲人，包括有一次请到了相当著名的以赛亚·伯林。伯林在1953年5月应邀为"奥古斯特·孔德纪念讲座"（Auguste Comte Memorial Lecture）发表第一场演讲。伯林的演讲题目是《作为托辞的历史》（"History as an Alibi"），尔后被修订为论文《历史的不可避免性》（"Historical Inevitability"）。面对座无虚席的LSE礼堂，在众多来自LSE、牛津和剑桥的学界名流面前，欧克肖特开始了他的引介，谈起1953年是孔德逝世百年——实际上孔德是1857年逝世的——并狡黠地补充道："而这对他来说是怎样的一个世纪啊！"随后，他将反讽转向伯林。不久前，伯林在BBC广播电台做了六次极受欢迎的演讲，论及从爱尔维修到麦斯特的几位思想家。欧克肖特说道："在此，无须我为各位介绍以赛亚·伯林先生，更不用说引荐了。他的学问是众所周知的，伴随着对辩证法才华横溢的回旋应用，会令许多听众头晕目眩。听他的演讲，你们将不由自主地感觉像是在面对我们时代一位伟大的智性技艺大师（*virtuoso*）：一个思想的帕格尼尼。"[25]将伯林比作帕格尼尼，

---

[25] 欧克肖特这番介绍的手稿见于BLPES, File 1/3。伯林的BBC演讲近日以《自由及其背叛：人类自由的六个敌人》之名出版——*Freedom and Its Betrayal: Six Enemies of Human Liberty*, ed. Henry Hardy (Princeton: Princeton University Press, 2002)。

暗指伯林的思想史研究中炫技成分多于哲学实质;而且显然,欧克肖特反讽的口吻凸显了轻视的态度。伯林被这段引介搅得烦恼不堪,以至于放弃了他一贯擅长的即兴演说习惯,最终,这次演讲成了"他一生中最失败的演讲"。[26]

伯林晚年在回顾这件事的时候,将"这一恶毒的介绍"解释为欧克肖特的一次报复——回敬7年前(很可能在1949年至1950年间)在牛津纳菲尔德学院(Nuffield College)的午餐时伯林对欧克肖特的一番无心的评论。[27]很明显,伯林建议写一本论述黑格尔的书,并声称"对这样一本书的需求是如此之大,以至于即使是由一个冒充的内行来写也比没有人来写要强"。[28]不用说,欧克肖特并没有被说服,去写一部论述黑格尔的著作(这也是遗憾)。然而,要说他此后在LSE对伯林的讽刺性引介是对这段小插曲的某种报复,似乎不太可信。更可能的情况是,欧克肖特是以反讽的方式让人注意,伯林对政治思想研究的思想史进路与他自己更为哲学的进路之间所存在的差异。无论理由是什么,这两位思想家,除了对于乌托邦政治和理性主义政治的共同反感,以及对自由多元主义的共同信奉之外,在他们的余生中几乎互不相干。

欧克肖特下一篇论及政治的重要作品是1956年发表的《论作为保守派》("On Being Conservative")。这篇论文透露出他政治思考中的一个微妙转变,反映在他反对将埃德蒙·伯克(Edmund Burke)作为现代

---

[26] 该评论来自诺埃尔·安南对这一演讲的描述,见 Our Age, 401,对这一事件的其他描述还可参见 Michael Ignatieff, Isaiah Berlin: A Life (New York: Henry Holt, 1998), 205; Norman Podhoretz, "A Dissent on Isaiah Berlin," Commentary 107 (February 1999): 30—31.

[27] 伯林在给雪莱·莱特文的两封信中写到这次午餐,一封写于1991年11月24日(其中伯林提到欧克肖特的"恶毒的介绍"),另一封写于1993年4月20日; BLP-ES, File 15/5/3。在1993年4月20日的那封信中,伯林写道:"我认识到我同意欧克肖特相当多的想法,但我认为他的思想是极端夸张的——对这样一个印象派作家使用这个词有点奇怪……我的确承认,当我在卡雷里俱乐部(Carlyle Club)听过他之后,他的观点在我看来有一点疯狂。"

[28] Annan, Our Age, 401.

保守主义的有益向导。[29]伯克及其现代追随者的问题在于,他们寻求用具有争议的形而上学信仰或宗教信仰——(例如)用自然法或神意秩序——来支撑保守主义。然而,欧克肖特认为,这种臆想的信仰,对于捍卫政治的保守气质并非必要。需要的只是达成这样一种认识,在由极端的个体性和多样性所标志的当下环境中,将政府理解为一种受限的和特定的活动这种保守主义认识,比另一种将政府理解为对一种本质性的"共同善"观念的强制要更加恰当。他写道:"对于政府是保守的,同时对于几乎每一种其他活动是激进的,这完全没有什么不自洽可言。"(*RP*,435)鉴于这一理由,他提议我们最好去聆听像休谟这样的保守主义怀疑论者,而不是像伯克那样的宇宙论的托利派。

欧克肖特怀疑论的保守主义并没有吸引许多右翼认识。例如,新保守派知识分子欧文·克里斯托(Irving Kristol),叙述了他何以在1956年不无遗憾地拒绝在《遭遇》(*Encounter*)杂志上发表《论作为保守派》一文。他发现欧克肖特的保守主义具有"无可挽救的世俗性",与美国人的意识形态的、"信条式的"心态相抵触。而哈耶克对社会主义的抨击引起了美国人更多的共鸣,这恰恰是因其意识形态特征——这正是欧克肖特所贬低的。引起更大反响的是列奥·施特劳斯的作品,这些作品并不寻求与现代性相适应,而是依据古代自然法和形而上学真理来捍卫保守主义。[30]欧克肖特与施特劳斯无疑是20世纪下半叶两位最重要的保守派理论家,但他们的保守主义完全背道而驰。有作者用"小保守主义"(欧克肖特)对"大保守主义"(施特劳斯)的说法来描述他们的差异特色。[31]这些标签当然没有穷尽这个问题,但它们指向了当代保守主义思想内部依旧存在的一个根本分野。

---

[29] 对伯克态度的这一转变体现在欧克肖特的一篇评论中,所评论的对象是 Russell Kirk, *The Conservative Mind*, in Spectator 193 (1954):472—474。
[30] Irving Kristol, "America's 'Exceptional Conservatism,'" in Kristol, *Neoconservatism* (New York: Free Press, 1995), 373—380.
[31] Wolfe, "The Revolution That Never Was."

从欧克肖特的早年生涯中,我们已经看到,他所忧虑的是贯穿于人类经验整个范围中的实践专制主义,以及历史、哲学和艺术的政治化。那么不足为奇的是,他在 1950 年代变得对教育问题相当感兴趣,并于此后 25 年内写了数篇论及教育的文章。除了他的就职演讲《政治教育》之外,这类文章包括:《大学》("The Universities",1949)、《大学的理念》("The Idea of a University",1950)、《大学的政治研究》("The Study of Politics in a University",1961)、《学与教》("Learning and Teaching",1967)、《教育:介入及其挫折》("Education: The Engagement and Its Frustration",1971)和《一个学习的地方》("A Place of Learning",1975)。[32]诺埃尔·安南称这些文章构成了"自纽曼(Newman)之后对'大学理念'最精妙的召唤",这绝不是夸大其词。[33] 这些文章中反复出现的论题是自由教育所经受的败坏,因为自由教育陷入了"培训"、"社会目标"和"实用性"这些实际的和世俗的命令之中,而不是被理解为一种启迪,把人们引向构成我们文明的丰富智识遗产。这种遗产极其丰富多样,涵盖了林林总总的智识追求,而欧克肖特蔑视一种整合的努力,要将它整合为一套统一的生活哲学、一种世界观(*Weltanschauung*)或"被称为'文化'的一团黏乎的混杂物"。而欧克肖特则是根据"对话"的意象来描绘人文学识世界的统一性,在这种对话中,各种模式的知识并不呈现为竞争者,而是互补的声音,"这些音调既不暴虐也不悲哀,而是谦逊的、可对话的"。(*VLL*,98)

在欧克肖特那篇论及审美的重要而言辞优美的文章《人类对话中诗的声音》("The Voice of Poetry in the Conversation of Mankind",1959)中,这个对话的意象得到了确定性的表达。欧克肖特把这篇文章的特色表述为"对《经验及其模式》中一句愚蠢之言的迟到的收回"——在

---

[32] 除《大学的政治研究》一文以外,这些关于教育的作品都被蒂莫西·富勒收入 *The Voice of Liberal Learning: Michael Oakeshott on Education*(London and New Haven: Yale University Press, 1989)。

[33] Annan, Our Age, 395.

那本书中艺术被他作为实践的子集来处理——他认为对诗的声音进行重新考虑尤为重要，因为"在近几个世纪里，对话（无论是公共的还是私人的）已经变得沉闷乏味，原因是对话已经被两种声音把持，即实用活动的声音和'科学'的声音：了解和设计成了我们突出的工作"。（*RP*,493）诗歌，与这两种工作是截然不同的；它既不是服务于某种实用的目标，也不显露事物的真相。诗歌所创造的意象既不引发理论探求，也不引发道德证明和反驳；它们所激发的只是它们如其所是之中的"喜悦"或对它们如其所是的"沉思"。诗歌延缓了"好奇和设计"；它"是一种逃避，是生命之梦中的一个梦想，是种植在我们麦田里的一朵野花"。（*RP*,541）

这是一种为艺术而艺术（l'art pour l'art）的观点，它甚至会使奥斯卡·王尔德（Oscar Wilde）都显得苍白。然而，这不是《人类对话中诗的声音》唯一论及的内容。当欧克肖特在人类活动的图景中考虑诗歌的位置时，他也介入了对《经验及其模式》之重要主题的一次彻底的重新考量：也就是经验模式彼此之间的关系以及它们与哲学的关系。就各种经验模式的相互关系而言，对话的概念并不从根本上改变《经验及其模式》所确立的那种理解。仍然强调声音或模式的不可消除的多样性，以及它们相对于彼此的自主性。在《人类对话中诗的声音》中确实发生变化的是欧克肖特的哲学观。哲学不再被指涉为"没有预设、保留、抑制或变型的经验"，欧克肖特现在坚持认为，他并不知道"将一种完全从程式中释放出来的经验置于何处"。（*RP*,512）哲学不再被理解为优于抽象模式的具体经验，而是被理解为处在无等级对话中多种声音之中的一种。然而，尽管有了这一变化，哲学在很大程度上仍然保有其在《经验及其模式》中相同的任务："研究每一种声音的品质和风格，并反思各种声音相互的关系"。（*RP*,491）

1962年，欧克肖特将他在1947年至1961年间撰写的许多论文汇集为著作出版，命名为《政治中的理性主义及其他论文》（*Rationalism in Politics and Other Essays*）。直到1975年《论人类行为》（*On Human Con-*

duct）出版，在此前的 13 年里他发表极少。他在 LSE 政府系的教学和行政工作一直占据他大量的时间。1960 年代中期，他设立了为期一年的"政治思想史"硕士课程，吸引了一批忠实的研究生追随者，他们中有许多是美国人。该研讨课程的方式十分新颖，其创新之处在于它主要关切的是历史编纂学的议题，而非沿着整个政治哲学史长途跋涉（尽管学生被要求用这一年的时间研读一部重要文本——柏拉图的《理想国》，或亚里士多德的《政治学》，或霍布斯的《利维坦》，或卢梭的《社会契约论》，或黑格尔的《法哲学原理》）。该研讨课程起始于在一般意义上思考历史的性质；而正是在这种语境中，欧克肖特重返他年轻时在《经验及其模式》中处理过的问题，在课堂上讲述他所写的一些论文。这些论文最终被修订后发表，题名为《论历史的三篇论文》("Three Essays on History")，收入《论历史及其他论文》（*On History and Other Essays*，1983）一书。此后，这门研讨课程继续考察思想史的性质，并最终将关注点聚焦于政治思想史的性质，分析了一些思想人物：施特劳斯、波普尔、麦克弗森、波考克和斯金纳。即便在欧克肖特退休之后，他仍主持这一研讨课程，直到 1980 年前后。[34]

　　1968 年欧克肖特退休，带着他特有的谦逊向受到的（惯常的）荣誉致谢。当被赠与向他致敬的纪念文集时，他苦笑着发现编辑犯了一个"可怕的错误"，待他如"某一类型的大师或先知。但我知道自己完全不是这样一种人。我能想到的对自己最好的描述即为有点老朽的导师，错位地生活在他学生的英华之中。一个职业教师"。他还评论说，尽管被尊称为一名学者是让人愉悦的，"因为这是我想要成为的那种人"，但却感到真的配不上这个头衔。"我拥有这种气质、意志和耐心，但我缺乏这种能力。而这是相当无奈的事。我的成功之处只在于看上

---

[34] 参见 Kenneth Minogue, "Michael Oakeshott and the History of Political Thought Seminar," *Cambridge Review* 112（October 1991）：114—117。我本人是 1978 年至 1979 年这次研讨班上的一名学员。

去像一个穿上了迷你裙的胖女孩。但心有余而力不足。"[35]在他1969年6月的退休演讲中,他尖刻地捕捉到一种超脱,标志了他对人生的整体看法:"有些人说这世界就是那么回事;对此我曾有过匆匆一瞥,发现他们可能是对的。同样,我时而也涉足尘世。但是,总体而言,我发现它被过高评价了。"他将自己贪玩的倾向与哲学乌龟的庄重和过度严肃相对照:"尽管我也曾努力地要成为一名哲学家,但幸福不断地胜出。"[36]

在欧克肖特鲜有发表的岁月里,他并没有闲着。实际上,他操劳于他的政治哲学巨著《论人类行为》。1967年给肯尼斯·米洛的一封信证明了这次写作并不如欧克肖特原本想的那么快:"我将不会像我所期望的那样快地完成这部书。不仅因为我已经丧失了快速写作的能力,而且我也发现自己对许多曾在我脑海里欣然游走的想法感到非常不满意。"[37]《论人类行为》终于在1975年问世。在文体上,这部著作标志着对《政治中的理性主义》的根本背离。《论人类行为》是一部紧凑密集的、高度抽象的哲学著作,充满了拉丁语汇,包括诸如 civitas、cives、lex、respublica、societas 和 universitas * 之类的词汇。欧克肖特自己似乎充分意识到这一点。在上文引述的给米洛的同一封信中,他坦言:"我所写的在我看来似乎有一点干涩:我将必须将此重新过一遍,并添加一些轻松宜人的色彩。"他的确这么做了。结果是,这部著作时而拥有一种严肃的华丽,时而又有机智的警示、激烈的反讽、诗意、婉约,以及十足的辩驳。无论如何,这部作品的微妙和优雅明白无误地表明这就是欧克肖特的手笔。

---

[35] 欧克肖特在以下这本书发行时的演讲:*Politics and Experience: Essays Presented to Professor Oakeshott on the Occasion of his Retirement*, ed. P. King and B. Parekh (Cambridge: Cambridge University Press, 1968), BLPES, File 1/3。

[36] 欧克肖特于1969年6月在加里克俱乐部(Garrick Club)他的退休晚宴上的讲话,见于 BLPES, File 1/3。

[37] 米洛在他的回忆录中引用了这封信:"Michael Oakeshott (1901—1990)," *LSE Magazine* 3 (Summer 1991): 17。

* 这些拉丁词汇含义相当丰富,大致对应于中文的"城邦"、"公民"、"法"、"共和体"、"社会"和"整体"。——译者注

《论人类行为》的核心思想可以一直回溯到《论作为保守派》一文以及紧随其后的一些著述:《代议民主中的大众》("The Masses in Representative Democracy",1957)和1958年的哈佛讲稿《现代欧洲的道德与政治》(Morality and Politics in Modern Europe)。尤其在后两部作品中,欧克肖特开始将现代欧洲的政治意识剖析为一种分裂的意识,由两种相互对立的道德气质构成,对应于两种有关政府部门的分歧理解。一方面有一种个体性的道德,对应于一种关于政府的司法性理解——在本质上将政府视为一个裁决者或裁判员。另一方面有一种集体主义的道德,成形于那些无法承担个体性道德之重负的人们所做出的回应,它对应于另一种关于政府的理解——把政府看作企业的经理、领导者、实质性目标的推动者、实质性福利的提供者。[38]

《论人类行为》一书代表了对一种新路径的完整解决,这种路径曾被《论作为保守派》《代议民主中的大众》和《现代欧洲的道德与政治》所标志。欧克肖特再次将现代欧洲的政治意识阐释为一种分裂意识,运用拉丁语 societas(社会)和 universitas(整体)的表述来指明两个极端。前者指明了一种对国家的理解,视其为一种无目标的联合,其中的成员仅依据法律规则相关联。后者指明了另一种对国家的理解,视其为一个事业联合(enterprise association),其中的成员依据一个共同的、实质性的目标相关联,这个目标可能是宗教救赎,或道德品质,或经济生产力和再分配。《论人类行为》的新颖之处在于,欧克肖特提供了关于前种联合模式——公民联合(civil association)——的一种哲学解释,铺陈了它的基本假设。就此而言,他发展出一套关于人类自由的详细

---

[38] 在此可能还需要包括于其身后发表的手稿:*The Politics of Faith and the Politics of Scepticism*。该作品似乎写于1952年至1954年间。虽然欧克肖特在这本书中将现代欧洲政治意识作为一种分裂的意识予以分析,但是这一意识的两个极端是依据信念论政治与激情政治来理解的,而不是(像其后来的作品那样)依据个体性道德和反个体道德来理解。这是一部过渡性的著作——比如,通篇正面援引伯克——也许正因如此,欧克肖特从未将它发表。

教诲(这是他早期著述所缺失的东西),主张对于处在我们现代、多元主义环境下的国家而言,公民联合是唯一恰当的模式。

在某种意义上,欧克肖特的公民联合理论可以被理解为对自由理论的一个贡献,也许是20世纪最深刻的贡献。欧克肖特自己并不使用"自由主义"这个术语来描述其政治哲学的风格,认为它过于含混,附加了许多不能传达他自己思想的含义。他曾这样评论:"'自由'这个词如今意味着什么,可以任由人们猜想。"(*RP*,439—440)尽管如此,由于他的公民联合理论显著地关切自由、颂扬个体性,以及为法治辩护,因而清楚地引发了自由派的论题。欧克肖特政治哲学的这一自由面向,与他的保守主义或对理性主义的批判也并不抵触。正如我们已经看到的那样,他的保守主义并不反对现代性、个体性和多元主义,而是被理解为它们恰当的政治对应物。他也从不将自由主义等同于理性主义。他曾写道:"议会政府与理性主义政治"

> 并不属于同一传统,实际上也没有结伴而行。……所谓"民主"理论的根源不是理性主义对人类社会之可至善性的乐观主义,而是对这种至善之可能的怀疑主义,以及一种决心——不允许人类生活被一个人的暴政所扭曲,或被一种思想的暴政所固化。(*RPML*,109)

然而,自由主义确实是一个含义不稳定的术语,所以我们最好稍微更准确一点地来具体说明欧克肖特怀疑论的、保守主义的版本。通常的做法是区别"古典"自由主义与"现代"自由主义,前者聚焦于有限政府和个人责任,后者赞同政府在社会和经济生活中发挥远为重大的作用。洛克、斯密、托克维尔和哈耶克与前者相联,而密尔、格林、霍布豪斯、杜威和罗尔斯则是后者的范例。[39] 很明显,欧克肖特与古典自由

---

[39] 参见 Alan Ryan, "Liberalism," in *A Companion to Contemporary Political Philosophy*, ed. Robert E. Goodin and Phillip Pettit (London: Blackwell, 1993), 291—311。

主义有更多的共同之处,而较少认同现代自由主义的福利主义理想,但也有一些重要的提醒。首先,他不接受属于大多古典自由理论的自然权利和原子论;这是他对黑格尔的继承。第二,他反对物质主义或经济主义这种贯穿了古典和现代自由主义的思想——从洛克、斯密到哈耶克、罗尔斯。

约翰·格雷(John Gray)近期提出了另一种方式以区分两种不同类型的自由主义:"临时协议"(modus vivendi)和启蒙的自由主义,前者将自由制度视为不同生活方式和平共存的一种手段,而后者寻求对正义问题的理性共识。欧克肖特,和霍布斯、休谟及伯林一同被视为前一种自由主义的范例;而约翰·罗尔斯(John Rawls),和康德一同被视为后者的范例。[40]的确,欧克肖特那种怀疑论和多元论的自由主义,与罗尔斯"政治自由主义"少有共同之处,与罗尔斯后辈的"协商民主"的共同之处则更少。他大概会将罗尔斯在正义问题上寻求道德共识——即使是最低的"重叠共识"——的企图看作不过是理性主义的一个翻版。在现代、多元化的情境中这种共识无法企及;抑或只有在压制观点冲突并将它们定性为"不合理"的情况下才可能实现这种共识。格雷正确地将欧克肖特看作与伯林多元论的自由主义有更多共同之处;但是,对于这种自由主义,我随后会论证欧克肖特提供了远比伯林在哲学上更令人满意的解释。

欧克肖特在《论人类行为》中提出的公民联合理论既优雅又精到,但它的实践含义却不清晰;当然对此欧克肖特本人也没有予以阐明。在《论人类行为》出版4年后,玛格丽特·撒切尔于1979年开始执政,当时有人宣称欧克肖特"已经清楚表明了(她的)政策的真正哲学基础"。[41]但是,在撒切尔对经济生产和繁荣的哈耶克式的强调中,鲜有欧克肖特的成分。然而,如果不是撒切尔主义的话,那么欧克肖特的政

---

[40] John Gray, *The Two Faces of Liberalism* (Cambridge: Polity Press, 2000), 2.
[41] 讣告,见于 *The Times*, 22 December 1990。

治哲学究竟会支持何种保守主义政体或政策？一向令人难以捉摸的欧克肖特，依据他在哲学和政治主张之间所做的鲜明区别，拒绝被绑定于一种特定的党派规划。他对于政治归属最明确的陈述以其特有的反讽表达出来："我不是任何政治党派的成员。我投票——如果非得投票不可的话——就投给那个最少做有害之事的党派。就此而言，我是一名托利党人。"[42]

欧克肖特对其哲学之政治含义的矜持姿态显得像一种躲闪逃避。对此，斯特凡·柯里尼(Stefan Collini)评论说："我认为欧克肖特的吸引力通常是吸引那种政治势力眼⋯⋯吸引那些不用面临日常决策的人。它更吸引的是那样一些人，他们愿意⋯⋯把自己呈现为具有一种更长久视野的人，他们无论如何总是真正保守主义的声音，这种保守主义是日常且既存的保守主义的任何范例所缺失的。"[43]另有论者指出，对于社会中资源和机会分配这一重要问题，或者现代的经济和政治不平等，欧克肖特的公民联合理论几乎无话可说。[44]与美国新保守派不同，他从未严肃地反思资本主义对自由制度或"个人主义"问题的有害影响，而那种个人主义在托克维尔看来是自由民主制最危险的后果之一。虽然欧克肖特无疑意识到这些问题，但他相当纯粹的政治哲学观没有为这种社会学考量留有多少空间。结果是，虽然在《论人类行为》中他对公民联合(或自由民主制)的假设提供了一种深刻解释，但他未曾留意去考察使这样一种社会成为可能的社会的和文化的前提条件。

在《论人类行为》之后，欧克肖特又出版了三部著作，但大部分是他早期的工作。《霍布斯论公民联合》(*Hobbes on Civil Association*, 1975)汇集了欧克肖特论霍布斯的四篇最重要的论文，而那个标题凸显出欧克肖特与他那位伟大的英国前辈在哲学上的亲和。《论历史及其

---

[42] 引述于多篇讣告，参见 *Daily Telegraph*, 21 December 1990；*Guardian*, 22 December 1990。

[43] Transcript of "England's Pragmatist," BBC Radio 3 documentary, 23 December 2001, 4.

[44] 参见约翰·格雷的评论，见于 ibid., 8。

他论文》(1983)收入了《论历史的三篇论文》,这部作品经过欧克肖特政治思想史研讨课程的数年磨砺,代表了他长期专注历史知识问题的最终成果。这本书还收入了《法治》("The Rule of Law")这篇重要的新论文,此文澄清了欧克肖特关于法律和道德之关系的观点。最后一部著作《人文学识的声音》(*The Voice of Liberal Learning*,1989)是欧克肖特有关教育的早期作品的汇集。

1980 年左右,欧克肖特不再参加 LSE 的政治思想史研讨课程,并永久退休,定居于他位于多赛特(Dorset)的小屋。在那里,他与第三任妻子克里斯特(Christel)共同生活,直到 1990 年去世。(他的前两段婚姻皆以离异告终,而多年来他也享受了许多次恋情,包括与艾里斯·默多克[Iris Murdoch]的一段。)在这些年间欧克肖特致帕特里克·莱利(Patrick Riley)的一封信表明,即便在耄耋之年他仍然持续地阅读和深入思考,尤其是沉思年轻时就占据他心灵的神学问题:

> 自打我居住到这里(多赛特)以后的近两三年,我花了许多时间重新阅读自己在五六十年前初次阅读的所有书籍,这让我回到了"神学"——或者说,回到了对宗教的思考。我最想要做的事情是,将《论人类行为》中那简要的几页扩展为一篇文章(你知道我有多么赞赏和重视这种写作形式)来论述宗教,特别是基督教。我生出这一抱负,部分是因为重读了圣奥古斯丁的所有作品——圣奥古斯丁和蒙田,是人间有史以来最出类拔萃的两个人。我想写的是安瑟伦(Anselm)《上帝何以化身为人》(*Cur Deus Homo*)的一个新版本,在其中(除了其他事情之外),"救赎"或被"拯救"被理解为完全无关于未来。可惜啊,我知道自己现在完全没有能力做这件事;我丢下它已经太久了。[45]

---

[45] 欧克肖特给帕特里克·莱利的信,引自 Partrick Riley, "Michael Oakeshott, Philosopher of Individuality," *Review of Politics* 54 (1992): 664。

然而,欧克肖特并没有多少抱憾。他在身后留下了大量卓越的作品,为知识论、历史哲学、教育哲学,尤其是政治哲学,做出了重要贡献。这些作品不同于 20 世纪许多学院派哲学的地方在于,它们揭示出一种对人类境况的想象性视野,以及表达这种视野的文学技艺。也许,欧克肖特作品的最独特之处不是它所表达的学说,而是用以表达学说的那种声音——这种声音是怀疑的却非愤世嫉俗的,反讽的却非虚无主义的,谦逊的却非胆怯的,博学的却非引经据典的,认真严肃的却非庄重肃穆的。这是一种极其文明的声音,不是指那种庸俗意义上端着雪莉酒的剑桥学人姿态(这是对欧克肖特常有的抱怨),而是在下述意义上所言的"文明"——它对当下的野蛮主义有着清楚的感知,却并不感到需被迫以野蛮的武器来与之斗争。

第二章　观念论

欧克肖特在1933年说出了一件格外大胆的事情:他在《经验及其模式》中所辩护的观点,"其中所有有价值的东西都来自一种亲和——亲和于那种因'观念论'这个多少有些含混的名字而为人所知的东西,我自觉从中受益最多的著作是黑格尔的《精神现象学》和布拉德雷的《表象与实在》"。(*EM*,6)在这一特定时刻,尤其在剑桥,似乎没有什么东西会比布拉德雷和黑格尔的绝对观念论更为过时的了,这种思想因受到摩尔和罗素的批判而已然毁灭。罗素及其门徒路德维希·维特根斯坦(Ludwig Wittgenstein)的逻辑原子论已经大获全胜,而他们的学说很快在阿尔弗雷德·艾耶尔(A. J. Ayer)的逻辑实证主义经典之作《语言、真相和逻辑》(*Language, Truth, and Logic*, 1936)中获得了一种教条化的陈述。

对于这一时期哲学状况的一个中肯描述可见于《大学研究:剑桥,1933年》(*University Studies: Cambridge*, 1933)中的"哲学"词条。其中,罗素、摩尔和维特根斯坦被描述为对1919年以来的剑桥哲学有着支配性影响的人物。罗素的声誉在于,发展出一套"哲学中的科学方法",它仅限于解决一些特定问题,而不是阐明一个普遍的形而上学体系。摩尔据说是典范性地体现了这种方法,"他坚持主张哲学的任务是接受常识命题,然后再去分析它们的意义"。而维特根斯坦深受欢迎的原因在于他做出了一个举足轻重的划分:所有有意义的命题要么是分析性的重言命题(analytic tautology),要么是经验可证的综合命题(synthetic propositions)。这一划分很快被艾耶尔装进了逻辑实证主义的图腾。

这篇词条文章否定了哲学可以提供情感的满足,而哲学一直试图提供这种满足——从柏拉图经由黑格尔、布拉德雷的宏大形而上学体系,直到麦克塔戈特的"可怕的例子"——文章总结说"哲学的目标是澄清思想"。[1]

重提这篇词条文章的理由,并不是因为它就历史意义而言富有洞见——比如,到这篇文章写作的时候,维特根斯坦已经开始了转变,离开了他《逻辑哲学论》(*Tractatus*)中的逻辑原子论,转向《哲学研究》(*Philosophical Investigations*)[2]中更为总体和描述性的语言理论——而是因为它典型地代表了1930年代早期已经成为哲学正统的东西,不仅在剑桥,而且在牛津也是如此。这篇文章并不试图驳斥观念论;它只是假设观念论已经过时,其有用之处仅在于让年轻的逻辑学家当作偶然的批评靶子。在多大程度上这幅图景是真实的?在多大程度上罗素和摩尔成功地驳倒了观念论,尤其是英国流派的观念论?这是一个需要处理的并非微不足道的问题,如果我们要探寻欧克肖特在《经验及其模式》中自称为观念主义的论证。为了回答上述问题,我们必须首先努力重现英国观念论的要点所在,然后再去考虑使它衰弱的那些批评。

英国观念论

英国观念论的两位伟大奠基者是格林(1836—1882)和布拉德雷(1846—1924)。在1874年,他们各自出版了一部对这一新生哲学流派有着开创性贡献的作品:格林发表的是关于休谟《人性论》(*Treatise of*

---

[1] R. B. Braithwaite, "Philosophy," in *University Studies*: *Cambridge*, *1933*, ed. Harold Wright (London: Ivor Nicholson and Watson, 1933): 1—32.

[2] 的确,维特根斯坦写过一封信给《心灵》的主编,否认理查德·布雷斯韦特(R. B. Braithwaite)加之于他的观点;参见 Ludwig Wittgenstein, *Philosophical Occasions*, *1912—1951*, ed. James Klagge and Alfred Nordmann (Indianapolis: Hackett, 1993), 156—157。

Human Nature)的一篇极具批判性的长篇导言;布拉德雷出版的著作是《批判历史学的前提》(*The Presuppositions of Critical History*)。就致力于哲学观念论而言他们彼此关联,但这两位思想家的个性和风格却相去甚远。格林是一位富有魅力的教师,影响了许多牛津的年轻人,使他们将学到的观念论哲学运用到公共生涯的实践中,例如牧师、政治家和公务员。他以许多方式体现了英国观念论两个活跃的旨趣:一个旨趣是针对后达尔文科学的怀疑论来捍卫基督教;另一个旨趣是将实践目标重新注入哲学,旨在推进社会改良。有趣的是,布拉德雷并没有分享这些旨趣。虽然他对宗教表示同情,但他从未将宗教等同于绝对实在,而是将其视为一种本质上实践的观念,受困于所有实践经验的自相矛盾。而且,他并不认为哲学对实际生活和政治改革会有任何贡献。他在牛津过着一种颇为遁世的生活,从不授课,但偶尔在夜里外出,到学院郊野猎猫。

布拉德雷是英国观念论者中一位重要的形而上学家,所以他与我们在本章节里所关注的问题更为相关。我将在有关政治哲学的下一章节中用更多篇幅去讨论格林。作为一名观念论者,布拉德雷当然深受黑格尔的影响。在他整个学术生涯中,他以各种方式表明了这种影响,尽管他不承认自己是一个羽翼丰满的黑格尔派。布拉德雷之观念论的特异之处(*differentia*)——的确也是整个英国观念论的特异之处——在于它起初所反对的对象,也就是英国经验主义。正是通过反对经验主义的知识理论——经由洛克、休谟,以及尤其是约翰·斯图尔特·密尔(John Stuart Mill)得以阐明——布拉德雷的哲学初次成型。具体而言,他反对的是这样一种观念,即认为知识是以某种方式始于心灵特质、"理念"或"印象",然后通过"汇聚"的方式推进到普遍事物。在《逻辑原理》(*The Principles of Logic*)一书中,他指出(在此他完全遵循黑格尔对直接感知确定性的著名抨击),在知识或经验中,我们并非始于分离的和独立的个别特质,而是始于意义,始于普遍事物:"从灵魂生活最早开始之时,普遍事物就被使用了。"〔3〕而且只有在这样一些普遍事物的基础上,推论才可能发生。直白的、原子化的数据——经验主义者假设思想和归纳由此开始——根本就不存在。

知识始于或基于直接感知事实,对这一经验主义信条的批判由布拉德雷的追随者接手和延展,包括伯纳德·鲍桑葵(1848—1923)和哈罗德·约阿希姆(Harold Joachim,1865—1939)。巧的是约阿希姆为剑桥大学出版社审阅了《经验及其模式》的书稿,他在此书的鸣谢中被恰当地提及。同布拉德雷一样,鲍桑葵和约阿希姆反对直接经验与间接经验之间的刻板区分,而整个经验主义知识论正是建立在这种区分的基础之上。他们论辩说,不存在直接经验这回事——这种没有意义或关联的孤立特殊物的经验。所有经验都以某种方式成为智性的或受到思想的影响。〔4〕

当然,布拉德雷对经验主义之"给定"(given)观念的批评不仅仅是一种否定性学说。它最终包含一种全然不同的肯定性观念——关于知识的本质、真理,乃至实在。例如,知识不再能够被描画成那样一幢大楼,矗立在不容置疑和不可更变的"基础"之上。布拉德雷将这一比喻描述为"决然不可应用。这一基础其实仅仅是临时的……我的经验是坚固的,不是就它具备超级结构而言,而是(简言之)就它是一个系统而言"。〔5〕真理也不再能够依据与一种确定而坚固的"数据"相符合

---

〔3〕 F. H. Bradley, *The Principles of Logic*, 2nd edn. (London: Oxford University Press, 1922), vol. 1, 34.

〔4〕 The Chapter entitled "The Search for a *Datum*," in Harold Joachim, *Logical Studies* (Oxford: Clarendon, 1948). 该章节可能是对于经验主义直接经验观的最彻底的观念论批评;也可参见约阿希姆在牛津就任威克海姆逻辑学讲席教授的就职演说:*Immediate Experience and Mediation* (Oxford: Clarendon Press, 1919)。

〔5〕 F. H. Bradley, *Essays on Truth and Reality* (Oxford: Claredon Press, 1914), 209—210. 对于知识基础的明喻,鲍桑葵做出了类似的批评:"知识不像这样一个房子,立于一块从前躺在那里、房子倒了以后还依然在那里的基石之上;知识更像一个星球体系,与任何外在于自身的东西无关,是在每个要素的运动和位置中被这个整体的连带影响所确定的。"见于 *Knowledge and Reality* (London: Kegan Paul, Trench, 1885), 331。

来构想。布拉德雷以系统性的融贯取代了符合论的位置,作为真理(以及实在)的标准。个别的事实和判断是正确的(或真实的),只能是就它们属于一个更大的系统或整体而言。当知识发展了,这些事实和判断会依照变化的整体而服从矫正。简而言之,知识与真理是诠释性的(hermeneutical)。[6]

布拉德雷的弟子约阿希姆在《真理的本质》(*The Nature of Truth*, 1906)中提供了对真理融贯论最全面的辩护。在此他提出了一个重要观点,即融贯不应与纯粹形式上的一致性相混淆。形式上的一致性包含对已被接受的真理的安排,也就是将一种普遍形式加之于固定的知识材料。但这些区别——整体与它局部之间的区别,形式与材料之间的区别,普遍与个别之间的区别——违背了布拉德雷及其追随者的观念论逻辑;的确,这些区别属于传统的形式逻辑,这正是观念论者所反对的。融贯并不是外在于那些构成它的元素的某种东西;它不是静态单位或固定组分的一种融贯。而如果我们不得不谈论某种"形式"或"普遍",那么我们必须这样来理解,这种形式或普遍与那些材料组分相互穿透,赋予材料组分个别的特征。简而言之,我们在此必须处理一个观念论的概念:"具体的普遍"(concrete universal),这一类普遍与传统逻辑的抽象普遍相悖,描述了一个复杂整体或体系的特征。[7]

有趣的是注意到以下这点,布拉德雷像他之后的科林伍德和欧克肖特一样,他们都在历史研究中找到了这幅完整的非经验主义知识图景最具说服力的印证。在他出版的第一部著作《批判历史学的前提》中,布拉德雷表明,那种天真的经验主义知识论——将知识作为纯粹事实的被动接受——无法解释历史知识。没有任何可由历史学家获取的

---

[6] 参见布拉德雷的论文:"On Truth and Coherence," in *Essays on Truth and Reality*。
[7] Harold Joachim, *The Nature of Truth* (Oxford: Clarendon Press, 1906), 69—77. 关于具体的普遍,参见 Bernard Bosanquet, *The Principle of Individuality and Value* (London: Macmillan, 1927), Lecture 2; 又见 *Implication and Linear Inference* (London: Macmillan, 1920), 4—17。

纯粹事实;实际上,他会面对一连串冲突的证据,必须从中批判性地建构事件的过程。历史学家并不从事实入手;毋宁说,历史事实是历史学家批评性分析的结论,是他推理论证的结果。布拉德雷写道,在历史上的"每一个情境中,被称作事实的东西实际上都是一种理论"。[8]历史事实的终极标准是它与由其他历史事实构成的世界保持一致性。鲍桑葵注意到布拉德雷对历史知识的解释中的那个阐释学维度:"布拉德雷先生一篇早期的文章《历史的前提》("The Presuppositions of History"),在我看来是对这一过程的最好解释,通过这一过程,一个整体的所有部分都能在相互的基础上被批评和调整。"[9]

布拉德雷对经验主义知识论的批判成为了他《表象与实在》(1893)一书中形而上学的基础。终极实在——绝对(the absolute),在此被等同于一个完全融贯的经验世界,一个无矛盾经验的单一体系。这是布拉德雷的一元论。实在是"一",是自足的、自我完备的(self-complete)。而表象则是指向某一种形式的经验,这种经验是非自足的、在其自身内部不包含它的条件,"在根本上卷入一种与外部的关系","因而它是内在地受到外部的影响"。[10]布拉德雷所理解的这种表象包括自然科学、道德甚至宗教。所有这些表象都被证明是从实在的整体中抽象出来的,依据它们自身来理解的话都是自相矛盾的,且都依赖于一些在它们明确的自我理解之外的条件或前提。然而,这些表象并非同等的抽象。一个完备的形而上学体系——布拉德雷并未宣称在《表象与实在》中提供这一体系——会对各种形式的抽象经验做出安排,安排在基于它们相对和谐与包容的一个层级结构中。布拉德雷承认,这种关于"多级别的真相与实在"(degrees of truth and reality)的学

---

[8] F. H. Bradley, *The Presuppositions of Critical History*, ed. Lionel Rubinoff (Chicago: Quadrangle Books, 1968), 93.
[9] Bosanquet, *Knowledge and Reality*, 332 n1.
[10] F. H. Bradley, *Appearance and Reality: A Metaphysical Essay*, 2nd edn. (Oxford: Clarendon Press, 1930), 430.

说或许是其哲学中最黑格尔式的方面。我们将会看到,这也是最少欧克肖特式的方面。

而更为欧克肖特式的方面是,布拉德雷关于各种抽象经验模式在其各自领域中的相对自主性的看法。虽然没有一个模式是完全融贯的,但每个模式都有它自己具有相对支配性的领域。每个模式"必须被允许拥有一种相对的独立性";在其自己的领域内部,它"在某种意义上是支配性的,是在对外部命令的抵御中得以正当化"。[11]于是,虽然自然科学基于抽象而缺乏绝对真理,但它却构成了一种"操作视角",这种视角"由成功得以充分正当化,并经得起批评"。只要"形而上学和自然科学各行其分内之事,就不可能发生冲突"。[12]同样,哲学与道德及宗教的关系也是如此。哲学不能批评这些形式的经验。虽然哲学对它们的理解肯定会不同于它们对自己的理解,但这并不导致对它们关键视角的否定。"哲学,就像其他事物一样,有着它自己的分内之事……只有在它自己的限度之内,它才能主张支配性。"[13]

所有这些表明了一种理论无关于实践的观点,这一观点曾与英国观念论的修正派视野有着深刻的冲突,却被欧克肖特热情地接受了。布拉德雷在其《伦理学研究》(*Ethical Studies*)的一个著名段落中概述了这一观点:

> 哲学所必须做的事情无非是"理解物之所是",而道德哲学必须理解那些存在着的道德原则,而不是建立它们或提供建立它们的指向。这种观念简直荒唐。一般而言,哲学不必预见特定科学的发现或历史的演进;宗教哲学不必建立一种新的宗教或传授一种旧的宗教,而只是去理解宗教意识;美学不必生产美术作品,而是要将它发现的美理论化;政治哲学不

---

[11] Bradley, *Essays on Truth and Reality*, 10.
[12] Bradley, *Appearance and Reality*, 236, 250—251.
[13] Bradley, *Essays on Truth and Reality*, 12, 15.

必和国家耍花招,而是要去理解它;伦理学不必使这个世界变得道德,而是要将世界上现存的道德化约为理论。[14]

这个段落显然呼应了黑格尔更为著名的告诫——黑格尔在《法哲学原理》的前言中告诫,哲学"在对世界应该如何发号施令"。然而,布拉德雷严重偏离黑格尔的地方在于他对思想与终极实在之关系的理解。黑格尔认为,终极实在最终会显现给哲学家,并在哲学思考中被把握;而布拉德雷从未接受思想与终极或绝对实在的同一化。对他来说,论述性的思想在一定程度上总是关系性的——"在任何关于实在的真理中,'关于'这个词太重要了"[15]——因而是自我矛盾的;它从未达到那种不可分割的统一性——布拉德雷将这种统一性关联于"直接感受",归因于最完满状态的实在。因此,虽然哲学反思可能引领我们看到绝对之必然性,但它本身并不与绝对相同一。思想只有通过自杀才能克服其内在的双重性。[16]

布拉德雷在另一个著名段落中表达了他对思想与实在之分裂的独特见解:

> 除非思想代表了某种超出纯粹智性的东西,不然的话,如果"思考"不是在一个奇怪的——从不是该词义一部分的——含义上使用的话,那么一种挥之不去的顾虑仍然会阻止我们相信,实在可能是纯粹理性的。这或许来自我形而上学中的一个失败,或来自一个持续遮蔽我的身体弱点,但"存在可能与理解同一"这种观念的震撼力就像最乏味的唯物论那样冰冷、那样幽灵一般。如果我们感觉世界是一场更充分华丽的表演,那么"这个世界的荣耀最终是表象"就会让世界更加荣耀;但是,感官的帷幕是一种蒙蔽和欺骗,倘若它遮掩了某种没有光彩的原

---

[14] F. H. Bradley, *Ethical Studies*, 2nd edn. (Oxford: Clarendon Press, 1927), 193.
[15] Bradley, *Appearance and Reality*, 482.
[16] Ibid., ch. 15.

子运动,遮掩了无形抽象物的光谱维度,或遮掩了无生气范畴的超凡舞蹈。虽然被牵着得出这样一些结论,但我们不能接受它们。我们的原则可能正确,但它们并不是实在。它们不可能造出要求我们献身的那个"整体",亦如某个肢解的人体碎片不是那种让我们心灵感到愉悦的温暖而鲜活的肉体之美。[17]

虽然在这里布拉德雷的修辞术是不可抗拒的,但它似乎重述了直接(无中介的)和间接(有中介的)经验之间的经验主义区别,而这种区别已被他的逻辑那样有效地摧毁。出于这一理由,鲍桑葵和约阿希姆都不觉得应当在这条路径上追随他,他们转而坚持主张哲学思想和终极实在的同一性,从而更加忠实于黑格尔原初的教诲。[18]我们将会看到欧克肖特在这一点上也背离了布拉德雷。

在另一个相反的方向上,摩尔和罗素都对布拉德雷做出了批评。他们的努力导向对经验主义的辩护,虽然立足于逻辑的理据而不是基于心理学的联系学说。他们反对布拉德雷的那种反直觉性的主张——实在并不是由一些离散的事实构成,而是由一个相互联结的整体构成,这种观点认为(正如罗素所归纳的那样),"每一个表面上分离的实在片段,仿佛有一些钩子,使它和下一个片断挂钩;而这下一个片断又有新的钩子,以此类推,直到整个宇宙得以重构。"[19]确实存在某些我们径直可以理解的事实,而正是出于这种直接的知识——罗素称之为"亲知知识"(knowledge by acquaintance)——我们所有间接或派生的知识才得以建构。摩尔和罗素针对布拉德雷及其追随者的整体论,重申对知识的经验主义和原子论理解,将知识理解为一种静态微粒的聚合;知识的成分并不依据变化的整体而改变。摩尔在《伦理学原理》(*Princip-*

---

[17] Bradley, *Principles of Logic*, vol. 2, 290—291.
[18] 尤见 Joachim, *Logical Studies*, 11—12, 275—292。
[19] Bertrand Russell, *The Problems of Philosophy* (Oxford: Oxford University Press, 1998), 82.

ia Ethia)的前言所引述的巴特勒主教的语录,表达了这整个视野的极端非诠释学特征:"每一个事物都是其所是,而不是另一个事物。"

如果我们转向摩尔和罗素对观念论的实际批判,就会发现,他们并没有真正介入英国观念论者的论证,更不用说黑格尔的论证。在这方面,最著名的文献是摩尔1903年的文章《对观念论的反驳》("The Refutation of Idealism")。在这篇文章中,摩尔所"反驳"的观念论不是黑格尔或布拉德雷的观念论,而是贝克莱(Berkeley)的主观观念论(主观唯心论),即主张存在就是被感知(esse is percipi)。[20]英国观念论者,就像在他们之前的康德和黑格尔,总是将贝克莱的主观唯心论及其暗含的唯我论(solipsism)与他们自己的学说相区别:实在是经验,这并不意味着实在仅仅是我的经验。[21]摩尔后来对观念论的反驳努力——比如在《外部世界的证据》("Proof of an External World",1939)一文中,通过举起双手并指明它们各自独立存在——同样是很无力的。实在论者偏爱的日常事例仅仅由于习以为常才得以遮蔽心灵建构实在的作用。假如他们转而去关注观念论者所偏爱的那类——科学家解决复杂的科学问题或历史学家试图从幸存的证据中建构过去——那么他们可能会得出非常不同的结论。

即便在分析哲学内部,摩尔和罗素试图从英国观念论者的攻击中拯救经验主义的那种努力最终也被视为是误导性的。分析哲学的第二波浪潮中有三部原创性的作品——威拉德·奎因(W. V. O. Quine)的《经验主义的两个教条》("Two Dogmas of Empiricism",1951)、维特根斯坦的《哲学研究》,以及威尔弗里德·塞拉斯(Wilfrid Sellars)的《经验主义与心灵哲学》("Empiricism and the Philosophy of Mind",1951)。所

---

[20] 参见 Thomas Baldwin, "Moore's Rejection of Idealism," in *Philosophy in History: Essays on the Historiography of Philosophy*, ed. Richard Rorty, J. B. Schneewind, and Quentin Skinner (Cambridge: Cambridge University Press, 1984): 357—374。托马斯·鲍德温写道:"摩尔的著名论文《对观念论的反驳》中并不包含任何可能让观念论者感到不安的论证。"(357)

[21] 例如,参见 Bradley, *Appearance and Reality*, 128—129, ch. 21。

有这些作品都致命地打击了种种神话,这些神话构成了由罗素和逻辑实证主义者所辩护的经验主义知识论的基础。塞拉斯对"所与神话"(the Myth of the Given)的攻击尤其令人回忆起英国观念论者对经验主义的批评。就像布拉德雷和鲍桑葵一样,塞拉斯认为对知识而言,"基础"这个比喻是极为误导的。塞拉斯有一个句子这样写道:"经验知识,就像它高级的延伸物——科学一样,是理性的,这并不是因为它有一个基础,而是因为它是一个自我纠错的事业,这一事业可以将任何一个主张但不会同时将所有主张置于险境。"[22]这句话完全也可以出自布拉德雷的手笔。恰恰是类似这样的句子导致理查德·罗蒂(Richard Rorty)对分析哲学最终真正成就了什么提出疑问:"由于分析哲学家如今引以为豪的反经验主义和反基础主义,早就被诸如格林和鲍桑葵的19世纪英国哲学家视为理所当然,于是我们可能忍不住会说分析哲学浪费了长达一个世纪的时间。"[23]

早期的政治和神学著述

我们已经满意地看到,欧克肖特在《经验及其模式》中所取的观念论视角并非在哲学上无足轻重,尽管它不合当时的潮流,现在我们可以转而讨论这一著作本身。不过认识到以下一点很重要,即欧克肖特在这本著作中介入认识论和形而上学问题的讨论并非没有来由,而是来自他对1920年代政治哲学和神学中一些具体议题的专注。我们首先需要把握的正是他早年对这些主题的论述,由此才能理解他第一部著作中的动机所在。

从1920年代起,欧克肖特著述的一个支配性主题——在很大程度

---

[22] Wilfrid Sellars, *Empiricism and the Philosophy of Mind* (Cambridge: Harvard University Press, 1997), 78—79.

[23] Richard Rorty, "Knowledge and Acquaintance," *New Public*, 2 December 1996, 49.

上保持了英国观念论的关切——是有必要恢复一种真正道德的和哲学的路径来展开政治学研究,以对抗那种支配性的实证主义路径。这种实证主义路径的一个典型例子就是欧克肖特自己修读过的政治学课程,这一课程是为剑桥历史学科学位考试而开设的,欧克肖特通过了该考试。这一课程的大纲始终拘泥于"比较方法"(Comparative Method)——对政治制度的比较研究,以及从历史事实中做出归纳概括——这是约翰·西利(John Seeley)和(在更轻的程度上)亨利·西季威克(Henry Sidgwick)在 19 世纪晚期坚持加入大纲的。[24] 欧克肖特反对的恰恰是用这种归纳式历史路径来研究政治科学,他在 1924 年的《政治科学的剑桥学派》手稿中对此予以无情的抨击。

这篇早期论文最为显著之处在于它的反历史(anti-historical)特征。欧克肖特抱怨说,对政治制度和政府形式的历史研究与比较研究几乎完全占据了这份剑桥教学大纲。柏拉图和亚里士多德的名字偶尔被提及,但他们真正的哲学思想却仍然未被阐明。亚里士多德在此被看中的是他对 150 种政体的经验考察,而不是他在《尼各马可伦理学》(Nicomachean Ethics)中对道德和政治的哲学探索。所有这些都错失了欧克肖特所谓的"真正的东西"(real thing)。这份剑桥教学大纲充满了各种以往的政府形式,但却从未触及国家的实质,这种国家实质始终"未曾改变,尽管有着形式和外在表象的变形差异"。("CS",16,19)这恰恰是苏格拉底在《理想国》一个段落中所强调指出的那种困境,欧克肖特将这个段落选作他文章的题记:"我们就像一个人要去寻觅始终在他自己手上的东西一样可笑。我们不看近在眼前的这个东西,反而去注意远处。这或许就是为什么我们总是找不到它的缘

---

[24] 有关 19 世纪末 20 世纪初剑桥政治科学研究的历史,参见 Stefan Collini, Donald Winch, and John Burrow, *That Noble Science of Politics*: *A Study in Nineteenth-Century Intellectual History* (Cambridge: Cambridge University Press, 1983),尤见论及"比较方法"的第 7 章,论及西季威克的第 9 章,论及 1860 年至 1930 年间剑桥政治科学课程之演变的第 11 章。

故呢。"*（*Republic*,432d）

欧克肖特总结说,这种研究政治科学的经验和历史的路径应当被摒弃,代之以一种更为哲学的路径:"政治科学和政治哲学要么意味着一回事,要么科学这个词在这种关联中完全不具备有价值的意义。"("CS",10)他更具体地提出建议,剑桥历史学科学位考试目前所要求阅读的两篇政治科学论文都应该被替换,一篇换成政治哲学史的论文,另一篇换成对本质上国家的性质和目标的哲学研究论文。6年后,欧克肖特的朋友和前辈同事厄奈斯特·巴克改造了剑桥政治科学的教学大纲,主要就是依据这些建议。欧克肖特在这篇论文的结语中写下了特别非欧克肖特的一笔,宣称他所倡导的对政治的哲学研究会对现实生活有所贡献,并且"有益于正确指导以继续我们称之为社会改革的努力……假如这样一个像我所指明的学派建立起来,那么将会有一代更智慧的公民和领导人涌出我们的校园,这大概不会有多少疑问"。("CS",34)

在1925年的两篇手稿《对社会性之本质与意义的若干评论》和《论政治哲学研究的一些初步问题》中,欧克肖特继续抨击实证主义以及对政治的自然主义解释。在前一篇文章中,他批评了使用取自机械学和生物学的"虚假而误导性的隐喻"来理解社会性的本质。社会学家有关蚂蚁和草原土拨鼠的例子丝毫没有告诉我们人类社会性的真正本质。真正的社会性不是存在于单纯的社交或群居,而是存在于一种完整的心灵统一体。出于这一理由,社会性并不一定与孤独互不相容;在孤独中,我们常常寻求一种与我们人类伙伴紧密的联盟,比在单纯共居状态中所发现的联盟更紧密。（*RPML*,47—49,52—56）

欧克肖特认为,那种构成真正社会性的心灵统一体,已经得到最为深刻的探索——柏拉图通过正义,亚里士多德通过友谊,以及最重要的,圣约翰和圣保罗通过基督之爱都对此做出了探索。（*RPML*,57—59）

---

* 译文取自郭斌和、张竹明翻译的《理想国》中译本,商务印书馆2009年版,第153页。——译者注

最后对圣约翰和圣保罗的援引,以某种方式解释了欧克肖特在《政治科学的剑桥学派》中一句奇怪的论断:圣保罗"或许是最伟大的政治哲学家"。("CS",6)我们可以在宗教中发现对于构成了真正社会性的心灵统一性的最终表述,欧克肖特相信这一洞见是由柏拉图、亚里士多德、卢梭、鲍桑葵,以及(最重要的)圣保罗和斯宾诺莎所共享的:"正像对柏拉图来说,有一点很清楚,一帮海盗的团结程度或深度完全与他们的正义相称,同样对我们来说,有一点看上去很明显,我们社会性的深度也与对我们所知的最高之善的奉献相称——我们将这种最高之善称为宗教。爱与友谊是社会性的本质,而它们的生命隐藏在宗教之中。"(*RPML*,59—60)

在长篇手稿《论政治哲学研究的一些初步问题》中,欧克肖特发展了这些有关社会整体之精神统一性的思想,并用了相当的篇幅提出自我与社会之间的相互依赖性。通过深入地援用布拉德雷和鲍桑葵,他批评了原子化的自我概念,并论辩说,自我不是等同于与其他一切分离或隔绝的东西,而是等同于作为整体的经验统一性。正是在这个脉络中,他运用了(我此前提到的)过度观念论的语言来强调个人与社会的同一性:"自我不只是需要社会,在其最完全的意义上说,自我就是社会";"自我就是国家,国家就是自我";"'人与国家'的对峙完全是一派胡言。"("DSM",131,135,137)他还依据个体的"真实意志"(real will)和社会的"普遍意志"(公意,general will):这里存在的不是两个分离的概念,而是同一个概念;个体的真实意志无异于社会的普遍意志,后者被理解为与"众意"(will of all)相区别。("DSM",145—156)

就像我们至此已经讨论过的其他手稿一样,《论政治哲学研究的一些初步问题》一文也是着眼于将对政治的哲学研究区别于科学的或历史的探寻,并表明它的优越性。与科学和历史不同,哲学阐明事情或事实的全部意义。诸如心理学、社会学和政治经济学这样的学科,所提供的只是对于事实的有限且不完整的定义。"政治哲学不是一门科学……相反，它是这样一种努力，去探求我们称之为政治生活的这种复杂事物的真正意义和意涵，而对此我们仍然知之甚少，除非我们能够从头开始再度思考。"("DSM",52）欧克肖特宣称，在当今对政治生活的研究中，最大的误解莫过于"混淆哲学与科学"，而诸如"政治理论"和"社会哲学"这样的表达助长了这种混淆。("DSM",56—59）为了避免这种混淆，我们需要一套完整的知识论，来确立正确的定义原则："对终极问题的思索绝对依赖于一套知识论……在人类思想史上没有出现什么比这一点更为确定。这一要点以最抽象的形式可以做如是表达：对于任何有志于企及一个正确理论的抱负来说，首要的研究必须是'理论化的理论'（即看清楚'如何看清楚'）。"("DSM",10）在此，《经验及其模式》的方案相当清楚地浮现出来："一种政治哲学，如果没有形而上学的前言作为基础，或者这种基础在根本上是错误的，就注定会传播谬误而非真理。"("DSM",187—188）

"政治研究的哲学路径"是欧克肖特在剑桥开设的首门课程，于1928年春季讲授，从中我们得到了比《经验及其模式》的方案更多的东西；我们得到了实际的论证。欧克肖特再度关注政治哲学本质的元政治学（metapolitical）问题，也注重区分对于政治的不同的思考方式：哲学的思考方式与其他通常与之混淆的思考方式。这些对于政治的非哲学思考方式中，最重要的是对政治的科学性思考（包括政治科学、社会学、经济学和心理学）、历史性思考以及实践性思考。欧克肖特表明，这些都是思考政治的抽象方式，与政治哲学的"具体"反思截然不同。科学将自己局限于事物可度量和数量化的方面，而排除那些不可度量的、个别的或独特的方面。历史虽处理个别和独特，但它是抽象的，因为它假定一系列完全独立于历史学家的客观事实和事件，从未企及对任何事的一种完整解释。实践性思考则注定要陷入一种无尽的"应然"，无法安栖于一种稳定的"实然"。

所有这些导出一个初步的结论，即科学的、历史的、实践的思考对政治哲学无所贡献,它们也无法批评政治哲学的结论。由此欧克肖特捍卫政治哲学,以抵御我们时代三种重大的化约论:科学主义、历史主义和实用主义。化约论的最后一种值得关注,因为仅在四年前,欧克肖特曾主张政治哲学会对政治生活有所贡献,用作社会改革的指南。如今他摒弃了哲学能够实用的想法,这是他在此后的学术生涯中始终保持的立场。的确,过去不曾有一个政治哲学家将自己完全从这种实用观点中摆脱出来。尽管如此,欧克肖特高度评价柏拉图、亚里士多德、霍布斯、斯宾诺莎、卢梭和黑格尔,赞赏他们企及了一种看待政治的相对纯粹的哲学视角。他批评伦纳德·霍布豪斯(L. T. Hobhouse)和哈罗德·拉斯基——他们处在这一思想光谱的另一端——指出他们没能捕捉到哲学思考与实践思考之间的任何差别。

《经验及其模式》完整陈述了这一论点,在1928年的课程中有所预演,在继续展开这方面的讨论之前,我们必须注意到1920年代欧克肖特作品中的另一个重大主题,那就是宗教。像几乎所有英国观念论者一样,年轻的欧克肖特对宗教和神学问题有着强烈的兴趣。在观念论者中,观点分裂为两派:一派像格林那样,将宗教等同于绝对;另一派像布拉德雷那样,将宗教视为一种重要的经验形式,但在根本上属于表象。在这一问题上,就像在许多其他问题上一样,欧克肖特追随了布拉德雷。宗教是实践生活的完成或圆满,但它远远缺乏哲学的那种具体经验。[25]

---

[25] 在一份未标注日期的题为《一篇论及哲学、诗歌和现实之关系的文章》的手稿中,欧克肖特采取了一个不同的观点,主张终极实在只可能被诗歌和宗教这种直觉性的经验形式所把握,而不是由理性或哲学来把握:"哲学会问'什么是真理?'并且可能致力于用纯粹理性的方式来发现真理。这是漫长而高贵的努力,怀疑和困难会构成阻挠,甚至由于人性的原因,错误的可能性总比真理的可能性要大。但在所有追寻知识证据的愿望当中,一直存在着这样一些人,他们总是已经知道,他们一直是真理的朋友。这些人是诗人和神秘主义者,他们渴望的只是抵达最高的实在,一种有关上帝本身的直觉知识,完全不关心证据和论证;他们声称已经生活在永恒的白昼之光中,不知道夜晚和黎明。"见于"An Essay on the Relations of Philosophy, Poetry, and Reality"(BLPES, File 1/1/33),69—70。这看上去是一篇非常早期的论文,可能出自欧克肖特的大学时期。

宗教是实践生活的完成或圆满，欧克肖特在一篇论文中为这一观点做出辩护。他于1927年10月19日在"D协会"中宣读了这篇论文。D协会由一小群剑桥学人组成，他们在1920年代与1930年代定期聚会，探讨神学问题。参与者是神学"现代主义者"，致力于依据现代科学和历史知识来理解基督教，而不是试图为其字面上的真理而辩护。[26] 正如欧克肖特坦率承认的那样，他的论文完全是布拉德雷式的。[27] 道德是自相矛盾的，因为它使个体遭遇到一种无尽的"应然"：我们刚刚履行了我们的道德义务，一个新的"应然"就会冒出来，驱使我们进入进一步的活动。道德是"一场没有胜利希望的战役，事实上，在这场战役中，最终的胜利只是那无可挽回的失败"。宗教通过提供给我们一种真实而可企及的善，来解决道德这种自相矛盾："在道德中纯粹是'应然'的东西，在宗教中变成了'实然'。"宗教以这种方式成全了道德，为它补充了一种能量和"驱动力"，这是它原本缺乏的——如果我们所拥有的一切只是道德努力的无尽而费力的"应然"。欧克肖特对于道德和宗教之关系的看法，可以借用帕斯卡（Pascal）得到最好的总结："在追寻真善的徒劳无功中精疲力竭是一件好事，这样我们可以在最后向救世主张开双臂。"（RPML, 41—42, 44—45）

就像一直注重为哲学辩护一样，欧克肖特尤其注重捍卫宗教，抵御来自科学和历史的实证主义批判。在20世纪最初数十年，科学和宗教之间的冲突是一个热门议题。1925年，欧克肖特在凯斯学院的朋友和同事李约瑟编辑了一部有关该议题的重要文集，题为《科学、宗教与实在》（Science, Religion, and Reality）。李约瑟自己是一个活跃的神学现代

---

[26] 关于D协会，参见Tim Fuller's introduction to RPML, 4. 关于尤其在牛津的神学现代主义，参见James Patrick, The Magdalen Metaphysicals: Idealism and Orthodoxy at Oxford, 1901—1945 (Macon, Ga.: Mercer University Press, 1985), xviii, xxv—xxix, 18—20。欧克肖特就查尔斯·戈尔（Charles Gore）主教的一本书写了一篇高度批评性的评论。戈尔主教是一位传统主义者首领，现代主义者常常将他作为对立面来定义自身；参见Journal of Theological Studies 28 (1927): 314—316。

[27] 参见Bradley, Ethical Studies, 155, 233—234, 314。

主义者。这部文集的总体观点是，科学与宗教之间没有冲突，不是因为它们意见一致，而是因为它们在根本上所关心的是全然不同的事物。[28]有趣的是，李约瑟在此书的前言中感谢了欧克肖特的帮助，而欧克肖特自己最终也为这部文集写了一篇评论。这篇评论对该文集的总体观点是同情性的，但欧克肖特挑出克莱门特·威博（Clement Webb）的文章《科学、基督教与现代文明》（"Science, Christianity, and Modern Civilization"）予以批评，认为它未能处理"我们神学思想最为迫切的要点"，也就是"现代历史主义对新约的批判加之于基督教的确切影响"。[29]正是针对这一紧迫的问题，欧克肖特在他1928年的论文《基督教中历史因素的重要性》（"The Importance of the Historical Element in Christianity"）中予以了关注。

这篇论文表明，欧克肖特是一位非正统的宗教思想家，尽管与去神话学和去历史化的倾向有明显的亲和之处，这是诸如阿尔贝特·施韦泽（Albert Schweitzer）和鲁道夫·布特曼（Rudolf Bultmann）那样的神学家所具有的倾向。[30]他承认，在传统基督教中，耶稣生死的历史性是一个重要元素，但他认为，这对今天的基督教而言在任何意义上都不是必要的或本质的。主张基督教中历史元素的必要性这一信念，是基于两种错误的基督教同一性理论中的一个：(1)将基督教等同于原初基

---

[28] 有关李约瑟的神学现代主义，参见 Patrick, *The Magdalen Metaphysicals*, xxvii, 87 n 31, 100。

[29] Oakeshott, Review of *Science, Religion, and Reality*, edited by Joseph Needham, *Journal of Theological Studies* 27 (1926): 319. 在接下来的几年里，威博和欧克肖特就基督教中的历史因素这一主题进行了热烈的交流；参见 Clement Webb, *The Historical Element in Religion* (London: George Allen and Unwin, 1935), esp. chs 2 and 3. 又见 Oakeshott's review in *Journal of Theological Studies* 37 (1936): 96—98。关于威博的观念论与神学观，参见 Patrick, *The Magdalen Metaphysicals*, ch. 2。

[30] 欧克肖特于1923—1924年，可能又于1925年在马尔堡（Marburg）研习神学，彼时布特曼是一位年轻的教授。欧克肖特的同道、D协会成员史密斯（J. S. Boys-Smith）——在《经验及其模式》中被感谢的那位——在1920年代也在马尔堡学习，并受到布特曼神学的影响。欧克肖特是施韦泽《寻找历史上的耶稣》（*Quest for the Historical Jesus*）一书的强烈拥护者。

督教的整体,因此任何背离原初基督教的都不可能属于基督教;(2)认为基督教包含某种不可改变的核心或本质,在环境改变中保持不变。欧克肖特反对抽象的同一性和非历史的同一性这两种理论:在基督教这样一种历史传统中,根本不可能区分出什么是原初的和什么是后起的,也无法区分什么是本质的和什么是偶然的。[31]他响应布拉德雷,主张宗教本质上是一种实践性的概念,什么确实属于或者不属于一种宗教传统的同一性,最终必须由一个实用的检测来决定。以这种实用标准而论,可以发现基督教中的历史性元素是欠缺的。虽然历史性元素曾经有助于赋予基督教一种对于信仰对象的强烈意识,而它如今只能使基督教陷入无谓的历史争论,这种争论最终将导向无信仰。所以,历史性元素必须被丢弃,"(基督教的)呈现必须……针对变化的需要而改变,从而成为(而且不是第一次)那样一种宗教,在其中没有什么恭顺的考古学可以抑制活力或冻结想象"。(*RPML*,63—73)

最后段落中所唱响的这个"存在主义"音符,在《宗教与世界》(1929)一文中被放大,这篇文章是欧克肖特这一时期论文中最有趣的一篇。使这篇论文如此有趣的方面在于,欧克肖特在其中不仅提出了一种关于现代宗教感受性的强有力解释,而且让我们窥见到他自己的"至善"(*summum bonum*)概念。援引圣詹姆斯的语录——"纯粹的宗教是要保持不被这世界污染"之后,他论辩说,如果"世界"意味着现代人已习惯重视和享受的一系列丰富的智性和身体的乐趣和活动,那么圣詹姆斯的这种想法将不再能要求我们接受。"如果世俗主义将会成为一切(我们一旦失去就会感到痛苦的)宗教的敌人",那么宗教所反对的那种世俗主义"必定意味着要依傍于某个另外的世界——不同于这样一个充满智性和身体乐趣的如此可欲的世界"。欧克肖特假设世

---

[31] 欧克肖特为盖乌斯·阿特金斯(G. G. Atkins)的《基督教心灵的形成》(*The Making of the Christian Mind*)写了一篇评论文章,在这篇书评中扩充了这些有关基督教同一性的观点,见于 *Journal of Theological Studies* 31 (1930): 203—208。

俗主义存在于一套价值,褒奖成功和外在成就甚于一切。这套世俗价值的特色是"野心家的理想"和"中产阶级对安全、规则和占有的热情",面对这一切,宗教敦促我们采用"一种更个人的标准",在这种标准里,自我的实现被赞誉为高过外在成就,生命"在它的每一个时刻都承载着它全部的意义和价值"。与其为未来之摩洛神(Moloch)*奉献生命,宗教主张,不如让我们努力争取一种完全当代的生活,一种"即兴的"生活,在其中"当下的洞察"和"鲜活的感受"是最高的价值。"毋忘此生(memento vivere)是宗教的唯一箴言,"欧克肖特写道,"如果宗教的复兴不是复兴一种更大胆和敏感的生活方式,便不存在什么宗教复兴可言。"(RPML,27—38)

在这篇论文中,我们可以明显地察觉到非工具主义和目标批判,这将成为欧克肖特伦理观和政治观一个持续不变的特征。来看看这段出自他未发表笔记的有关"成就"的精彩段落(大约写于1964年):

> "成就"是人类生活的一种"恶魔般的"(diabolical)元素;而我们人类生活粗俗化的标志是我们对于成就的那种近乎排他性的关切。不是科学思考,而是"科学"的"礼物";汽车、电话、雷达、登月、抗生素、青霉素、通讯卫星、炸弹。然而,唯一的人类价值存在于探索的冒险和刺激。不是站在珠穆朗玛峰之巅,而是登顶的过程。不是"战胜",而是战斗;不是"取胜",而是"比试"。正是因为我们对此的否认或拒绝,使我们的文明成为一种非宗教的文明。至少是非基督教的:基督教是"非成就"的宗教。[32]

在《宗教与世界》一文中所表达是这样一种对宗教和基督教的怪

---

* 摩洛神,一位上古近东神明的名号,与火祭儿童有关。在当代欧美语言中,被引申为需要极大牺牲的人物或者事业。——译者注

[32] Oakeshott, Notebook XIII (date on flyleaf March 1964), BLPES, File 2/1/18, 126.

异而诗意的理解。欧克肖特引用了数位诗人——渥兹华斯、雪莱、歌德——来支持自己的观点,但也许最富揭示性的是对瓦尔特·佩特(Walter Pater)《享乐主义者马瑞斯》(*Marius the Epicurean*)的引用:信奉宗教的人寻求"那样一种自由,避免所有窘迫,类似于对过去的悔恨和对未来的算计"。(*RPML*,37)佩特是欧克肖特偏爱的一位作家。[33]《宗教与世界》强调当下的感受和享尽每一个时刻,这很令人回想起佩特审美的人生哲学。佩特在《文艺复兴》(*The Renaissance*)著名的结语中写道:"哲学和思辨的文化"——欧克肖特大概会说宗教——"对人类精神的功用"

> 是使其焕发、跃升,成为一种持久而热切观察的生命。每个时刻都有某种形式在你手边或面前臻于完美;山丘或海洋的音调比其他的更美妙;某种激情或洞察或智性的激动,对我们而言有着难以抗拒的真实性和吸引力——仅在那个时刻。并非经历的成果,而是经历本身,才是目的。[34]

最后一句话特别好地概括了欧克肖特非工具主义的伦理—宗教理想——不仅在1920年代末期,而且直到他生命的尽头。

哲学与经验

《经验及其模式》提供了一个系统框架,来为欧克肖特1920年代所关注的两种经验形式辩护:哲学与宗教。他对前者的关切是主导性的。在前言中,他清楚地阐明,此书的目的是去发现一种特定哲学观念的意涵,也就是说,哲学是作为"没有预设、保留、抑制或变型的经验"(*EM*,

---

[33] 蒂莫西·富勒指出佩特的《加斯东塔》(*Gaston de la Tour*)是欧克肖特最喜欢的书之一;"The Work of Michael Oakeshott," *Political Theory* (August 1991): 328。

[34] Walter Pater, *The Renaissance*, ed. Adam Phillips (Oxford: Oxford University Press, 1986), 152.

2)的这样一种理念。正如他在 1928 年题为"政治研究的哲学路径"的课程中所做的那样,他通过区分哲学经验和三种最重要的非哲学经验形式——科学、历史和实践——来阐明这一哲学观念的意义。从我们对欧克肖特早期作品的认识来看,以这种方式来推进的理由应该是清楚的。在当时实证主义和实用主义的环境中对哲学的最大威胁来自,将其混淆于并从属于科学、历史和实践。欧克肖特写道:"在当今这些日子里不太能够指望,我们不会受到诱惑去接受这样一种哲学思想,在某种意义上将它理解为'科学的融和'、'科学的综合'或'科学之科学'(*scientia scientarum*)。"(*EM*,2)针对我们时代三种重大的化约论——科学主义、历史主义和实用主义,欧克肖特寻求维护哲学的自主性,乃至它的优越性。

然而,《经验及其模式》一书并不是专门关注哲学及其与各种非哲学经验形式之间的关系。它也关注这些经验形式相互之间的关系——科学与历史的关系、科学与实践的关系、历史与实践的关系。欧克肖特主张,最严重的一种智识错误是 *ignoratio elenchi* 或不相干性的谬误,它源自无法让各种经验模式保持分离与独特。所以,他在《经验及其模式》中以相当的篇幅具体阐述各种模式之间的逻辑区别,并批评几种较为常见的范畴错误。他尤其关切——就像他早期的神学著述会引导我们期望的那样——保护实践生活免受科学和历史的无关侵扰,尤其当科学和历史被用来批评宗教主张的时候。除此以外,我们发现这里还有一种新的关切,即保护历史免受科学和实用态度的无关侵扰。

所有这些都通过一套对人类经验本质的分析予以展开,这种经验是欧克肖特以一种完全观念论的方式来构想的。经验不是其他东西而就是实在:它"代表了具体的整体,它在分析中被划分为'去经验'(experiencing)和'被经验到的'(what is experienced)"。(*EM*,9)经验的客体并不独立于我们对它们的经验,而是由心灵或思想构成。然而,这并不意味着经验的主体是唯一的实在和被经验之物的原因。和他的观念论前辈们一样,欧克肖特始终反对那种主观观念论(唯心论)。正如我们看到的那样,只有在"实在论"批评者的脑海里,黑格尔与英国观念论才被混同于主观观念论;而他们对观念论的"反驳"从根本上依赖于这种混淆。欧克肖特说"也许唯一令人满意的是这样一种观点,它能够(甚至比黑格尔更彻底地)把握这样一个事实,即我们所拥有的,所拥有的一切,都是一个'意义'的世界"(*EM*,61),依照他对于哲学的这种极端观念论和解释学的视角,他得出了对经验和实在之不可分割性的看法。

就像他的观念论前辈们一样,欧克肖特也以一元论的方式构想经验:"经验是一个单一的整体,在这个整体内部,各种变型(modification)或许被区分出来,但这个整体不允许终极的或绝对的分割。"(*EM*,10)经验不是由分离的局部或部分组成,实在也不是如此。最终,只存在一种经验和一种实在,只有一个单一的经验系统,我们所有各种经验都属于这个系统。这个单一的经验系统也并不能被理解为我们多种经验的"汇总"(sum-total)。通过将经验说成是一个系统或整体,欧克肖特想要摆脱的正是那种将经验作为聚集或汇合的概念。多种个别的经验"不是固定的和已完成的单元,只是要被相互添加或减除。这些经验可以彼此破坏,互相扩充,合并,经受改变、转换和接替"。(*EM*,348)

这种将经验作为一个单一而不可分割的整体的一元论概念蕴含了一种改变,改变了我们通常构想多种形式的经验(例如历史、科学和实践)的方式。经验的这些形式不再能够被理解为经验的多种分离的类别,对应于实在的多种分离的部分。相反,它们必须被构想为那个单一经验整体的多种变型。但相较于欧克肖特一元论的经验观所要否认的多种经验形式之间的差别,这里还存在着一种更为根本的差别:那就是间接经验和直接经验之间的经验主义差别;这种差别,按照传统的表述,就是思想与感知或思想与感觉之间的差别。欧克肖特在这个问题上更接近鲍桑葵和约阿希姆而不是布拉德雷,他因而主张,在思想与诸如感觉、感知、意志、直觉、感受等更基本或直接的经验形式之间,不存在绝对或终极的差别。思想并不是一种特定形式的经验;它与经验是根本不可分割的。无论何处的经验都关涉思想或判断。(*EM*,10)

欧克肖特用一种对感觉的分析来支持这个结论,表明感觉从来不是"孤立的、简单的、排他的和完全非关联的;瞬时的、不可表达的、无法分享的和不可能重复的"。感觉总是至少包含某种被识别的东西,而这种识别"使我们同时卷入判断、推理、反思、思考"。(*EM*,11—14)当然,有这样一种企图:想要发现一种外在于思想的直接经验——比如感觉或感知,整个这种企图属于英国观念论者始终反对的那种基础主义的知识图景。欧克肖特本人认为,这种基础主义的知识图景建基于一个错误和歪曲的类比。他写道,我们必须使自己摆脱这个概念,即"思想需要原材料,一种无涉判断的数据"。"在思想中,不存在什么可以与画家的颜料或建筑工人的砖瓦相类比的东西——那种与使用相分离的原材料。"思考

> 既不从感觉材料开始,也不从给定的感受或感知开始;它既不始于直接的东西,也不始于多面的、矛盾的、无意义的东西。经验之中首先所给定的东西是单一且有意义的,是"一"而不是"多"。思想之中所给定的是一种复杂的境遇,在这种境遇中我们在第一时刻的意识里发现我们自己。不存在什么与间接或精到的(sophisticated)东西形成反差的直接或"天然的"东西;这里存在的只是不同程度的精到。(*EM*,18—20)

这一段落指向给定之物(the given)除了它包含观念这一事实之外的另一个面向。给定之物也被说成是"单一且有意义的,是'一'而不是'多'"。在此得到表达的是欧克肖特有关一个"世界"的重要概念,对此他所指的是一个"复杂的、统合的整体或系统"。(*EM*,28)经验中所给定的世界被特征化地描述为统一性,尽管这种统一性是不明显的且不完整的;没有什么是完全分离的、独特的、孤立的或没有意义的。

像约阿希姆一样,欧克肖特将属于一个世界的统一性和属于一个层级的统一性予以区分。一个层级的统一性在本质或原则中占有一席之地,通过从众多特殊的一个集合中抽取一个共同要素来达至。简而言之,这是一种抽象的普遍。而另一方面,一个世界的统一性不仅仅是从构成它的众多特殊中提取出来的一个共同要素;毋宁说,它不外乎就是处在相互融贯状态的这些特殊。属于一个世界或体系的统一性是这样一种统一性:

> 在其中每一个要素都是不可或缺的,在其中没有一个要素比任何其他要素更重要,也没有一个要素可以免于改变和重组。观念世界的统一性在于其融贯性,而不是在于它对任何一个固定观念的遵从或一致。统一性既不在其组分之"内"也不在它们之"外",而是其组分——就它们在经验中是合适的而言——的一种特征。(*EM*,32—33)

在一个世界或体系中,普遍与特殊是不可分离的;普遍,简而言之是一种"具体的普遍"。虽然欧克肖特没有在此使用这一术语,但很清楚的是,他在"世界的统一性"这一名目下理论化的东西正是这种具体普遍性的观念论概念。[35]正是这一概念将会在他对多种不同形式的人类知识和活动的理解方面起到关键作用。

当然,我们从统一性着手,并不意味着在经验中没有什么可做或可获得的东西。因为我们在经验中着手的那种统一性只是局部的、不完全的。对欧克肖特而言,经验中的过程是这样一个过程,在其中经验里所给定的局部统合的观念世界被转变成更为统合的一个世界。完成这种转变的方式是明确已然隐含在给定观念世界中的那种统一性。他写到,在"一个观念世界的发展中,我们总是通过发现暗含的意义来推进。

---

[35] 鲍桑葵在《个体与价值的原理》一书中,也使用了"世界"的概念来描述"具体的普遍"的特征;他也将属于一个世界的统一性和属于一个层级的统一性予以区分,见于 *The Principle of Individuality and Value*, 31—41。

我们从不把目光从一个给定世界**转移**到另一个世界,而总是**注视**一个给定世界,去发现它所暗示的统一性"。(*EM*,29—31)这意味着,经验的标准,以及真理的标准,是融贯而不是符合(correspondence)——就我们的概念而言,并不存在什么独立的实在或非精神的事实让我们的观念去符合。

带着对经验一般特征的这种理解,欧克肖特现在就能够更准确地具体阐明哲学的本质。哲学就是力求在经验中达成一个完全融贯的观念世界;这是"没有保留或预设的经验,彻底自觉和自我批判的经验,在这种经验中有一种绝对而无条件的决心:对于任何缺乏一个完全融贯的观念世界的事物都存有不满"。(*EM*,82)这个完全融贯的观念世界,就是以往观念论者称之为"绝对"的东西;而欧克肖特将它等同于哲学,由此他明显地背离了布拉德雷——尽管没有背离鲍桑葵和约阿希姆。

如是理解的绝对与各种经验模式之间的关系是什么?或者用布拉德雷的方式来说,实在与其表象之间的关系是什么?这是观念论哲学中最令人苦恼的问题之一。布拉德雷自己对此也不完全清楚,不过是经常宣称,表象以某种方式包含在绝对之中。他对这个问题上最经久不衰的论述见于《表象与实在》。在这本书中他主张,表象对绝对来说是以某种方式必需的和不可或缺的:"没有什么表象会在'绝对'中丢失。每一个表象都对整体的统一性有所贡献且至关重要。"没有表象的绝对究竟会是什么呢?"没有实在的表象是不可能的,因为不然的话有什么可显现呢?而没有表象的实在会是空无,因为表象之外确实空无一物。"[36]

欧克肖特反对这样一种看法——经验的模式对于具体的经验整体而言无论如何是必需的或有贡献的。然而,并不清楚他对表象与实在

---

[36] Bradley, *Appearance and Reality*, 404, 432.

的问题的解决是否比布拉德雷的方式更令人满意一些。他的解决方式的关键在于模态(modality)的概念,这令人回想起斯宾诺莎对于实质存在(自立的)和模态存在(依赖的)的区分。当朝向一个绝对融贯的经验世界的具体运动被"抑制"(arrested),而在这个抑制点上一个抽象观念的受限世界被建构起来的时候,一个经验模式就形成了。欧克肖特所谓的"模式"(mode)意在指明,这样一个观念世界不是经验的一个分离的**种类**,而是在特定的一点上被抑制——被变型——的经验整体。一个经验模式"不是实在的一个可分离的局部,而是从有局限的立场来看的那个整体。它不是经验海洋上的一个岛屿,而是经验总体性的一个有局限的视野。它不是(就字面意义而言)局部的,而是抽象的"。(*EM*,71)以这种方式构想的经验模式完全不可能对一个绝对融贯的观念世界的创造有所贡献。它是对经验具体目标的一种偏离,是取自具体整体的一种抽象。

欧克肖特由此得出了一个极端的且不完全令人满意的结论。既然诸如科学、历史和实践之类的经验模式对成就一个绝对融贯的经验世界毫无贡献——甚至会背离它、偏离它、阻碍它——那么这些经验模式必须被避免或抵制。哲学的"主要任务"恰恰是展开这项关键的抵制任务(*EM*,4,83),从而扫清道路……但扫清道路为的是什么呢?当我们试图重现欧克肖特高度悖论性的哲学观时,摆在我们面前的正是这个问题。这让我们又转回布拉德雷的观点:"没有表象的实在会是空无,因为表象之外确实空无一物。"正如《经验及其模式》的一位敏锐的评论者所说:很难理解"哲学究竟是什么——假如艺术、宗教、科学、历史和实践经验都与它无关,又假如哲学只在它们被破坏或避免之后才出场"。[37]

当我们考虑哲学批判和抵制多种经验模式的那种方法之时,各种困难还会出现。对欧克肖特来说,哲学面对经验模式的这种批判性权

---

[37] T. M. Knox, Review of *Experience and Its Modes*, in *Oxford Magazine* 52 (1934):552.

威,有赖于这样一个事实,即哲学满足了——或至少明确地追求——融贯的标准,而这种标准是经验模式本身隐含地承认却无法充分满足的。哲学性的批判在此不是外部的而是内在的。欧克肖特表达这一论点的另一种方式是,每一个经验模式"构成了一种自我矛盾":它作为模式的明确特征与它作为经验的隐含特征相矛盾;它所追求的明确目标与它隐含承认的融贯标准相矛盾。(*EM*,4,71,75,79—80)但所有这些依赖于那种一元论假设,即只存在一个经验世界,只具有一个目标或标准,也就是融贯性。(*EM*,81)部分的混淆似乎在于融贯在论证中起作用的方式。在一个给定的经验模式内部,真理依据于融贯,或许如此,但这并不意味着这个模式隐含地承认或追求那种属于哲学的绝对融贯。也许,每一个经验模式在其自身的标准内部追求融贯,仅限于此。这里没有自相矛盾,因为不存在一种通用的融贯是所有经验模式都承认却没能实现的。也许不存在一个经验的世界,而只存在——借用尼采的话来说——难以计数的视角,它们不可能化约到任何公分母(common denominator)。这就是多元主义,欧克肖特在其生涯的晚期最终走向了这个方向。

欧克肖特反对这样一种理念——经验模式对于哲学的绝对经验来说是必需的或可有贡献的,连同这个理念一道,欧克肖特还反对一种黑格尔式的企图——确定每个模式的确切的缺陷程度,"从而确定一种模式的逻辑等级"。在此,他又一次区别于布拉德雷,后者认为,一种完整的形而上学(他并未声称可以提供这种形而上学)必然会包含多种经验模式之间的等级排序,"所依据的是它们的实在和真理的相对程度"。[38]欧克肖特宣称,这样一种规划包含着一种"对哲学任务的错误观念"。虽然各种模式的确代表了有差别的抽象程度,但从哲学的立场来看这些差别是"不相关的";"从这个立场来看,所有可见的都是抽象

---

[38] Bradley, *Appearance and Reality*, ch. 24; also pp. 433—434,440—441,492—497.

的事实,有缺陷的和不充分的事实。"欧克肖特颇为节俭的哲学观念再次抬头:为了体现它的特征,"哲学没有必要去确定属于任何被呈现出来的抽象观念世界的确切缺陷程度,只是有必要识别抽象并克服它"。(*EM*,83—84)

在此,欧克肖特的论证引发我们将其与另一部著作对比。这部著作具有许多和《经验及其模式》的惊人相似之处,它就是科林伍德的《精神镜像,或知识地图》(*Speculum Mentis*, *or The Map of Knowledge*)。虽然此书出版于1924年,欧克肖特却从未参引它,而且似乎宣称直到完成了《经验及其模式》的写作之后才读到这本书。尽管如此,这两部书的相似之处十分显著,而差异是具有启发性的。像《经验及其模式》一样,《精神镜像》也是以经验形式的哲学这种方式来铸造的。这本书也大量援引英国观念论传统,尽管科林伍德比欧克肖特更不情愿将自己归于这一传统。像欧克肖特一样,科林伍德思考主要的经验形式——艺术、宗教和历史——并表明,如果从绝对知识的立场来看,每一种形式都是不完整的、自相矛盾的和抽象的。只有在哲学中,才得以最终明确地企及我们全部经验所隐含的绝对知识。然而,科林伍德也与欧克肖特有所不同,而这正是他更接近于布拉德雷和黑格尔的地方,那就是,将各种经验形式安排在一个等级结构中——一个融贯性和具体性连续递增的等级结构,并且表明每一种依次递增的经验形式如何从前一种形式中辩证地浮现,并解决了前一种形式的自相矛盾。

另一个重要差异明显地呈现在《精神镜像》的第一页,科林伍德在此写道:"所有思想都是为了行动而存在。我们试图理解我们自己和我们的世界,只是为了我们可以学会如何生活。我们自我认识的目标并不是一些启蒙了的知识人沉思他们自己神秘的本质,而是蕴含于旺盛实践生活之中的那种本质更为自由和有效的自我展现。"[39]依照欧克

---

[39] R. G. Collingwood, *Speculum Mentis*, *or The Map of Knowledge* (Oxford: Clarendon Press, 1924), 15.

肖特所理解的具体哲学世界与抽象实践世界之间的关系,这种理论和实践的联盟是不可能的。哲学对于推进任何抽象经验世界的目标,不可能有所作为。这意味着,哲学必须将历史留给历史学家,将科学留给科学家,将实践留给道德、宗教和政治的行家。哲学或许愿意取代一种抽象经验形式,但不可能占据它的位置。在论证中从具体之物通达抽象之物或反过来,是不相干性的谬误(*ignoratio elenchi*)的一个范例。(*EM*,81,353—354)欧克肖特在他对历史、科学和实践的具体分析中发展出这个观点的内涵。

历史、科学和实践

欧克肖特从对历史知识的分析入手,展开他的模式批判。论述历史的一章是《经验及其模式》中最具创造性的,也吸引了最强烈的关注。科林伍德被这一章节如此触动,以至于在关于此书的评论文章中这样写道:欧克肖特的经验模式理论

> 得以达成,我猜想,主要是来自理解历史知识本质的一种紧张努力。欧克肖特先生像一位有成就的历史学家那样论及历史,他被自己研究工作的问题带入哲学,发现如今的哲学无力应对这些问题的哲学含义;而在这个意义上,论述历史的这个章节在我看来是此书的真正内核。[40]

根据我们至今已经看到的材料,这并没有准确地描绘《经验及其模式》中欧克肖特规划的源起——虽然它确实相当贴切地描述了科林伍德自己哲学的源起。在着手处理包括历史的各种经验模式时,欧克肖特的主要关切在于去表明没有一种经验模式体现了哲学中所追求的

---

[40] Collingwood, Review of *Experience and Its Modes*, in *Cambridge Review* 55 (1933—1934): 249—250.

那种具体知识。的确，有人可以说，他主要关切的是将哲学从历史主义中拯救出来，而这种历史主义恰恰可以用来描述科林伍德自己哲学观的特征。

尽管如此，欧克肖特对于经验的非经验主义解释似乎确实更适用于历史知识，而不是（比如说）自然科学。在自然科学中，经验主义的知识模型，连同那种建筑者及其砖瓦的基础主义比喻，至少看起来是可以自圆其说的。自然科学家似乎从直接的有关感知的事实入手，并在那种绝对确定的基础之上建构其知识。而另一方面，在历史中，谈不上有什么纯粹经验的"数据"；任何事物都不是全然"给定的"。与自然科学的事实不同，历史学家力图确定的那种事实已经消失；它们需要被重修建构。历史的表面上的对象——过去的事件经过——对历史学家而言并不是现成地"在那儿"，不像是在科学家那里，自然似乎就是现成地"在那儿"。

的确，这是欧克肖特试图确立的第一个观点。针对一种天真的客观主义，他主张历史是经验，是一个观念世界，而不纯粹是一个经验或"客观"事实的世界；这个世界是由历史学家建构的，而非简单地发现的。在客观的"事件经过"和"我们对它的阐释"之间，在历史与历史编纂学之间，没有绝对的分界线。当然这在历史学家和哲学家中已经成为一个为人熟知的观点；而欧克肖特以一种特有的极端方式来表达这一观点："历史是经验，是历史学家的经验世界；它是一个观念世界，是历史学家的观念世界。"他这么说并不意在主张一种激进的历史相对主义或怀疑主义。虽然历史由历史学家的经验构成，但它不仅仅是他的经验。历史学家的经验也有相对的真假之分，这就使得他的经验不只是他的心理状态而已。（*EM*,89—96）

欧克肖特接着表明，历史经验追求所有经验的过程特征，通过这种过程一个给定的观念世界被转变为一个更为融贯的观念世界。历史并不始于原始数据或孤立事实的汇集。任何作为数据或材料摆在历史学家面前的东西，已然属于一个特定的意义世界，它是由历史研究的假定和预设所决定的。在这些假设之外，历史学家还要带着那种对事件经过的一般性观点——在她*的研究中指导她的假设——来面对她碰巧所研究的任何对象。当然，原初被构想的那些"事实"随着历史学家研究的推进而被转变。这些给定的事实不是凝固的和不可侵犯的；它们完全依赖于它们所属的整体世界。这个世界中的任何变化都必须带来这些"事实"本身的转变。历史知识从而典型地例证了具体普遍性的逻辑，在这种逻辑中，普遍与特殊、世界与事实、阐释与文本，是不可分离的。(*EM*,96—99)[41]欧克肖特通过以下方式详述了历史事实的具体的、"尘世的"、系统性的——有人或许也会说诠释学的——特征：

> 每个事实的真相取决于它所属的那个事实世界的真相，而事实世界的真相存在于组成它的那些事实的融贯性。在历史经验中，就像在所有其他经验中一样，不存在绝对的数据，没有任何给定的东西是免于变化的；每个要素依赖于并支持所有其他要素。(*EM*,113)

到目前为止，针对一种天真的客观主义，欧克肖特一直着重表明，历史是经验，是历史学家当下的经验世界，而不是过去的事件经过；它是"我们因证据而有义务相信的事情"，而并非"实际发生了什么"(*was eigentlich geschehen ist*)。但他的整个论题不只是历史是经验，而且也是：历史是经验的一种变型，是得自一个有局限立场的经验整体。那些特定的预设——历史学家据此来组织经验整体与实在——是什么呢？

---

* 原作者在行文中时而使用女性人称代词(她)，以表明一种不含性别歧视的"政治正确"立场，这种做法为当代英美学者所常见。——译者注

[41] 科林伍德也强调了历史事实的具体特征："这种具体的普遍是每个历史学家的日常食粮；而这种历史的逻辑就是具体之普遍的逻辑。"(*Speculum Mentis*, 221)

根据欧克肖特的观点,历史经验的主假设(master-postulate)或范畴是那种关于过去的观念。历史是取"过去形式"(*sub specie praeteritorum*)的经验;试图以一种过去的形式来组织经验整体。但是,历史学家据以组织当下经验的那个"过去"并非就是任何过去;它是一种特殊的过去,必须区别于其他过去,尤其是那种实用的过去(practical past)。实用的过去是在与当下的关系中被观照的一种过去。一旦过去被视为朝向当下发展、影响当下,或为当下辩护,那么它就是一种实用的而非历史的过去。这是一种经常被用于宗教的过去。的确,欧克肖特在1920年代曾论及的基督教中的"历史要素"是这种实际使用过去的绝好例子,用来为特定的实际信仰辩护并使之活跃有力。而另一方面,历史的过去是"为其本身的缘故而存在的过去";它是"一种已死的过去;一种不同于当下的过去"。(*EM*,102—106)在此,欧克肖特响应了赫伯特·巴特菲尔德(Herbert Butterfield)——他从前的室友、同为剑桥历史学青年讲师的同事——的观点。巴特菲尔德在其1931年的著作《历史的辉格派阐释》(*Whig Interpretation of History*)中写道:"历史学家的主要目标是阐明过去与当下之间的各种不同之处",而辉格史学的主要错误在于"它是参照当下来研究过去"。[42]

与它的已死性相关,历史的过去的另一个特点是,它被看作"客观的",独立于历史学家,是"真正发生的事情"。根据欧克肖特的观点,正是这一特征最终使历史经验变得自相矛盾。历史学家对过去之过去属性(pastness)和"客观性"的信念,与作为当下经验的历史的那种实际特征相矛盾。历史学家犯有某种类型的哲学错误,而这一错误对开展它的活动来说是必不可少的。(*EM*,106—111,146—147)

这是一个高度可疑的批评。欧克肖特坚持认为,历史学家不可能

---

[42] Herbert Butterfield, *The Wing Interpretation of History* (London: George Bell, 1931), 10, 11. 巴特菲尔德和欧克肖特都是1920—1930年代剑桥青年历史学家学会(Cambridge Junior Historians Society)的成员;就此可参见 Luke O'Sullivan, *Oakeshott on History* (Exeter: Imprint Academic, 2003), 55。

超越"实际发生了什么"(was eigentlich geschehen ist)这一预设,除非与此同时他不再是历史学家:过去的过去属性是历史学家"习惯于相信的"东西;这"鼓励着"他;"假如他不相信他的任务是复活曾经活生生的存在,那就很难看出他何以为继。"(EM,106—107)但真是如此吗?或许没有什么从事实际工作的历史学家会遵循对于过去——欧克肖特将其归于历史——的那种天真的客观主义观念,然而也不缺少那些继续从他们活动中找到意义的历史学家。完全有可能,在不摧毁历史或整个超越它的情况下持有这样一种对于历史的哲学性的深思熟虑。

欧克肖特指向了历史的另一个特征,这个特征判定它是一种抽象形式的经验:历史中的个体根本上是"被指派的"(designated)而不是"被界定的"(defined)。这一批评援用了观念主义的个体观,将个体性视为容纳性的和自我完整的,而不完全是特殊的、分离的或孤立的。历史的个体——无论它是一个历史事件、制度或个人——都带有某种程度的容纳性,以及和所处环境的连续性,但是如果我们想要的结果不是写成一部普遍的世界历史,那么这种容纳性和连续性最终必须被限制。对欧克肖特而言,正是历史个体的这种武断性及全然被指派的特征,判定了历史经验是抽象和不融贯的。(EM,43—45,62—65,119—124,147—148)[43]

然而,在此,欧克肖特的批评又一次没能令人信服。历史的身份在某种程度上总是"被指派的"——从已发生的一切的概念总体性中被挑出并划界,这无疑是正确的,但它是否会导致历史学家的活动徒劳无功或自相矛盾,却未必清楚。只有当存在着某种形式的经验,它能够完全摆脱所有人类思想的人为性、角度限制或视角性特征,欧克肖特的这一批评才可能会令人信服。在《经验及其模式》中,欧克肖特仍然认为哲学体现了这样一种无预设的经验。他后来将在这一根本问题上改变

---

[43] 科林伍德在《精神镜像》中对历史崩塌的描述(Speculum Mentis,231—239,244—246)与欧克肖特的第二个批评是平行的。在科林伍德看来,历史事实的绝对而具体的整体绝不可能达成;"所有历史都是碎片化的。"这破灭了想要发现"实际发生了什么"的希望,并最终导向历史的怀疑论。

他的想法。相应地,在他后来对历史的讨论中,他把自己限制在理解历史学家活动的各种前提,而不去表明这些前提蕴含着自相矛盾、不融贯性或哲学错误。

通过对属于历史的两个观念——过去的观念和个体的观念——的批评,欧克肖特从中总结出,历史是一种抽象的、有缺陷的经验模式。这意味着,从哲学的立场来看,它必须被避免、抵制和克服。历史只能用于阻碍或偏离对一个绝对融贯的经验世界的追求。这隐含着许多意思,其中之一是历史当中没有什么可以为哲学所用。历史中的一切都被抽象损害了,而抽象的东西对于具体的整体之融贯性无所贡献。出于同样的原因,哲学也不会——通过比如在历史事实之间建立关联,或在事实中发现一个情节或计划等方式——来自行承担使这个历史经验的世界更为融贯的任务。对欧克肖特而言,"历史哲学"是不相干性的谬误(*ignoratio elenchi*)的一个例证。

欧克肖特将历史作为一种抽象的经验模式来分析,其主要意义在于,它否定了任何种类的极端或怀疑的历史主义。当然,"历史主义"是一个众所周知的含混术语,但在此我将它理解为将所有知识(包括哲学知识)化约或同化为历史知识。[44] 对欧克肖特而言,哲学无论如何都无法化约为历史。后者是抽象的经验世界,是作为具体经验的哲学所必须避免或抵制的。一种哲学也不可能通过这种方式来反驳——将它回溯到其历史背景或情境。地点和时间与哲学无关。当然,每一种哲学有它的地点和时间、一个历史背景,但这都与它作为一种哲学无关。对哲学而言重要的是它的对错与否,而历史研究中没有任何一点成分能够回答这个哲学问题。(*EM*,349)

在历史主义这个问题上将科林伍德与欧克肖特进行对比是有启发

---

[44] 例如,参见列奥·施特劳斯对历史主义的界定:"历史主义是这样一种主张,认为在最终的分析中无法坚持哲学问题与历史问题之间的根本区别。"见于 *What Is Political Philosophy*?(Glencoe, Ill.: Free Press, 1959),57。

意义的。有许多东西将这两位思想家联系到一起,尤其是他们对历史知识问题的共同关注,但是在科林伍德那里有一种倾向于历史主义的趋势,而在欧克肖特的思想里则没有这种倾向。正如托马斯·诺克斯(T. M. Knox)在《历史的观念》(*The Idea of History*)的前言中所指出的,科林伍德像克罗齐一样"倾向于认为'作为单独学科的哲学,通过转变为历史而被清算'"。[45]同样,在对《历史的观念》的评论文章中,欧克肖特也将注意力投向科林伍德思想中的历史主义倾向:"必须观察到的是,几乎是不动声色地,科林伍德的历史哲学转向了一种将所有知识都同化为历史知识的哲学,而结果是转向了一种激进怀疑论的哲学。"[46]欧克肖特并没有沿着这一极端历史主义的方向追随科林伍德,尽管我们将看到,他最终确实放弃了那种非历史的(ahistorical)观点,即时间和地点与政治哲学毫无关系。然而,欧克肖特在后期的写作中,也像在《经验及其模式》中一样,严格地坚持了哲学与历史的范畴区别。

现在让我们转向欧克肖特对科学的分析,对此我们或许会处理得更简略一些,因为这种分析不如他对历史的讨论那样丰富和具有原创性。他的主要目标是通过表明科学不是具体的经验整体,而只是一个抽象的模式,从而反驳将科学等同于知识本身的实证主义思想。科学家经常无法认识到她经验的抽象性,是因为她相信科学方法完全适合于一个外在于科学思想的实在,也就是自然。科学知识被认为是建立在关于自然的种种事实这一绝对可靠的基础之上,这些事实通常被构想为在感知中直接被给定。科学的理论长久以来都建基于某种类似的经验主义或客观主义的知识模型,而欧克肖特连同另外几位科学哲学家——包括卡尔·波普尔(Karl Popper)、迈克尔·波兰尼(Michael

---

[45] T. M. Knox, Preface to *The Idea of History*, by R. G. Collingwood (Oxford: Clarendon Press, 1946), x. 这一历史主义倾向在科林伍德后期作品中最为明显——*An Autobiography* (1939) and An Essay on Metaphysics (1940)。

[46] Oakeshott, Review of *The Idea of History*, in *English Historical Review* 62 (1947), 85.

Polanyi)、伊姆雷·拉卡托斯(Imre Lakatos)、托马斯·库恩(Thomas Kuhn)、保罗·费耶阿本德(Paul Feyerabend)和斯蒂芬·图尔明(Stephen Toulmin)——共同反对这种知识模型。[47]

欧克肖特指出的第一点是,科学并非开始于感知事实之类的事情。科学的目标是企及一个普遍的、绝对可交流之经验的世界,而为了达成这个目标,它必须"对感知世界置之不顾"。我们在科学中开始的世界并不是那个我们一睁开眼就意识到的世界;不如说这个世界是通过抽象抵达的——抽象于这个熟悉的感知和实际兴趣的世界。像埃德蒙德·胡塞尔(Edmund Husserl)一样,欧克肖特认为,只有在科学活动将这个在感知中呈现给我们的世界转变为一个非个人的、绝对可交流的量化抽象的世界之后,科学活动才能恰当地开始。[48]这个科学经验的世界是 *sub specie quantitatis* 的世界,即在数量范畴下所构想的世界。(*EM*,169—172)[49]

欧克肖特已经表明,科学经验中所给出的那个世界不是开始于那些独立于科学思想的经验事实,由此他进而论证,这个世界的发展由始至终是由其预设的量化特征所支配。科学假设总是依据科学经验中给定的量化结构概念来架构;用于确认这些假设的各种观察和实验也是如此。科学观察不完全是经验的;它们总是测量,而从不是感知:"科学观察者的眼睛是一把尺;科学感知本身是测量。"最后,科学的结论与它的量化特征相符合。它们总是采取统计性普遍化(statistical generalizations)的形式,绝不可能被一个单一的经验观察或反例所否定。(*EM*,

---

[47] 布拉德雷也同样反对关于自然科学的实证主义理解;参见 *Appearance and Reality*, ch. 22 and pp. 434—440。

[48] 在自然中感知的世界转变为自然科学的数学世界,对这一转变的论述参见 Edmund Husserl, *The Crisis of the European Sciences and Transcendental Phenomenology*, trans. David Carr (Evanston, Ill.: Northwestern University Press, 1970), 23—59。

[49] 欧克肖特对作为量化经验的科学的阐述类似于著名剑桥天文学家亚瑟·爱丁顿(Arthur Eddington)对物理的阐述,见于"The Domain of Physical Science," in *Science, Religion, and Reality*, ed. Joseph Needham。

181—187,206—207）

从所有这些可以清楚地看到,科学不可能是具体的经验整体,而只能是那种出自有局限和抽象立场的整体。这是一个有价值的论点,也是一个决定性的反驳——反驳了将科学知识等同于知识本身的实证主义思想。遗憾的是,与《经验及其模式》的绝对观念论相一致,欧克肖特也要表明,科学经验在根本上是不融贯的、自相矛盾的。科学经验中所涉及的这种特定的自相矛盾来自其结论的普遍化性质。科学知识终究是假设的或推测性的知识;它从不宣称一种对实在的范畴判断。结果是,科学知识作为科学的明确目标与它作为经验的隐含特征相矛盾。对这种自相矛盾的承认,蕴含着科学世界作为一个独特世界的毁灭。（*EM*,208—211）有人或许会说,历史学家一旦将自身从"实际发生了什么"的幻觉中解脱出来就不再成其为历史学家,类似地,科学家也是如此,一旦她承认其知识的全然假设特征,也就不再成其为科学家。随着这样一种自我意识的获得,科学失去了它存在的理由（raison d'être）,而呈现为一种全然被误导的企图——企图成就一个完全融贯的观念世界。欧克肖特总结说,哲学"必须从抵制开始——抵制被称为科学的那种经验之抑制的方法和结果（之类的东西）"。（*EM*,219）

这一论证的困难之处和上述所提出的关于历史问题的困难相同,所以我们无须反复讨论。然而,欧克肖特对科学的分析中所蕴含的意思,并不仅仅局限于哲学和科学的关系;它们也包含了对历史和科学之关系的一种完整的重新评估。当然,到了欧克肖特着手处理这一问题的时候,对于历史与科学的区别——"精神科学"（*Geisteswissenschaften*）与自然科学（*Naturwissenschaften*）的区别——已经有了大量的思考。他自己对于这一问题的贡献集中在对历史和科学的模态或范畴区分。历史与科学的根本区别并不存在于它们各自的"主题素材"——人类与自然——的本体论差异,而是存在于那些完全对立的预设之中,它们依据各自的预设来组织实在整体。从而欧克肖特允许一种量化的人类科学的可能性，比如经济学、心理学，甚至政治科学。（*EM*,219—243）[50]但他反对"历史的科学"这一理念，视之为一种体裁类型的混淆或 ignoratio elenchi（不相干性的谬误）。

作为他区分历史与科学的努力的一部分，欧克肖特反对将因果解释与历史相关联。他在这一点上的立场再激进不过了——甚至比科林伍德的立场还要激进，反对任何意义上的因果概念，认为它无法兼容于历史的预设。在科学中，因果性关联于一个抽象事例的世界，而非具体事件的世界，因此明显地与历史的预设不相兼容。在更一般的意义上，因果性的观念依赖于隔离一个事件，并使其成为同样被隔离的结果之原因。但这也和历史的特征相抵触——历史从不能将一个事件从它的环境中隔离出来，或者将它从它和其他事件的关系中切割出来。历史学家并不寻求根据外在原因或普遍法则来解释事件之间的关联，而是像小说家那样"依靠更多、更完整的细节"。在此所援用的解释原则被欧克肖特称为"连续性"（continuity）：

> 在历史中对于变化唯一相关或可能的解释（explanation）就是对变化的一种完整叙述（account）。历史对变化的解释是通过关于变化的充分叙述。事件之间的关系总是存在于其他事件，而通过这些事件的一个充分联系，这种关系才能在历史中建立起来。因果的概念从而被对一个多事件世界的展示所取代，这些事件内在地彼此关联，而在这个世界中不容任何空隙（lacuna）。（*EM*,126—132,141—143）

像一些评论者已经注意到的那样，从上述段落中很难看清楚，对欧克肖特来说，事件之间的"内在关联"存于何处，或者说，如果不包含历史的总体性，历史学家何以决定对他的叙述而言什么是相关的或不相

---

[50] 欧克肖特在《经验及其模式》中并未论及政治科学，但在他为乔治·卡特林（G. E. G. Catlin）的《政治的原理》（*The Principles of Politics*）所写的书评中讨论了这样一种科学的可能性，这篇书评载于 *Cambridge Review* 51（1929—1930）: 400。

关的。[51]这里似乎需要某种容纳或排斥的标准、意义或无意义的标准。欧克肖特在他后来对历史解释的叙述中试图填补这一空缺,这一叙述见于《论历史》(*On History*)一书,发表于《经验及其模式》出版50年后。

欧克肖特处理的最后一个经验模式是实践经验。同样,他主要的关切在于表明,实践是一种抽象的经验模式,它没有提供经验中最终令人满意的东西,因而它必须被避免或取代。对实践经验的批判性考察是极其重要的,因为在所有模式中,实践是最令人迷惑和分心的一种模式。无论与科学还是历史相比,实践都更经常地被当作具体的经验整体——在经验中绝对和令人满意的东西。哲学一直承受着实践的专制,历史也是如此,甚至"科学从实践专制中的解放"也一直是"缓慢而不确定的"。欧克肖特坚持主张实践生活具有这种专制性和限制性的特征,这贯穿了他几乎所有的作品,也使他的反实证主义区别于许多他的同代人——不仅是实用主义者,而且也包括存在主义者,他们断言实践生活或生活世界(*Lebenswelt*)的首要性。

欧克肖特有关实践经验的解释很大程度上是从布拉德雷那里衍生出来的。[52]他将实践的特异之处(*differentia*)定位于行动的观念或存在的更变:实践是意愿形式(*sub specie voluntatis*)的经验。实践活动涉及对"所是"(what is)的更变,从而使"是什么"符合一种未实现的观念——一种"未至"(not yet)的"将至"(to be)。实践活动预设了两个有差异的世界——一个"所是"的世界和一个"将至"的世界——且在本质上存在于使两者一致的努力。然而,这两个世界之间的差别绝不可能彻底解决,而这恰恰阻碍了实践,使它永远无法企及一个完全令人

---

[51] 参见例如 William Dray, *Philosophy of History* (Englewood Cliffs: Prentice-Hall, 1964), 9—10; "Michael Oakeshott's Theory of History," in *Politics and Experience*, ed. P. King and B. C. Parekh, 24—30。

[52] 参见 Bradley, *Ethical Studies*, esp. 231—235, 313—335; *Essays on Truth and Reality*, esp. 6—7, 441—442。

满意的或融贯的经验世界。实践永远无法确定地成就它所承担的这个任务——解决"此时此地所是"和"应该将是"之间的差别:"一种解决刚刚在实践存在之世界的某个点上得以实现,另一处又爆发了新的不一致,需要一种新的解决。"实践生活的每一次成功都是局部的,埋下了新缺陷的隐患,并蕴含着未来的任务:"实践中没有地方会有不间断的进步,也不会有最终的成就。"(*EM*,256—263,288—291)

在此,欧克肖特重复了他在早期文章《宗教与道德生活》("Religion and the Moral Life")中所论述的观点:实践生活的无止境特征在宗教中得到了一定程度的缓解。宗教是"最具体形态的实践生活",它是"实践的圆满"。(*EM*,292—295)尽管如此,实践经验从未彻底摆脱不完全性,而这构成了它本质上的抽象性。要想一劳永逸地解决"实然"和"应然"之间的差别是不可能的,因为这种解决将包含对实践经验本身的毁灭。就像所有抽象的经验模式一样,实践是自相矛盾的。它试图解决这种差异,但这种差异恰恰是它存在的条件。(*EM*,304)至少根据欧克肖特的看法,可以由此得出,实践经验"必须被全然(*in toto*)抵制"。它是对经验具体目标的偏离,并阻碍我们去企及一个绝对融贯的观念世界:

> 直到我们变得对这个实践世界的真相完全漠不关心,直到我们摆脱实践经验的种种抽象——对于道德与宗教、善与恶、信念与自由、身体与心灵、实践之本身与它的野心和欲望的种种抽象,我们才能再次转入这样一个方向,通往能够满足经验特征的事物。(*EM*,310—311)

这一分析的一个重要含义是,哲学结论无法由诉诸实践经验来建立或反驳。让哲学结论服从于实践的批评是犯了不相干性的谬误(ignoratio elenchi)。但欧克肖特更为强调哲学对于实践经验世界的不相关性。对于这一抽象世界的融贯性,哲学不可能做出任何相关的贡献。实践发生在——它必定发生在——某一种"精神迷雾"之中。实践的成功和满足依赖于这种精神迷雾,而作为自我意识和自我批判思想的哲学只能用来驱散这迷雾:"能够引领这个世界的并不是那种目光清晰的人,不是那些为思想而造就的人和热衷思想的人。伟大的成就在实践经验的精神迷雾中得以实现。离我们需求最远的东西就是,国王应该成为哲学家。"(*EM*,319—321,353—355)

对于一个注定在政治哲学领域做出其最伟大贡献的人来说,得出这样一个结论或许是奇怪的。欧克肖特如何将他在《经验及其模式》中所辩护的那种哲学观念应用于政治哲学,是我们下一步必须考察的问题。

第三章　政治哲学

科学主义、历史主义和实用主义制造了一些危险的混淆,欧克肖特在《经验及其模式》中将哲学从这些混淆中解放出来之后,他就可以开始处理政治哲学最紧迫的问题。然而,他并没有将《经验及其模式》中对认识论和方法论的专注完全置之不顾。确实,在欧克肖特1930年代论及政治哲学的作品中,引人注目的一点是,它们在很大程度上持续关注着政治哲学之本质的元政治学问题。而对于政治哲学的本质,他最为强调的莫过于它的"极端颠覆性的"特征,它对日常政治反思的范畴所造成的那种消溶性冲击。[1]政治哲学这种极端颠覆性特征的必然结果是,它永远不能用作政治活动的指导或帮助。离我们需求最远的东西就是,哲学家应该成为国王。

当然,政治哲学的这种反政治观念与1930年代英国的智识气质严重抵触。共产主义的理论与实践之统一吸引了奥登(Auden)一代的许多作家和学者,而那些没有受到这种吸引的人,在针对共产主义和法西斯主义的极端意识形态的反应中也变得政治化。欧克肖特的观念论者同道科林伍德就是后者的典型,他在其《自传》(*Autobiography*)中说,1930年代的事件,尤其是绥靖政策"破坏了我作为一个超然的专业化思想者的姿态"。[2]而欧克肖特却不是这种情况,虽然他保持着一种

---

[1] 这一短语出现在欧克肖特去世后出版的手稿《政治哲学》("Political Philosophy," in *RPML*, 138—155)。虽然这篇论文没有注明日期,但文中一处援引了马波特(J. D. Mabbott)1948年发表的《国家与公民》,且欧克肖特对这部著作做了两次评论,由此可以推测欧克肖特的这篇论文大致写于1948—1949年间。

[2] R. G. Collingwood, *An Autobiography* (Oxford: Clarendon Press, 1939), 167.

严格的道德完整性，但与此同时在这个关键时期，他的哲学超然性也能够奇怪地表现出疏离。他很少对那十年间的喧嚣事件发表评论，甚至在他1939年出版的《当代欧洲的社会与政治学说》(The Social and Political Doctrines of Contemporary Europe)一书中，他保持了一种故意中立的立场来对待代议民主、共产主义、法西斯主义、国族社会主义和天主教教义各自的长处，坚持主张"这本书是为那些对思想感兴趣的人所作"。(SPD, xiv)

所有这些使我们极难分辨欧克肖特对1930年代实质性政治问题的成熟看法是什么。甚至也不清楚他的视野是否特别保守，尽管在他对理论和实践的鲜明区分中确实有一种保守主义偏见。佩里·安德森(Perry Anderson)断言，欧克肖特在1930年代"以纯正的极端右翼的声音"发言，并将其与卡尔·施米特(Carl Schmitt)作比，但安德森的这种说法实在太离谱了。[3] 然而，在欧克肖特那段时期的作品中，存在着他一般政治见解的线索，也有他将至的实质性政治哲学的踪影。我在本章的后半部分将追寻这些线索和踪影，但我们必须首先考虑他关于政治哲学之本质的更为全面的讨论。

什么是政治哲学？

虽然欧克肖特在《经验及其模式》一书中没有明确地讨论政治哲学，但他对于其性质留下了一些迹象——显现于此书接近结尾处对伦理思想的简要讨论之中。在那里，欧克肖特提出了两个观点，它们反复出现在他对政治哲学之本质的讨论中。第一，他反对自亚里士多德以来的一种传统观点：伦理学在某种意义上是实践的或规范性的。伦理学是要界定我们道德和实践概念的一种努力，这完全不同于构建一个

---

[3] Perry Anderson, "The Intransigent Right at the End of the Century," *London Review of Books*, 24 September 1992, 7.

融贯的价值世界或使其融贯的那种努力。在此,欧克肖特简单地重复了他此前已经说过的关于哲学与实践之间的一般关系:属于一方的判断是无关于另一方的,因而一个真正哲学的伦理学永远不能提供任何一种实践指导。(*EM*,336—340)他也响应了布拉德雷的观点(前文有更为充分的引述),即伦理学的职责不是规定或建构一种道德:"哲学所必须做的一切就是'理解实然',道德哲学必须理解既存的道德,而不是制造它们或给出制造它们的指导……伦理学不需要使世界变得道德,而只要把现存于世界的道德化为理论。"[4]

欧克肖特对伦理思想提出的第二个观点与哲学定义的性质有关。直觉主义思想家,包括乔治·摩尔、哈罗德·普里查德(H. A. Prichard)、埃德加·卡里特(E. F. Carritt)和威廉·罗斯(W. D. Ross),坚持主张道德概念最终是不可化约和不可界定的:根据非道德的观念来界定像正当和善这样的道德概念,会犯下"自然主义的谬误",而欧克肖特反对这些直觉主义者,他认为,对任何概念的恰当界定都不可能根据抽象世界或语境而达成,是在这个抽象世界或语境中概念首次向我们显现。哲学定义牵涉到将抽象的东西关联到一个具体的世界或语境,它牵涉到要把对实在的指涉变得明确化,而在我们的抽象经验中实在始终只是隐含的。这种将隐含之物变得明确的过程,以及将抽象概念指涉到实在或经验总体性的过程,是一个转变性的过程;哲学定义总是蕴含转变和取代。出于这一原因,欧克肖特得出这样的结论,要在哲学上解释或界定道德和实践的抽象概念"而(如果)不对它们做如是清理",是不可能的。

这第二个观点表达了或许是欧克肖特哲学解释思想中最突出的特征,就他对政治哲学之性质的整体理解而言,这一特征具有最重要的影响:我指的是哲学思想的转变性特征。对欧克肖特来说,我们在经验中

---

[4] Bradley, *Ethical Studies*, 193.

开始着手的东西从不是绝对的或完全令人满意的;它仅仅是我们开始的地方。当我们具体地去思考这一初始的"数据"(datum)并试图在一个更开阔的语境中去理解它的时候,它便很快失去了那些起初使我们得以识别它的抽象特征。我们离开了一个世界,进入了另一个世界。这并非发生于突然之间;而是在反思过程中的某一点上,我们变得意识到,那个旧的世界和其中的一切已经彻底被转变了。恰恰是因为欧克肖特看到了这样一种总体转变的发生,他才会反对如下观点,我们能够将在哲学反思过程中获得的具体知识"应用"到我们由此开始的那个抽象世界。哲学无法提供任何实践的指导,因为它已经丢弃了实践世界所依赖的那些抽象概念和范畴。

在其1938年的一篇重要论文《哲学法理学概念》中,欧克肖特详细阐述了那些涉及政治哲学的关于哲学定义和解释的思想。在文章开篇他就言明,本文的目标"是思考一种法律哲学和市民社会的意义和可能性"。("CPJ",203)他特别关切的是确定对法律性质的哲学解释与目前构成法学世界的各种不同形式的解释之间的关系。这一任务尤为紧迫,因为哲学法理学目前被构想为仅仅是众多对法律的解释中的一种,它并不比其他解释更为有效或更为全面。("CPJ",213)从《经验及其模式》的立场来看,这包含着对哲学之性质的一种严重误解。哲学不是众多经验模式中的一种,而是那些模式所暗含的那个具体的整体。哲学解释也不只是众多解释中的一种,而是一种标准,其他各种解释必须由这个标准来裁判。

欧克肖特考虑了20世纪初在英国流行的四种主要研究法律的非哲学路径:分析法学(由约翰·奥斯丁[John Austin]创建)、历史法学(和亨利·梅因[Henry Maine]、弗雷德里克·梅特兰[Frederick Maitland]及保罗·维诺格拉多夫[Paul Vinogradoff]相关)、社会学法学和经济法学。他强调,这些不是"互补的研究方法"而是"相互排斥的解释类型"。它们之间的差别,就像经验模式之间的差别一样,不是强调的差别或主题素材的差别;"它们是原则的差别"。("CPJ",214)要接受一个理论,就要否定其他理论。法学世界是由一种未解决的多样性构成的——一种相互排斥的对法律性质的解释的多样性。现在的状况是,我们或许期待哲学起到治疗的作用,但依照目前的哲学法理学概念,它只能加剧这种混淆,给刺耳的噪声再添一种不和谐的声音。

欧克肖特继而思考了一系列法律哲学的错误观念,每一种错误观念都"假定对法律的哲学阐释只是众多阐释中的一种,若我们感到倾向于此就去追寻它,若我们感到无效就忍受或抛弃它"。最流行的一种错误观念涉及这样一种观点:法律哲学是将某种先前思考产生的哲学学说应用于法律和由法律组织起来的社会。法律哲学在此被构想为依赖于一种哲学,但其本身不是哲学性的。("CPJ",215—216)另一个常见的法律哲学的错误观念主张,法律哲学是规范性的,包含着对法律规则和安排以其优劣为据的考量,也包含对法律应当追寻之目标的确定。这种规范性的法律哲学目标"不是去界定'正当'的性质,而是去确定一个社会的法律安排的对错"。依照欧克肖特在《经验及其模式》中对伦理思想之性质已有的论说,就很清楚为什么他会反对这种有关哲学法理学之性质的观点。对我们道德和法律概念的界定是一回事,而对这些概念的实际评价以及一个价值世界的建构则是另一回事。"考察一个道德标准的性质,是一种伦理和哲学性的探询;但是,决定一项法律的优劣,则涉及一种道德判断,而哲学家本身并不比其他任何社会成员能处在一个更好的位置来给出这种判断。"("CPJ",217—218)

在对这些法律哲学错误观念的反驳中,欧克肖特重述了在《经验及其模式》一书中形成的哲学理念。他写道,哲学知识"并不是一种源自某个特殊信息源的特殊类别的知识",它只是"没有保留或预设的思想和知识"。由"普通的日常知识的概念"入手,哲学通过发现其中所隐含的东西,寻求去扩展我们对这些概念的知识。欧克肖特,以苏格拉底的方式,坚持主张在哲学定义与前哲学经验之间具有连续性。哲学家不是从普遍的怀疑入手的。前哲学经验不是简单的不可知(nescience);它隐含了一种对整体或经验总体性的指涉,而哲学家的任务就是将这种隐含的指涉变得明确。在哲学中,我们从来没有这种跨越:"从全然的无知到完整的知识";我们总是从一知半解的知识、那种混淆不清的知识起步,走向更充分和更系统的知识。哲学中的这个过程"总是这样一个过程,变得更充分而清晰地认识某种意义上的已知之物"。("CPJ",345—347)

欧克肖特在此为之辩护实质上是一种苏格拉底式的哲学观,这与早期分析哲学家的观点有着一些明显的相似之处,诸如摩尔、普里查德、卡里特和罗斯等哲学家主张,哲学"不是发现或信息或知识,不是证据或证成,而是澄清或分析已然获知的事物"。这些论者,连同罗素和维特根斯坦,使这样一种"原理"对20世纪的英国哲学产生了深刻的影响——"哲学是对'一阶'知识进行分析的'二阶'活动"。[5]用维特根斯坦令人难忘的表述来说:"(哲学)让一切如其所是。"[6]

欧克肖特能够同意这种哲学观的许多成分,在这一点上与科林伍德明显不同。科林伍德哀叹摩尔和普里查德的分析哲学对年轻人道德教育造成的影响。格林与其他英国观念论者曾向他们的学生教授"为之而生的理想和据此生活的原则",而普里查德及其同道则"倡导一种新的道德哲学,是纯粹理论性的,在这种哲学中,道德意识的活动应该被科学地研究,仿佛这些活动就像星球的运动,不应该有任何企图去干扰它们"。"正是由那种'实在论'教条——道德哲学就只是以纯粹的理论精神去研究一种主题素材,使其完全不被研究所影响——所散播的道德败坏"才使得科林伍德要去追寻"理论与实践之间的和解"。[7]当然,

---

[5] Cahal B. Daly, *Moral Philosophy in Britain from Bradley to Wittgenstein* (Dublin: Four Courts Press, 1996), 147, 148.

[6] Ludwig Wittgenstein, *Philosophical Investigations*, 3rd edn., trans. G. E. M. Anscombe (Oxford: Blackwell, 2001), Part I, 124.

[7] Collingwood, *An Autobiography*, 47—49, 147.

这种和解，明显地不在欧克肖特的道德和政治哲学议程之中。

在欧克肖特与分析哲学家之间，存在着哲学观上的一些相似之处，但也存在一些并非无关紧要的差别。哲学从隐含在我们日常概念中的知识入手并对此做出分析，就此而言，欧克肖特与分析哲学的观点是一致的。但对分析哲学家来说，这种初始的知识在某种意义上是绝对的；这种数据是哲学可以去分析的，但不能批判或超越。这种观点正是欧克肖特所反对的，因而他这样断言，哲学的结论必须是"新的"，必定不同于那种（哲学研究由此入手的）常识观念。"一个概念，对常识而言，和它对于哲学而言，这两者之间必定存在着分歧。"我们由此入手的那种前哲学或常识概念在哲学研究的过程中会经历彻底的转变。出于这一原因，哲学的结论不可以通过诉诸日常经验或常识来核查。欧克肖特故意借用逻辑实证主义的术语写道："哲学探究中的'确证'（verification）总是前行地存在于概念将成之事，而从不后置地处在我们最初着手时它曾是之物。"（"CPJ"，348—349）哲学对于一个抽象的观念世界之融贯性不做直接贡献，就此而言，哲学让一切如其所是，但并不意味着哲学就是接受事物如其最初呈现自己之所是，将哲学本身限制于纯粹的"分析"。

根据欧克肖特的观点，霍布斯和黑格尔这两位哲学家典范性地体现了他在《哲学法理学概念》一文中所详述的那种政治哲学观念。欧克肖特对此的明确阐述见于他去世后出版的一篇文稿，题目是《政治之哲学的概念》（"The Concept of a Philosophy of Politics"）。（RPML，126，137）这部文稿表达了许多观点，与我们在《哲学法理学概念》中所看到的相同，而且常常使用同样的语言，这提示我们这篇文稿的写作时间略早一些，尔后经欧克肖特更广泛的开掘，形成了那篇发表的文章。[8] 这篇文

---

[8] 对于这部手稿的写作日期有着一些争议。富勒推测是1946年，其主要依据是，欧克肖特提到最近已经"有机会去思考霍布斯的著述"。（RPML，119）但欧克肖特在1935、1937年写了两篇关于霍布斯文献的长篇评论。（若手稿写于1946年）那么他实际上重复了他在10年前已经发表的东西，这恐怕讲不通。

稿很重要，因为它清楚地表明，欧克肖特在《哲学法理学概念》中应用于法学的那种哲学观念也同样适用于政治哲学。这篇文稿也凸显了在欧克肖特生涯的这一时期，霍布斯与黑格尔对他的政治哲学观施加了一种启发性的双重影响。我会在这一章后面的部分中更仔细地考察这一双重影响。

欧克肖特对哲学研究之性质的评论，与他对时下哲学法理学观念的批评之间，究竟有着怎样的关联？他在时下的哲学法理学观念中所发现的主要缺陷是，它们将哲学法理学仅仅构想为对法律性质的相互排斥却同等有效的多种解释之中的一种。在欧克肖特的哲学法理学观念中，这种缺陷得到了修补。在对法律性质的具体而批判性的反思过程中，这样一种法学处在其终点，取代了所有其他受局限的或局部的观点；它同时是对法律性质的最完整的解释，也是所有其他解释必须据此来被判断的标准。这一批判性反思的过程或许始于那种本质上抽象的法律定义，这种定义可见于（比如说）分析法学；而由此开始，这个过程可能会通向一些更宽广、更具体的语境，由此来观照诸如法律、政治、历史、经济组织和社会结构。然而我们迟早会抵达这样一个语境，它本身无需进一步的解释，它免于批评且不能被取代。在欧克肖特看来，这就是法律哲学的立场。（"CPJ",352—353）

欧克肖特在此勾勒的这个过程，在《国家的权威》（"The Authority of the State",1929）一文中得到了恰当的阐述，这是他最早的论文之一。在那里欧克肖特处理的是国家的性质这一问题，他观察到，我们最初所面对的是不同国家观的多样性，并论证——大致以《哲学法理学概念》一文所采取的方式——我们不必简单地默认这种多样性："我想要表明的观点是，一种完整的国家观可以取代所有其他的国家观，与此相比其他国家观既不表现为可能的另类选择，也不表现为矛盾体或贡献者，而只是表现为要被取代的抽象物。"他继而考虑了某些更常见的国家观——国家被理解为一片领土、一种法人或经济人的集合体、一个世俗整体，以及政府的政治机器，然后把它们每一种都作为取自具体社会实在的抽象而予以拒绝。那么，在哪里才能找到那样一种具体的国家观——"自立的"(self-subsistent)并"承载着对自身的解释，无需与更为全面的整体相连接就能被理解"？这种观念只有在"社会整体"中才能找到："这一社会整体是与个体相关联的，这些个体是完整的、活生生的人；或换一种说法，它是一个实际共同体的总体性，契合了构成它的众多个体的整个心灵。"(*RPML*,81—83)欧克肖特在这里的论述以某种类似于彻底黑格尔式的国家定义告终。的确，这篇早期论文的有趣之处在于——除了例示一种政治哲学观，对此欧克肖特将在10年后的《哲学法理学概念》中做充分阐述——它还透露出他的黑格尔主义也同样表现在一种解释的哲学方面。

恢复政治哲学的传统

《哲学法理学概念》的主要部分是关于法律和政治哲学之性质的元政治学问题。它对于如下问题几乎没有提供什么实践指导：我们今天可能从哪里开始——作为一个实际程序问题——着手建构一种真正的法律哲学理论和市民社会。然而，在这篇文章的结尾部分，他就这一点做出了一些提示性的评论："对法律性质的哲学探询需要一个新鲜而有益的开端，阻挡我们通向这个开端的最大障碍是一种普遍的无知——对于这一探询已经成就了什么的无知，以及由这种无知而产生的偏见，即认为已达成的成就微乎其微或一无所有。"所以他主张，"我们议程上的第一项"应该是"重新彻底地思考法律哲学的历史，特别是属于这一历史的伟大文献……对法律性质的哲学探询不是某种我们今天可以从头开始(*de novo*)的事情，它不会在我们头脑中凭空出现……而不参照此前已经经过的事情。"("CPJ",357)

但是，为了向法律和政治哲学的历史学习，欧克肖特坚持认为，必须改变我们对这一历史的态度。长久以来,哲学法理学的历史一直关注的是那些在哲学学说中形成的结论或意见,而不是关注为支持那些结论而给出的理由。一种具体的哲学学说"为每一条法官附带意见(*obiter dictum*)提供一个判决理由(*ratio decidendi*)",正是这些判决理由,是哲学历史学家应该恰当地予以关注的。有趣的是,欧克肖特在此提倡研究法律和政治哲学历史的一条更为哲学的路径,与传统的历史路径形成对照,后者强调结论和"那些结论的推测性效果或影响"。的确,为了区别于他从传统史学中所想到的东西,他论及哲学法理学的那种"传统",对此他意指"哲学性构想的那种哲学法理学历史,被视为一个活生生的、即兴的整体,在其中过去和现在相较而言都微不足道"。这个传统是单一的和连续的,尽管我们对结论的狭隘关注已经使我们看不见这个传统的统一性和连续性。这不是"结论甚或问题"的传统,而是哲学探究的传统。("CPJ",358—359)

这些论及法律和政治哲学历史的思想在以下两篇文章中得到了更为充分的发展——一篇论及边沁(1932),另一篇论及霍布斯(1935),它们都写于《哲学法理学概念》几年之前。论边沁的文章主要是对新近学术研究中的"新边沁"做出批判,所谓"新边沁"试图为边沁恢复名誉,将他的地位提升至一位伟大的批判性思想家——预见到哲学和政治思想中许多新近发展的哲学家。欧克肖特在整个1930年代开设过关于功利主义的课程,但他并不认同这一观点。对他而言,边沁是18世纪的人物,而不是20世纪的先驱,他恰恰是批判性思想家和哲学家的反面:他是一个启蒙哲学家(*philosophe*)。按照欧克肖特的观点,启蒙哲学家的特征是一种对无差别知识的信念,和"普遍的轻信盲从"。他也是一个理性主义者。在此,欧克肖特描绘了这一气质的第一幅肖像,这在1940年代至1950年代成为他关注的主要部分:

> 启蒙哲学家,在如下限定意义上是一种理性主义者,他相信,造就之物比自然生长之物要好,整洁比丰富和活力要好。

启蒙哲学家的天赋是一种偏向理性化的天赋,偏向要让人生和生活事务变得有理性,而不是**看清**其理由,偏向不计代价地灌输精确的秩序,而不是去领会看似混乱局面中一个微妙秩序的存在。(*RP*,139)

虽然在这篇论文中,欧克肖特并没有着眼于边沁的理性主义,而是着眼于那种历史方法,这种方法导致了对边沁重要性和原创性如此的错误估价。这种方法更多地关注在一个思想家的思想中发现"预感",而不是关注是否有一个特定的问题得到了精妙或深刻的发展。这种方法本身排他性地关注一种哲学学说的结论及其事后影响。难怪边沁在英国思想史上显得像一个巨人:他"是一个机敏的人,如果我们足够努力地考察,我们当然会从他的作品中发现一些'醒目的预感'——预见了一些相当现代的观点。但是这又算得了什么呢?那就使他成为一个巨人了吗?像边沁这样一个思想家,不会费心去判别或限制他自己;他只是汲取表面的华丽"。(*RP*,146)

对效果和影响的专注不仅会让我们误判一个思想家的地位,也会妨碍我们去理解他实际的思考和理念。当我们自己关注的是效果或后果时,我们便只看到思想家的结论,而忽视了那些结论背后的"判决理由"。就边沁的例子而言,他的"判决理由"透露出他在本质上是一位18世纪的思想家。他为火葬、避孕、男女同校教育等论辩的根据或理由"都是典型的18世纪思想,几乎都有谬误。对边沁来说,非但没有彻底解决他的那些首要原则,而且从未给予它们一刻严肃的思考"。(*RP*,147)

在《新边沁》("The New Bentham")一文中,欧克肖特认为,留意边沁的"判决理由"能够使我们看到,他实际上是一个多么因袭传统的思想家。在欧克肖特1935年论及霍布斯的文章中,他主张,留意霍布斯的"判决理由"则有一个相反的结果,透露出霍布斯实际上是一个多么具有原创性和多么激进的哲学家。然而同样地,狭隘地着眼于霍布斯的政治意见和结论,已经遮蔽了他实际上提供给我们的东西:也就是"对于政治生活之性质的一个整全性视野"。欧克肖特写道:每个人,

> 都有他的政治意见,有时这些意见会在他的后世引发兴趣、激发灵感。但一个政治哲学家要有比政治意见更多、更重要的东西:他有对政治活动的一种分析,对政治生活之性质的一个整全性视野,而正是这些方面——而不是他的政治意见——对后来不同世代的研究有所助益。("TH",265)

无视霍布斯观点所依据的理由,也导致了对这些观点的错误阐释。尤其是有一种倾向,将霍布斯思想仅仅视作一些观点的集合,而未能认识到它深刻的系统性特征,这妨碍了学者们去领会霍布斯的意义。欧克肖特举出了一些这类错误阐释的例子,在每个例子中,都是将一种本质上的哲学学说做道德解读,导致了错误。这尤为明显地表现在这样一种常见的论点中:霍布斯的政治哲学是基于一种人性观,将人性视为自私或自我中心的。然而,欧克肖特回应说:"在霍布斯那里,人本质上的自私不是一个前提,而(如果这一学说随处可见)是一个结论,是一个漫长而复杂的论证得出的结果。他的前提是一种唯我论(solipsism)学说,是对人类本质上相互隔绝的一种信念,且被详细阐述为一种知识理论。"霍布斯的个人主义在根本上,不是基于一种关于人性的道德意见,而是基于一种哲学的知识理论,一种"彻底的唯名论(nominalism)和一种几近极端的唯我论"。("TH",273—275)

在这个例子中,道德哲学与道德意见之间的对立显而易见,这一对立形成了一个基础,由此欧克肖特赞赏地却不无批评地评论了列奥·施特劳斯的著作《霍布斯的政治哲学:基础与起源》(The Political Philosophy of Hobbes: Its Basis and Its Genesis)。这篇书评,题为《列奥·施特劳斯博士论霍布斯》("Dr. Leo Strauss on Hobbes",1937),具有特别的重要性。因为欧克肖特在其中面对的是一位政治哲学史家,与他自己似乎有着许多共同之处。欧克肖特和施特劳斯都认为,对于当今有关政

治的哲学探究而言,政治哲学史在某种意义上是本质性的;他们分享了对哲学思想之激进性质的一种敏锐的鉴别力,这是他们要从过去的政治哲学中试图恢复的;他们两人都让自己对立于各种平庸的阐释,这些阐释或将过去哲学家之间的重要差异最小化,或过度强调表面的相似性,或忽视其精微之处,或寻找非历史的"预感"。然而,虽有这些亲和之处,欧克肖特最终还是不同意施特劳斯对霍布斯的总体阐释。

施特劳斯的著作吸引了欧克肖特,实际上他在三个不同场合对此书做过评论[9],原因之一无疑是这本书的一种企图:以一个作为真正道德哲学家的霍布斯形象,来取代霍布斯的传统的实证主义者形象,后者将霍布斯视为一位自然主义哲学家——从事对政治的科学分析。虽然欧克肖特与施特劳斯共享着这个总的企图,但他反对施特劳斯的一个特定论点:霍布斯政治哲学的原初和真实的基础是一种前科学的"道德态度",据此霍布斯在他成熟的作品中仅仅附加了一种科学的形式,却从未真正放弃过这种态度。对欧克肖特来说,《利维坦》的论述构成了霍布斯哲学思考中一个真正的进展,不是因为它是更"科学的"——在欧克肖特看来,"霍布斯在任何真正的意义上从来都不是一位科学家……他的'科学'始终被构想为一种认识论"——而是因为它代表了霍布斯的一种企图:为他的政治哲学"寻找一个比纯粹道德意见更坚实的基础"。(*HCA*,150—153)

欧克肖特还对施特劳斯一个相当宏大的论断有所保留,这个论断是,霍布斯是政治哲学中一个新传统的始作俑者,以及现代政治哲学的奠基人。[10]欧克肖特在这方面提出了两个论点。第一,虽然他接受施特劳斯的这样一个论题,即霍布斯的政治哲学代表了与主导性的自然

---

[9] 欧克肖特就施特劳斯的著作发表了两篇短评,分别见于 *Cambridge Review* 58 (1936—1937):150, and *Philosophy* 12(1937):239—241。

[10] 参见 Leo Strauss, *The Political Philosophy of Hobbes*: *Its Basis and Its Genesis* (Chicago: University of Chicago Press, 1952), vii—viii, 15—57。施特劳斯后来开始将马基雅维利而非霍布斯视为现代政治哲学的始作俑者(参见美国版的序言)。

法传统的断裂,但是,他并不认为这一进展是完全前所未有的;施特劳斯忽视了霍布斯与更早期的伊壁鸠鲁传统的重要的亲缘性。(*HCA*,153—154)第二,施特劳斯断言,霍布斯以意志取代法律的做法成为了后来所有政治思想的起点。欧克肖特由这个论断出发,但补充认为,霍布斯仍然缺乏某种对现代政治思想而言至关重要的东西:也就是一个令人满意的意志理论。这一欠缺只有在一种"统一"中才能得以弥补,这种统一是"一种重构的自然法理论与霍布斯的伊壁鸠鲁式的理论的统一,显现在这样的用语中,如卢梭的'普遍意志'(公意)、黑格尔的'理性化意志'和鲍桑葵的'真实意志'"。这一段落的规划性意图在以下几行文字中变得明晰可见:

> 在我的理解中,现代政治哲学中最为深刻的运动是,斯多噶派的自然法理论通过与一种伊壁鸠鲁式的理论嫁接而获得了复兴;它源自政治哲学的两个伟大传统的统一,这两个传统是西欧从古老世界中承传下来的。它的伟大之处在于,它是一个真正的理论,而不仅仅是一种折中的妥协;而它尚未成功找到一个完全令人满意的表述,这却当然不是它垂危状态的标志。(*HCA*,157)

在此,欧克肖特清楚地指明了一个方向——他认为哲学对政治的探究在20世纪应当选取这个方向。当代政治哲学的任务是贯彻由卢梭和黑格尔开启的那种理论努力,去综合霍布斯的伊壁鸠鲁式的理论与斯多噶派的自然法理论。这一任务究竟包含什么仍不清楚。为了将其充实,我们必须更严密地考察欧克肖特与霍布斯和黑格尔这对奇怪组合之间的关系。

霍布斯、黑格尔和自由主义

正如在欧克肖特的认识论和形而上学中一样,在他的政治哲学中,离开了英国观念论者的中介影响,就无法理解他与黑格尔的关系。虽然是布拉德雷对欧克肖特的逻辑和形而上学产生了最大的影响,但却是格林和伯纳德·鲍桑葵影响了他与黑格尔在政治哲学领域的相会。当然,布拉德雷确实写了一篇有影响的且极具激发性的黑格尔式的论文,题为《我的位置及其责任》("My Station and Its Duties",文如其名),但是接受黑格尔有关自由和国家的思想并将它们适应于英国政治经验,这主要是格林和鲍桑葵的功绩。

格林在这方面引领了一条道路,阐明自由的"积极"学说,意在对应个人主义,这种个人主义见于约翰·斯图尔特·密尔和赫伯特·斯宾塞(Herbert Spencer)的政治哲学。他论证说,谈及自由,我们"不仅仅指免于束缚或强迫的自由。我们也不仅仅指按照喜好行事而不顾喜好之事是什么的自由……我们是指一种积极的力量或能力,去做或享有一些值得做或享有的事物……是公民一方作为整体的更大力量,让他们自己发挥得最多和最好"。[11] 自由是指自我掌控,由我们的"更高自我"(higher self)来决定,超越或对抗我们的"较低自我"(lower self)。实现这种自由——也就是,实现某种类型的由我们"更高自我"决定的道德品格——是个人和社会的伦理目标。格林假定有一种利益的和谐存在于个人与社会之间,它们共享着一种真正的"共善"(common good)——由他关于自我发展或自我实现的目的论观念所界定。国家通过为我们更高能力的发展创造条件,在这种共善的实现过程中扮演着一个至关重要的角色。在这一基础上,格林赞成通过一系列立法来保护劳工、规制健康条件、要求义务教育,以及限制酒水销售。

像霍布豪斯(1864—1929)那样的新自由主义者(New Liberals)抓住格林教诲中改革主义的方面,来倡导甚至更为宽泛的国家行动以治

---

[11] T. H. Green, "Lecture on 'Liberal Legislation and Freedom of Contract'," in Green, *Lectures on the Principles of Political Obligation and Other Writings*, ed. Paul Harris and John Morrow (Cambridge: Cambridge University Press, 1986), 199.

疗社会疾病,但是,格林本人反对这样的国家角色的扩张。由于坚定地植根于福音派维多利亚时期的价值,他担心父权主义措施对自力更生和个人道德品格造成的影响。于是,在《政治责任之原则演讲集》(*Lectures on the Principles of Political Obligation*,在他去世后于1886年出版)中,他通过论证国家行动或法律应当被限制在那些外在的行动——以坏的动因(比如惧怕惩罚)来实施这些外在行动总好过什么都不做——来收缩他的积极自由学说的政治范围。[12]最终,人类不可能被强迫自由。国家只能通过排除妨害我们自由的障碍来间接地或消极地促进自我实现。当然,是什么构成了自我实现的"障碍"——酒精?贫穷?资本主义?这在格林的理论中一直是一个致命的含混暧昧之处。

去充分发展由格林引入英国政治哲学的黑格尔式思想的任务就留给了格林的学生伯纳德·鲍桑葵。虽然鲍桑葵的《国家的哲学理论》(*Philosophical Theory of the State*,初版于1899年)在大部分要点上都追随了格林,但此书在对现代国家的积极估价方面具有更显著的黑格尔色彩。格林有一段名言表达了对黑格尔有所保留的态度:"对一个被用作满足主人贪婪欲望的雅典奴隶来说,将国家说成是对自由的实现会是一种嘲讽;或许,对一个未受过教育且吃不饱饭的居民——身处一家伦敦工场,两旁都是卖杜松子酒的商店——如是谈论国家,也同样是一种嘲讽。"鲍桑葵在引述这段名言时评论说:"在对民众评估国家的价值时,格林曾表现出小心审慎,而支持这种审慎的时代已经一去不返。"[13]

像格林一样,鲍桑葵也是从反对边沁、密尔和斯宾塞等思想家的个人主义入手的,这些思想家将法律或政府视为"在本质意义上敌对于自

---

[12] Green, *Principles of Political Obligation*, 20.
[13] Bernard Bosanquet, *The Philosophical Theory of the State and Related Essays*, ed. Gerald F. Gaus and William Sweet (South Bend: St Augustine's Press, 2001), 2, 258. 对格林的引述来自论文"On the Different Senses of 'Freedom' as Applied to Will and to the Progress of Man," in *Principles of Political Obligation*, 233。

我或人的真正个体性"。[14] 在这些论者看来,个体就是其最初印象（prima facie）中所呈现的那个样子,是某种分离的东西,与周围环绕的一切相割裂;而政治问题就变成了,要在这种私性的个体与外界的社会力量之间筑起屏障,保护个体免于政府的侵扰。在卢梭的普遍意志（公意）概念中,鲍桑葵发现了对于"自我治理之悖论"的一种远为激进和令人满意的处理方式。在此那种"自我与其他自我的否定性关系,在公共自我的概念面前,开始消融",而且"那种自我与法律及政府的否定性关系,也在某种法律的观念中消失,这种法律表达了我们真正的意志,对立于我们琐碎的、反叛的情绪"。[15]

鲍桑葵对观念主义的国家理论所做的最大贡献在于他细节化地处理了"普遍的"（general）——他更喜欢称其为"真正的"（real）——意志。像卢梭、黑格尔和格林一样,鲍桑葵区分了两种意志:一种是个体有意识的、任意的、此时此刻的意志,另一种是它所隐含的真实的、真正的或理性的意志。他进而追问这一区分到底意味着什么:言说一个区别于我"实际意志"（actual will）的"真正意志"（real will）,这意味着什么? 他对这个问题的回答首先是通过指出一个我们熟悉的事实:我们常常渴求一些事物,但若得到了却无法令我们满意。我们从一个时刻到下一个时刻频繁地随意欲求的事物,并不符合我们想要的东西——如果我们把未来纳入考虑,或者依据我们的行动对那个系统的整体（那就是我们的自我）所做的总体贡献来考虑我们的行动。我们"实际的"意志,即寻求满足当下期望和欲求的意志,很少符合我们"真正的"意志,后者是寻求将我们复杂的需要和需求编织成一个和谐的整体。我们"实际的"意志被一些矛盾撕裂,而这些矛盾是我们"真正的"意志想要排除的:

> 对我们一个月或一年来的各种意志行动的比较,就足以

---

[14] Bosanquet, *Philosophical Theory of the State*, 86.
[15] Ibid., 120—121.

表明,没有一个在我们行动时所构想的目标,穷尽了我们意志所要求的一切……。为了获得对我们意愿之事的完整陈述,我们在任一时刻之所求必须至少根据我们在所有其他时刻之所求来矫正和修改;这也同时要求对它的矫正和修改能够与他人之所求相协调……协调和调整大量数据,让它们归入一个理性形态,这样一个过程就是批判的意义所在。而当批判被应用于我们的实际意志时,就会表明实际意志并不是我们的真正意志;或者,用最直白的话来说,尽管我们所意识到的需求在每一个点上都是真正意志的先导,但我们真正所求之物是某种更多和不同的东西,多于和不同于在任何给定时刻我们所意识到的意愿。[16]

像黑格尔一样,鲍桑葵将"真正的"或"理性的"意志与国家视为同一。正是在国家的法律和制度中,以上段落所描述的那种批判过程才得以发生。卢梭的"立法者"(Legislator)只是这一复杂过程的一个原始而神秘的版本,经由这个复杂过程"实际的"意志得到逐渐的规训和转化。在国家之中"我们同时发现规训和扩展,局部冲动的变形,以及某些要去做和去关心的事情,比如人的自我要求"。正是在那里个体发现"一条出路和一个能够公平对待他各种能力的稳定目标——一个令人满意的生活目标"。[17] 鲍桑葵的自我实现学说,和格林的学说一样,依赖于一种目的论的人性观。而在他将"真正意志"与国家的同一化中所隐含的是一个有争议的主张:国家能够比个体本身更令人满意地规划那种使个体得以自我实现的生活。

鲍桑葵宏大的国家观,在霍布豪斯的《国家的形而上学理论》(Metaphysical Theory of the State, 1918)一书中受到猛烈的攻击。在战争阴影下写下这本书的霍布豪斯,批判鲍桑葵美化国家,从而抑制了改变或

---

[16] Bosanquet, *Philosophical Theory of the State*, 132—134.
[17] Ibid., 156.

改善国家的努力。然而,这一批判忽视了鲍桑葵论述中的许多微妙之处。一方面,鲍桑葵小心谨慎地不把国家等同于"单纯的政治肌体":国家"包括决定生活之制度的整体层级,从家庭到贸易,从贸易到教会乃至大学"。[18]的确,在他看来,上述那种批判和改善的过程主要发生在社会领域。出于这一理由,他强烈反对任何形式的国家社会主义(state socialism),而支持那种由"慈善组织协会"所代表的对穷人供给的非国家主义(nonstatist)进路。其次,和格林一样,鲍桑葵主张,鉴于国家是通过强制力来运转的,它不可能直接地促进个体的精神或道德目标。国家行动或法律必须限制在外部行动;它的角色要被限定在阻止一些对自我实现的阻碍上。[19]

现在让我们回到欧克肖特。我们已经看到,在他1920年代论及政治哲学的早期作品中,他完全沉浸于这种观念主义的国家理论。他反对边沁和密尔的个人主义,而支持一种观念论学说:主张自我和社会的相互依赖,或更极端地说是自我与社会的同一性。他的态度在1930年代似乎也没有多少改变。在他对施特劳斯的评论中,正如我们已经看到的,他认为霍布斯缺乏一种融贯的意志理论,在某种程度上这种缺失已经由卢梭的普遍意志(公意)概念、黑格尔的理性意志概念和鲍桑葵的真正意志概念得到了补救。这样一种观念论的反思代表了"政治哲学中最深刻的运动"。欧克肖特在1936年对论及鲍桑葵的一本书做出评论时强化了这个观点,他写道:"所谓观念主义的国家理论,是唯一一种对所有——任何国家理论都必须考虑的——问题给予了彻底关注的理论。"他主张,鲍桑葵的《国家的哲学理论》仍然是对这种观念主义的国家理论的"最全面的阐述",并挑出鲍桑葵的"自我的哲学"予以特别的称赞,认为它远胜过"那些所谓的'个人主义'理论,后者倾向于将自

---

[18] Bosanquet, *Philosophical Theory of the State*.
[19] Ibid., ch. 8.

我当作某种过于重要以致不能被检视的东西"。[20]

对于观念主义的国家理论，欧克肖特的同情是明显的，但也不无批判。就在把它称赞为"唯一一种对所有——任何国家理论都必须考虑的——问题给予了彻底关注的理论"的同一篇评论文章中，他也说这一理论"尚未得到一个令人满意的表述"。对于这样一种重新表述而言，鲍桑葵的《国家的哲学理论》所做的研究只是一个"有益的起步"。[21]在对十多年后约翰·马波特（J. D. Mabbott）所著《国家与公民》（The State and the Citizen）的书评中，欧克肖特对鲍桑葵做出了同样隐晦的批评。在那里他评论说，自从《国家的哲学理论》出版以来，"还没有出现一部由英国作者所写的总体论述政治哲学的著作，能够令人印象至深——让那些对这一主题感兴趣的读者视之为具有头等重要性"。这在他看来是异常的，"因为鲍桑葵的著作并没有让这一主题处在如此坚实的平衡状态，以至于很难知道在哪个方向上才能取得进展：这本书被认为是具有严重缺陷的，尽管其同时代批评者并没有抓住它最重要的缺点"。[22]

人们会希望欧克肖特能够更为明确一些地阐述这一段落所提到的"严重缺陷"和更为有益的方向。如果对照欧克肖特自己政治哲学发展的方向，我会认为他有两个可能的反驳，针对由格林和鲍桑葵所阐述的那种观念主义的国家理论。首先，我认为欧克肖特会在以下这方面持有深刻的保留，那就是他们关于国家行动之限度的康德式学说。这一学说依赖于一个双重论题：一个行动的道德价值仅仅存在于它的动机，而国家行动——经由武力和对惩罚的恐惧来实施——不可避免地

---

[20] Oakeshott, Review of *Bernard Bosanquet's Philosophy of the State: A Historical and Systematical Study*, by B. Pfannenstil, *Philosophy* 11 (1936): 482.

[21] Ibid., 482.

[22] Oakeshott, Review of *The State and the Citizen*, by J. D. Mabbott, *Mind* 58 (1949): 378—379. 欧克肖特还在《剑桥学刊》中发表了对此书的评论，参见 *Cambridge Journal* 2 (1948—1949): 316, 318。

损坏了我们动机的纯洁性。这样一种学说似乎是在道德动机的层面重建了个人主义——恰恰是观念主义理论试图去克服的那种个人主义。尚不清楚的是,被具体理解的法律是否一直在武力或对惩罚的恐惧中运转,抑或它是否不可避免地损坏了我们动机的纯洁性(无论它可能指什么)。马波特在前文所提及的他的那本著作中对此有很好的论述,而欧克肖特似乎赞同他的论证。[23]遗憾的是,在马波特自己确定国家行动之限度的努力中,由于他围绕着"私性的个体"划出边界,并援用了社会益品和非社会益品之间的区别,从而也沦为某种类似的个人主义。欧克肖特以完全黑格尔式的言辞表达了他的批评:

> 在我对他的理解中,这种"私性的个体"是一种建制,一种社会的创造物——的确就其主要部分而言是一种法律的创造物,它的欲求、情感、思想、智性在它们的构成中就是社会性的。在我看来,没有什么比这更确定的了:如果这一个体离开了那个作为他生存条件的"外部"社会世界,那么他就会像真空中的身体一样瓦解。[24]

我认为,欧克肖特对格林和鲍桑葵的观念主义的国家理论可能还有第二个分歧,这牵涉到他们两人目的论的人性观和人的自我实现概念。尤其在格林那里,有一种明确的意识——关于我们应该去实现的那种品格,以及国家应该去促进的那种"更高的自我"。他的整个伦理和政治哲学弥漫着康德式的责任与偏好的二元论;而他将为了共善所做的自我牺牲等同于自我实现,这种同一化似乎不仅过于苦行(ascetic),而且也模糊了个人主张和社会主张之间可能产生的非常真实的冲突。鲍桑葵比格林少一些苦行色彩,而更接近黑格尔,但他也假定存在一种我们应该去实现、国家应该去促进的"真正意志"——一种真正的

---

[23] J. D. Mabbott, *The State and the Citizen* (London: Hutchinson, 1948), ch. 8.
[24] Oakeshott, Review of Mabbott, 386.

人性。他同样也假定,国家在体现我们"真正意志"和引导我们走向真正的自我实现等许多方面都比我们更为明智。

在1930年代的作品中,欧克肖特并没有明确拒斥鲍桑葵和格林的目的论人性观,以及它赋予国家的目标性特征。然而,他与他们两者的分歧隐含在他对霍布斯的赞赏中,甚至可以说隐含在他整个佩特*—伊壁鸠鲁式的感受力之中,这种感受力与格林的那种拘束的、道德主义的人性至善视野是如此不同。虽然在他对施特劳斯的评论文章中,欧克肖特认为观念论者可以用以补救霍布斯政治哲学中所缺乏的融贯的意志理论,但是在某种意义上欧克肖特自己却要用霍布斯怀疑论的伊壁鸠鲁式视野,来纠正观念主义的国家理论中那些目的论和理性主义的倾向。对于欧克肖特而言,霍布斯(连同蒙田)体现了激进的伊壁鸠鲁式的个人主义,它形成了现代自由主义中最深刻的思潮。例如在1935年论及霍布斯的文章中,他称霍布斯为"政治理论史上最深刻的哲学个人主义者"。他还主张,霍布斯远非像人们(比如格林和鲍桑葵)经常描绘的那样是自由主义的敌人,[25]相反"在他那里有着更深厚的自由主义根基,甚至甚于洛克"。("TH",272)

欧克肖特把霍布斯在自由主义万神庙中的位置提升到洛克之上,这构成了他最为新颖的一种重新评价。在1932年为纪念洛克诞辰三百周年所写的一篇文章中,他尖锐地批判了洛克式自由主义的"无边无际却又反复无常的温和节制"。他写道:

> 洛克是某种自由主义的布道者,他所传播的这种自由主义比保守主义本身更为保守,其标志性的特征并不在于对新涌入的事物缺乏敏感性,而是对此带有一种罪恶的且破坏性

---

* 瓦尔特·佩特,见于本书第二章"早期的政治和神学著述"小节。——译者注

[25] 参见 Green, *Principles of Political Obligation*, 39—45; Boasnquet, *Philosophical Theory of the State*, 122—124. 科林伍德所著的《新利维坦》(*New Leviathan*,1942)表明了一种对霍布斯的更为正面的态度。

的敏感性;这种自由主义明了自身的局限,对各种极端怀有恐惧,将它渐渐失去力量的体面之手垂放在任何危险或革命性的事物之上。("JL",73)

佩里·安德森援引了这些文字作为欧克肖特当时反自由主义的证据,[26]但实际上这些文字体现了他想要更新自由主义的愿望,其方式是通过将自由主义建基于一种激进意义上的个体性——远比在洛克那里看到的更为激进。自由主义的真正危机在于,在其洛克式的形态中它已变得沉闷乏味:

> 对于已经接受一种激进的伊壁鸠鲁式个人主义的那些人来说,洛克那种温和节制的个人主义毫无吸引力可言。洛克"稳定不变的自由之爱"看起来要比受到任何"迷醉于自由"的人(比如蒙田)奴役更糟。民主、议会制政府、进步、讨论以及"合理的生产力伦理"是一些观念,所有这些都与洛克的自由主义密不可分,而这些观念现在甚至无法激发敌意;它们不是全然荒谬并被推翻了,它们让人不感兴趣。("JL",73)

洛克的政治哲学还有一方面让欧克肖特感到不耐烦,那就是它的自然权利学说。这与欧克肖特的黑格尔主义有更大的关系,但有趣的是,他认为在这一点上霍布斯与黑格尔而非洛克有着更多的共同之处。与洛克形成鲜明对照,霍布斯和黑格尔都认为,文明条件包含着一种人类自然状态的根本转变,以至于转变前后的两种状态之间不存在任何相互的吸引力。在对厄奈斯特·巴克的讨论中,欧克肖特间接地批判了洛克那种天真的"个人主义"——将个人主义理解为对社会中的自我的一种本体论阐述,而不是理解为一种伦理理想,而巴克有一种洛克式的企图,将"社会"视为某种与"国家"可分离的、独立于"国家"的事物。这种社会与国家之间的区分是一个

---

[26] Anderson, "The Intransigent Right at the End of the Century," 7.

政治理论中那种"个人主义"的遗迹,一方面这种区分明显地要逃离这种个人主义,但同时又常常隐含地屈从于它。国家占据并指挥社会生活一个可分离的部分,这一国家观念相当符合那种17世纪的观念:当人进入政治社会,他让渡的不是他全部而只是部分的自然权利。而霍布斯正是要从这种观念中把我们解救出来,假如我们曾听从了他。[27]

这个段落澄清了欧克肖特为何倾向霍布斯而非洛克的理由,此外还透露出欧克肖特对政治哲学更为激进的研究路径,与巴克代表的那种对理论妥协的偏爱形成鲜明对比。[28]

欧克肖特在1946年发表了著名的《利维坦》导论,在此欧克肖特对霍布斯的新颖阐释得到了最为完整的表达。其中有许多论题已经在1930年代的文章中有所勾勒,但在此被发展和聚合为一种对霍布斯思想的融贯阐述。欧克肖特再一次强调了霍布斯的意志论(voluntarism)和个人主义,将此关联到霍布斯对"理性推论"(reasoning)的怀疑论理解。与古典传统中更实质性的理性形成反差,霍布斯式的理性推论只能产生出假设性和有条件的知识,而永远无法为我们提供目的的知识。这种对理性推论局限性的怀疑论学说,得以使意志代替理性成为政治权威的基础。如是理解的权威并不敌对于个人自由,而实际上是与之兼容的,相较之下,理性和"知者"(those who know)统治的那种古典观念与个人自由的兼容性更小:"正是理性,而非权威,对个体性有破坏作用。"欧克肖特以最为挑衅的方式表达了这一论点:

> 霍布斯不是一位绝对主义者,恰恰是因为他是一位威权主义者。他对理性推论力量的怀疑主义……连同他余下的个

---

[27] Oakeshott, Review of *Natural Law and the Theory of Sciety*, by Otto Gierke, translated with an Introduction by Ernest Barker, *Cambridge Review* 56 (1934—1935): II.
[28] 关于巴克热衷于在各种竞争性理论视角之间妥协的这一点,参见 Stapleton, *Englishness and the Study of Politics*, 9—10。

人主义,使他与他那个时代或任何时代的理性主义独裁者分道扬镳。的确,尽管霍布斯本人不是一个自由主义者,但在他那里,有着比许多公认的自由主义捍卫者更充分的自由主义哲学。(*HCA*,67)

由此可见,霍布斯怀疑论的权威学说,何以能够用作格林和鲍桑葵目的论和理性主义倾向的解药。

欧克肖特断然拒斥的观点之一是这样一种论断(比如施特劳斯和麦克弗森所持的那种论断),即认为霍布斯是一个"资产阶级"道德家,是一个新"资产阶级"道德的立言者,是一个"资产阶级快乐主义者"。[29]欧克肖特完全愿意将这样的"资产阶级"视野归于洛克,但他认为这一标签根本无法捕捉霍布斯那种强有力的对个体性的感知。他在《利维坦》导论中写道:"依霍布斯之见,人不是为了次级的快乐而介入一种丧失尊严的抢夺争斗之中;在人的构成中有着一种伟大激情的崇高"。(*HCA*,78)但是后来他撰写了一篇文章,题为《霍布斯作品中的道德生活》("The Moral Life in the Writings of Thomas Hobbes",1960),正是在这篇文章中,欧克肖特断然驳斥了对于霍布斯政治哲学的"资产阶级"阐释,争辩说霍布斯式的人不仅仅受到恐惧和对安全之渴望的驱使,而且也被骄傲、荣誉和慷慨驱使。尽管初看起来会以为霍布斯把惧怕死亡作为致力于和平的主要动机,由此为驯服之人的道德辩护,但欧克肖特指出,在霍布斯的作品中有证据表明存在另一种致力于和平的根源,源自骄傲的激情。霍布斯道德视野中显现的这种贵族因素,反驳了将这种视野归为"资产阶级"的简单指称。此外,"资产阶级道德"这一概念中包含了一个建议:"在各种人类环境中,认可一种单一的状况,用作

---

[29] 参见 Strauss, *Political Philosophy of Hobbes*, ch. 7; C. B. Macpherson, *The Political Theory of Possessive Individualism* (London: Oxford University Press, 1962); "Hobbes's Bourgeois Man," in *Hobbes Studies*, ed. Keith Brown (Cambridge: Harvard University Press, 1965), 169—183。

人的所有状况",这一建议和霍布斯的"个体性道德"毫不相干,后者不包含这类共同的实质性目标。(*HCA*,93—94,127—133)

关于政治的主张

在1930年代的大部分时间,政治气氛最浓的岁月里,欧克肖特刻意回避了政治。但到了1938年秋天,在慕尼黑协议和捷克斯洛伐克被出卖之后,让人不能再忽视席卷整个欧洲的危机。抽象的政治哲学讨论似乎开始变得飘渺,正如路易斯·麦克尼斯(Louis MacNeice)在《秋天日志》(*Autumn Journal*)中所讽喻的那样:

> 别了,柏拉图和黑格尔。
> 现在正是关门大吉;
> 英格兰不需要什么哲人王,
> 在这个属于人的小镇上再没什么普遍性。[30]

在这些境况下,欧克肖特接受了厄奈斯特·巴克的建议,开始着手编撰一部文选,汇集当代欧洲最重要的社会和政治学说:代议制民主、天主教、共产主义、法西斯主义和国族社会主义(National Socialism)。他的目的似乎是要帮助那些受过教育的人,清晰地认识林林总总的社会和政治学说,这些学说当时正席卷欧洲,同时影响着政府和大量民众。然而在欧克肖特一方,有着某种尴尬,事关这样一本书似乎要承担的明显的实用目的。他带着十足的学究气声称,这本书是"为那些对思想感兴趣的人所作;无此兴趣的人们不必麻烦去翻看它"。(*SPD*,xiv)但是很明显,人们之所以对这些思想感兴趣并不是为了思想本身的缘故,而是出于非常直接和实际的理由。欧克肖特转移了他的目标,指出"所幸一种政体的价值并不取决于其辩护者的智识能力";但是他继而

---

[30] Louis MacNiece, *Autumn Journal* (London: Faber and Faber, 1939), 53.

让步承认:"当一种政体决定要将它的实践合理化,决定去发表一份它所依赖的社会和政治学说的官方声明……那么这种声明的融贯性就变成了一个紧要的问题;而如果这个声明被判作思想混乱,那就不是一个可以被当作无关紧要而置之不顾的缺陷。"(SPD, xv)

欧克肖特纠葛于理论与实践的交汇,这种交汇暗含在他的规划中,却被他自己的哲学否认,与此同时,欧克肖特对于他所阐明的社会和政治学说,特别是自由主义,表达了许多有意思的见解。首先他认为,存在如此多种不同的社会和政治学说是因为人们对占主导地位的学说即自由主义有一种"深刻而自然的不满",自由主义已经变得"在智识上沉闷乏味"(呼应了那篇评论洛克的文章)。欧克肖特尤其不满于自由主义的那种哲学基础:其"粗糙而消极的个人主义"以及"或许被称作其道德理想的那种'合理的生产力伦理'"。这样一种哲学"如果没有一个彻底的重述是任何人在今天都无法接受的,而这个重述尚未被提供"。尽管有这样的批评,欧克肖特还是明确地同情他所认为的自由主义的核心原则:"一个社会一定不能如此统一,以至于抛弃了生死攸关的和极具价值的差异性,也不能如此过度地多样化,以至于不可能去造就一种明智协调的和文明化的社会生活;把一个普遍的生活计划强加于一个社会,这既愚蠢又不道德。"(SPD, xvi—xix, xx)

对于其他的学说,欧克肖特试图做到不偏不倚,但是他无可避免地流露出他确信所有这些学说——除了天主教义——都是摇摇欲坠的理论大厦。尽管他真心赞赏天主教义及其自然法的观念,但不同于托马斯·艾略特(T. S. Eliot),他似乎从来不曾倾向于这样一种想法——要把一个基督徒或托马斯主义者的特性加诸社会。他谈论马克思主义的"想象性力量"——人们将会记得欧克肖特属于第一批在剑桥开设论及马克思课程的人,甚至认为"在诸多新学说中,我们从(这一学说)中有最多的东西要学"。然而,尽管共产主义对自由主义提出了根本性的批评,但它"似乎想让自由民主制那个最可疑的元素保持不变",即物质主义。在这一点上,法西斯主义也是如此,尽管法西斯主义对自由民主制的批评"太过尖锐以致不能简单地被忽略"。欧克肖特最终在一个脚注中放弃了他的中立性伪装,评论说,以共产主义、法西斯主义和国族社会主义为一方,以自由主义、天主教义为另一方,双方之间存在着一种"根本性的裂痕":前者"将社会的整个生活计划拱手相让给这个社会自命领导人的专断意志",而后者"不仅拒绝将社会的命运拱手相让给任何一套官方机构,而且认为规划一个社会的命运这整个观念本身就是愚蠢和不道德的"。(SPD, xix—xxii)

欧克肖特还有一次涉足了1930年代晚期的政治辩论,他为"关于政治的主张"这一专题讨论贡献了一篇文章,该专题发表于1939年9月的那一期《审视》上。专题讨论的参与者需要回答的问题是,那些从事艺术、文学乃至一般意义上的高级文化的人——比如《审视》的作者们——是否也有义务使他们的文化活动对政治产生影响,以及以什么方式。大多数参与者(包括理查德·托尼[R. H. Tawney]和克里斯多夫·道森[Christopher Dawson])都认为艺术家和思想家没有义务使他们的活动直接与政治相关,但是,在作为蕴含一种文明的道德和精神价值这一最宽泛的意义上,他们的确可以对政治有所贡献。

这大致也是欧克肖特所采取的观点,尽管他在表达这一观点时带着一种其他作者所没有的对政治的蔑视。首先,他反对这样一种想法:直接的政治活动是对社会的公共利益有所贡献的唯一方法。像任何一个忠实的黑格尔派一样,他并不认为,与积极参与政治性活动相比,"非政治性"活动更缺乏公共性和社会性:"真相是,我们所做的事没有一件不与我们社会的生活相关联,没有什么活动可以脱离共同社会生活的空间或背景,在这个意义上,没有什么活动是私人性的。"的确,他认为,在各种社会或公共活动形式中,政治是表达社会公共利益最不充分的方式之一:"政治是一种高度专业化和抽象化的公共活动形式;它一般在社会生活表层运行,除了极为罕见的情况,它在表层之下只能产生极其微弱的影响。"从欧克肖特的下述主张中可以再次看到黑格尔的影响:一个"政治体系主要是为了保护和偶尔修正一个已被承认的法律和社会秩序。它并非不言自明;它的目标和意义存在于自身之外,存在于它所属的那个社会整体……一个政治体系预设了一种文明"。正是在这一点上欧克肖特发出了他对于政治生活最尖刻的指控:

> 一种视野显得如此清晰和实用,但不过是一种精神的迷雾,这种视野的局限性与政治活动是密不可分的。政治行动所关涉的,是一种僵化的、对微妙差异迟钝的心灵,是在重复中已变得虚假的情感和智识的积习,是反省的缺失、不真实的忠诚、虚妄的目标,以及虚假的意义……。政治行动包含着精神上的粗鄙,不仅因为它必然需要那些精神粗鄙之人的赞同和支持,而且因为在政治行动哪怕最好的目标之中也会出现对人类生活错误的简单化。(*RPML*,92—93)[31]

这篇文章最引人注目的一点在于欧克肖特继而归于艺术、文学和哲学的那种实践作用。与政客相当肤浅的社会活动形成反差,艺术家、诗人和哲学家的职责是"去创造和再造他们社会的价值"。对此,欧克肖特心中所想似乎并不是那种激进的尼采式的价值创造,而是黑格尔式的自觉意识和对社会价值的内在批判。在艺术家、诗人和哲学家那里,"一个社会变得对自身,对其自身整体具有意识和批判性"。他们的天赋就是"去些许缓解他们的社会对自身的无知",从而拯救这个社会,使之免于"意识的败坏"。(*RPML*,95—96)最后一个短语借用自科林伍德的《艺术原理》(*Principles of Art*),对此欧克肖特在1938年曾写

---

[31] 在欧克肖特撰写的《利维坦》导论的原始版本中(Blackwell's Political Text, 1946),他大量地重复这种对于政治的指控,又在《霍布斯论公民联合》中的修订版本中将此删除:"我们知道,政治是一种二流形式的人类活动,既非艺术也非科学,会立刻败坏灵魂、衰弱心智,从事这种活动的要么是那些离开事务之幻觉便无法生活的人,要么是那些如此惧怕他人统治以致愿意付出生命来避免这种恐惧的人。"(*HCA*, lxiv)

过一篇热情洋溢的书评。科林伍德写道,如果没有艺术家,那么"没有一个共同体能全然了解自己的内心……艺术是共同体的良药,用于医治最严重的心智疾患——意识的败坏"。[32]然而,欧克肖特所援用的不只是这个短语,他似乎还采纳了科林伍德关于理论与实践之互补性的总体观点,对立于他自己对两者的严格区分。

在《关于政治的主张》("The Claims of Politics")一文中,被更紧密地关联在一起的不仅是理论和实践,还有哲学和艺术,这两者都被视为承担了一份相同的任务,即再造社会的价值并带给社会更强的自觉意识。这一观点或许也多少得益于科林伍德的《艺术原理》,欧克肖特将此书描述为"一位艺术家和哲学家的作品"。[33]在《经验及其模式》一书中,欧克肖特简略地(多少也有些隐晦地)评论说,在艺术、音乐和诗歌之中"我们完全被实践生活占据"(EM, 297),但在这里他并没有——像他在《关于政治的主张》中所做的那样——将自我认识的功能和免于意识败坏的保护功能归于艺术、音乐和诗歌。在《关于政治的主张》一文中,哲学比它在《经验及其模式》中显得更为实用,而艺术则显得更具理论性。

欧克肖特有一篇奇妙的短文,题为《〈利维坦〉:一个神话》("Leviathan: A Myth"),最初是1947年的一次广播电台谈话,这是在他的作品中关于这种哲学与艺术之重叠的最有启发性的例子。在那里,欧克肖特认为霍布斯的《利维坦》不仅是一部伟大的政治哲学作品,而且是"关于我们文明的一部文学和语言的杰作"。一种文明不能够被理解为"某种坚固和外在的东西",而是要被理解为一种"集体性的梦想",

---

[32] R. C. Collingwood, *The Principles of Art* (Oxford: Clarendon Press, 1938), 336. 欧克肖特的评论参见 *Cambridge Review* 59 (1937—1938): 487。关于欧克肖特对科林伍德"意识的败坏"这一概念的援用,参见 Glenn Worthington, "The Voice of Poetry in Oakeshott's Moral Philosophy," *Review of Politics* 64 (spring 2002): 308—309。

[33] 参见 Collingwood, *The Principles of Art*, 292—299, and Oakeshott's review, 487。

其实质是"一个神话,一种对人类存在的想象性的阐释,对人类生活之神秘性的感知(而非解决)"。科学的规划是"解开神秘,将我们从梦中唤醒,摧毁这神话",而文学的职责是更深刻地去梦想我们文明的神话,从而"再造"它。尽管霍布斯的《利维坦》经常被视为一种科学的努力,但欧克肖特主张,它真正成就的是文学。在追溯了我们文明神话的犹太—基督教根源之后,欧克肖特总结说,霍布斯在《利维坦》中对人类状况的呈现有一个明白无误的特征:"这是神话,而不是科学。这是对神秘的感知,而不是一种伪装的解决方案。"(HCA,159—163)

还需要注意这一论述的最后一个含义,对此欧克肖特并没有明白地表述,但对他的哲学观具有重大的影响。通过将哲学与艺术相联系,并将哲学的任务理解为一种社会或文明的价值再造,欧克肖特有效地实现了哲学的历史化。我这样说的意思并不是指,他已经用科林伍德的方式将哲学知识化约为历史知识,而是指他并没有把哲学的历史背景——至少是政治哲学的历史背景——视为完全外在的或与之无关的。这标志着一个重要的转变,告别了《经验及其模式》的那种观点,在那里欧克肖特曾主张时间和空间是无关于哲学的,的确,这种无关性就像它们在科学中一样。(EM,349)迟至大约1937年至1938年,在《政治之哲学的概念》手稿中,仍然可以看到这样一种关于哲学的非历史化特征的观点。在那里,欧克肖特这样谈论霍布斯的《利维坦》:这部著作不仅提供了一种适用于其历史环境的"对于政治生活的起源及其特征的解释",而且包含着"某种东西——因为这种解释可以贴切地与时间和空间分离,以及其他一些原因——我应当称之为一种关于政治的哲学"。(RPML,119)

虽然欧克肖特从未在任何地方直接评论过他的这一转变——转向一种更历史化的政治哲学观,但它暗含于《利维坦》导论中他对政治哲学的定义,将其界定为"政治生活及其相关的价值和目标与那个属于一个文明的整个世界观念的关系"。(HCA,4)他继而将这种哲学努力的特征描述为在政治与永恒之间建立关联,但是显然这里的永恒被赋予了一种时间或历史的维度。尽管这一论述属于1946年,但它直接承袭于《关于政治的主张》一文的观点。这篇文章所表达的那种政治哲学的历史视野,正是欧克肖特自此之后观点的特征所在。

第四章　理性主义

1945年,欧克肖特从战场返回,继续他在剑桥大学的教职。1946年,欧克肖特所编撰的霍布斯的《利维坦》面世,其中有他那篇著名的导论。1947年,在新创刊的《剑桥学刊》中,他开始发表一系列反理性主义的论文,将他从一位备受尊敬的剑桥学人转变为一个重要的公共知识分子。这些文章从许多角度来看都是非凡的,而就欧克肖特自身的发展而言,这些文章中最引人注目的一点是它们多么具有政治性和论辩性。《经验及其模式》一书中纯粹的哲学声音远去了,取而代之出现的是一位哲学论战者的温和(有时也不那么温和)的嘲讽之声。除其他论题之外,这些文章嘲笑了艾德礼政府为英国战后福利国家奠定基础的那些社会主义政策。结果,欧克肖特很快变成了英国新兴活跃的保守主义的避雷针(标杆人物)。

当然,在战后欧洲对理性主义和乌托邦主义政治的批判声浪中,欧克肖特并不是独一无二的声音。在英国,弗里德里希·哈耶克、迈克尔·波兰尼、卡尔·波普尔、以赛亚·伯林、雅各布·托曼(Jacob Talmon)和赫伯特·巴特菲尔德都提出了他们各自对于理性主义、乌托邦主义以及社会主义的集体主义的批评。在德国,与《经济与社会秩序年鉴》(*Ordo*)*相联系的那些新自由主义思想家——威廉·罗普克

---

*　Ordo,德语全称为 *Ordo-Jahrbuch für die Ordnung von Wirtschaft und Gesellschaft*,即《经济与社会秩序年鉴》。这份刊物聚焦现代社会的经济和政治制度,于1948年由德国经济学家瓦尔特·欧根和弗朗兹·伯姆(Franz Böhm)创办。这两位经济学家是著名的弗莱堡学派的代表人物。该学派也被称为"秩序自由主义学派"(Ordo-Liberalismus),其理论基础是"ordo"(拉丁语),即秩序。——译者注

(Wilhelm Röpke)、瓦尔特·欧根(Walter Eucken)和亚历山大·罗斯托(Alexander Rüstow)——也在宽泛意义上属于这一反乌托邦主义的思想潮流,就像德国流亡者列奥·施特劳斯、埃里克·沃格林(Eric Voegelin)和汉娜·阿伦特(Hannah Arendt)一样。在法国,雷蒙·阿隆(Raymond Aron)和伯纳德·茹弗内尔(Bertrand de Jouvenel)都在抨击共产主义,视其为"知识分子的鸦片"。与该时期被说成政治理论已死的那种形象相反,1940年代与1950年代见证了政治思想的兴盛,它们涌现在对法西斯主义、共产主义和第二次世界大战的灾难性事件的回应中。而将政治哲学视为仅仅是随着约翰·罗尔斯《正义论》的发表才得以"复兴"的那种看法,是对当代思想史的一种严重缩减的理解。

然而,我们并不需要过于强调这些思想家之间的相似之处。他们对理性主义、乌托邦主义和集体主义的批评依赖于非常不同的哲学论述和假设,而且它们通常指向不同的政治结论。例如,波普尔反对"乌托邦社会工程",捍卫"渐进社会工程",透露出与欧克肖特对理性主义更为激进的批判完全不同的一种精神。欧克肖特之批判的标志性特点是深刻的怀疑主义和它哲学上的精到。这种批判的政治含义虽然无疑是保守的,却与某种对自由民主制的特定理解并非不可兼容。欧克肖特对欧洲政治的理性主义方面所做的诊断在这一时期也不是一成不变的。当然,我们会看到他对理性主义的拒斥所依据的理由在1950年代发生了微妙的转变,从认识论的考虑转向了显然更为道德和政治角度的考虑。在充分分析和评估了欧克肖特对理性主义的批评之后,我将在这一章的结尾处再次考量他的政治哲学观,且将它置于1950年代的论辩语境之中——当时关于政治哲学地位的论战正席卷英国等地。

对理性主义的批判

在着手处理欧克肖特战后对理性主义的批判之前,有必要指出,其理论基础大多存在于他战前的哲学见解之中。早在欧克肖特1932年论及边沁的文章中,他将这位理性主义者说成是这样一个人,"相信造就之物比自然生长之物要好,整洁比丰富和活力要好",他拥有一种天赋"偏向要让人生和生活事务变得有理性,而不是看清其理由,偏向不计代价地灌输精确的秩序,而不是去领会看似混乱局面中一个微妙秩序的存在"。(RP,139)在《经验及其模式》详细阐述的具体逻辑中,欧克肖特以充分的理由证明了他对理性之内在性(immanence)的理解,也证明了他的偏好——偏好"看似混乱局面中的一个微妙秩序"胜过任何从外界强加的或制造的简单秩序。在此他指出,经验的统一性不是属于一个层级的简单种类,而是属于一个世界或系统的那种复杂的统一性。它是这样的一种统一性,"在其中每一个要素都是不可或缺的,在其中没有一个要素比任何其他要素更重要,也没有一个要素可以免于改变和重组。观念世界的统一性在于其融贯性,而不是在于它对任何一个固定观念的遵从或一致"。(EM,32—33)在一个世界或系统中,普遍和特殊是不可分割的。简而言之,普遍是一种"具体的普遍"。这种具体之普遍的逻辑构成了欧克肖特对理性主义做出批判的哲学支柱,这一点不久就会变得很清楚。

这一批判的第一次爆发出现在他的《政治中的理性主义》("Rationalism in Politics")一文,刊载于1947年《剑桥学刊》的第二期和第三期。这篇论文的前几页用于勾勒理性主义者的大致特征和气质,清楚地——或许有点好斗地——确定了欧克肖特的靶子。它不只是战后艾德礼工党政府政策所体现的那种集体主义和社会规划(尽管这些当然也是靶子);不如说,他的靶子是整个启蒙心态——寻求将所有事物都置于人类理性的法庭上予以审判,而用不上权威、传统或偏见:一个理性主义者"支持(他总是支持)所有情形下心灵的独立,支持思想免于服从任何权威,除却'理性'的权威。……他是权威的敌人、偏见的敌人和那些纯粹传统的、习俗的和惯常事务的'敌人'"。(RP,5—6)对欧克肖特来说,比任何其他特点都更能描述理性主义心态的莫过于它对经验的化约态度,它企图"将相互缠绕的和多样的经验"化约为"一套原则"的欲求,以及它"面对一切局部而短暂事务的那份急躁不安"。(*RP*,6—7)他写道:一个理性主义者

> 没有对于经验积累的感知;他只能感知到已经被转化成公式的那种现成可用的经验:过去只是作为一种阻碍才让他觉得重要。他毫无(济慈归之于莎士比亚的)那种**消极能力**,即接受经验之神秘和不确定性而不去急躁地找寻秩序和特性的那种力量;他只有那种使经验屈服的能力。他没有利希滕贝格(Lichtenberg)称之为**消极热情**的那种天资,即切近而细致地鉴赏实际上自我呈现的事物;他只有那样一种辨识力,辨识一个普遍理论施加于事件的那个大体轮廓。(*RP*,6)

欧克肖特主要关切的是这种化约的理性主义心态对政治的冲击。理性主义政治,就其最突出的特点而言,是一种意识形态的政治——它偏向于一套抽象原则的简单性和(幻觉的)自足性,甚于一个行为传统的复杂性和相对的开放性。理性主义政治也是修复和改革的政治。对一个理性主义者而言,"政治活动存在于将他所在社会的所有继承之物——社会的、政治的、法律的和制度的——带到他智识的审判台";而且他"认为有意识计划和蓄意实行的事物……优于在岁月中无意识地生长并确立自身的事物"。(*RP*,8,26)理性主义政治还是"切身需求的政治",在其中一个单一的问题或目标被隔离出来,并动用社会的全部资源来解决这个问题或追求这个目标。(*RP*,9)这样一种政治观点采用战时社会作为和平时期社会的模型——常见于1940年代,却是欧克肖特在多处予以激烈驳斥的那种观点。(例如,参见"CBP",477;*VLL*,116—117)最后,理性主义政治也是一种与"一体性的政治"相结合的"完满的政治":理性主义者不仅相信,对于每一个政治问题都有一个单一的最好的(也就是理性的)解决方式,而且相信这个解决方式应该

被普遍地采用。(*RP*,9—10)

在欧克肖特对理性主义的(伯克称之为"形而上学的")政治的论战性的指责中有许多伯克的成分。然而,与伯克不同的是,欧克肖特对理性主义的批判的理据集中在认识论方面的考虑。他告诉我们,理性主义暗藏的源泉"是一种关于人类知识的学说"。为了阐明这一学说,他区分了体现在所有具体活动中的两类知识:一类是技术性知识,另一类是实用或传统知识。技术性知识完整地包括了公式化的规则、原则或公理;这是一种可以在书本中找到或习得的知识,这些书包括法典、食谱,抑或包含着某种知识学科之方法规则的书籍。另一类知识,即实用或传统知识,"只存在于使用之中,它不是反思性的,而且(不同于技术)它不能被公式化地写成规则"。没有任何具体活动,无论是烹饪、艺术、科学还是政治,可以仅仅依靠技术的知识来展开;总是有某种其他东西——欧克肖特以不同的名字来称呼它,如风格、鉴赏力、艺术气质、判断力——不仅告诉我们如何以及何时去应用那些规则,而且告诉我们何时对规则置之不顾。(*RP*,11—16)这一关于实用或传统知识的概念令人想起亚里士多德关于"实践智慧"(*phronēsis*)的概念,也与吉尔伯特·赖尔(Gilbert Ryle)的"知道如何"(knowing how)和迈克尔·波兰尼的"默会知识"(tacit knowledge)有着明显的相似之处。[1]

理性主义的本质是,它否认实用或传统知识的认识价值,而仅仅承认技术性知识。理性主义存在于对技术主宰的信奉,这与理性主宰本身并不是一回事。做出这一区分是重要的,以便避免对欧克肖特的一种误解:把他对理性主义的批判误认为是对理性本身的批判,而不是当

---

[1] 关于赖尔,参见"Knowing How and Knowing That," *Proceedings of the Aristotelian Society* 46 (1945—1946): 1—16; *The Concept of Mind* (London: Hutchinson, 1949), ch. 2。关于波兰尼,参见 *Science, Faith and Society* (Chicago: University of Chicago Press, 1964); *Personal Knowledge* (Chicago: University of Chicago Press, 1958); *The Tacit Dimension* (New York: Doubleday, 1966)。

作对某种有关理性的误解的批判。[2]对理性主义者而言,技术的吸引力在于其显见的确定性和自我完整性。技术性知识似乎不依赖于其自身之外的任何东西,直接建基于纯粹的无知状态——空白的(或被空白化的)头脑。但技术性知识的这种显见的确定性和自我完整性是一个幻觉。一种技术的知识并不源自纯粹的无知状态;它以已经存在的知识为先决条件并对此进行重塑。"实际上没有任何东西可以注入一个空白的头脑,哪怕是最近乎自足的技术(游戏规则):要被注入的东西是由已经存在的东西所滋养的。"只有当忽视或忘却了我们知识的总体语境,才能使一个技术显得自足和确定。(RP,16—17)

就像许多其他理性主义的评论者一样,欧克肖特将理性主义的源头追溯到17世纪。在欧克肖特看来,在对一种"被有意识地予以公式化的研究技术"——一种防止错误的探求方式——的寻求中,培根和笛卡儿是主导性人物。然而,他们的作品仍透露出对技术性知识之局限的某种自觉意识。而只是由次要人物用他们的教诲所造就的东西才引发了现代理性主义。《理性主义与政治》("Rationalism and Politics")一文的题记中提到了这样一些"伟人"(les grands hommes),他们"通过教弱者如何思考,让他们走上错误之路"(en apprenant aux faibles à réfléchir, les ont mis sur la route de l'erreur),而培根和笛卡儿就位于这些伟人之列。(RP,17—22)

在政治中,理性主义者对技术主宰的信念转化成了信奉意识形态对传统或行为习惯的优越性。理性主义政治是"书本的政治"。(RP,

---

[2] 穆尼亚·波斯坦就做出过这种误解,参见"The Revulsion from Thought," *Cambridge Journal* 1 (1947—1948):395—408。卡尔·波普尔也有过类似误解,参见"Towards a Rational Theory of Tradition," in *Conjectures and Refutations: The Growth of Scientific Knowledge* (London: Routledge and Kegan Paul, 1963), 121。在1948年1月23日给波普尔的一封信中,欧克肖特澄清说:"当我反驳理性主义时,我不是在反驳理性。理性主义在我的理解中是完全不合乎情理的(unreasonable)。我毫不怀疑理性在政治中有它的位置,但我所指的理性主义是这样一种教条——政治中除了理性没有其他任何东西的一席之地。"(引自O'Sullivan, *Oakeshott on History*, 134)

26—27)一种意识形态的优越性,就像一种技术的优越性,被认为是存在于它的自足和全然"理性"的本质之中。这也是一个幻觉。一种意识形态远不是自足的或被独立预先规划的,它本身预设了一个行为传统,并且只是其缩略版本而已。

正是在这一点上,欧克肖特批评了哈耶克《通向奴役之路》中的意识形态特征:"一个抵制所有计划的计划可能比它的对手要好,但是它们同属一种政治风格。而只有在一个已经被理性主义严重侵染的社会中,这样一种转化——抵御理性主义暴政的传统资源转化为一种自觉的意识形态——才会被当作是这些资源的一种强化。"(RP,26)在此哈耶克作为一个被攻击的人物可能显得有点奇怪,因为他对理性主义的批判与欧克肖特有着如此多的共同之处。和欧克肖特一样,他批评理性主义的那样一种信念——信奉那些被自觉地设计出来的事物优越于那些"自发地"或无意识地生长的事物。他同样也将这种"建构主义"错误追溯到笛卡儿。而且像欧克肖特一样,他谴责当时那种时髦的观点:一切都服从于单一目标的这样一种战争经验应该被应用于和平时期,[3]这种观点以卡尔·曼海姆(Karl Mannheim)的《重建时代的人与社会》(*Man and Society in an Age of Reconstruction*,1940)一书为范例。尽管如此,虽然欧克肖特与哈耶克有着这些相似之处,但是他们对于意识形态在政治中的作用有着深刻的分歧。在《通向奴役之路》一书中,哈耶克论及这样一种需要,即"如果我们要赢得这场意识形态的战争",就需要重新阐明自由民主制的理想和原则。[4]这并不能被仅仅理解为对战争紧急状况的一个回应。多年后,哈耶克在他的声明《为什么我不是一个保守主义者》("Why I Am Not a Conservative")中指出,保

---

[3] 关于建构主义理性主义的笛卡儿哲学根基,参见"Individualism: True and False," in Hayek's *Individualism and Economic Order* (Chicago: University of Chicago Press, 1948)。对战时规划应该被用作为和平时期社会的模型这样一种观点的批判,参见 Hayek, *The Road to Serfdom*, 2, 206。

[4] Hayek, *The Road to Serfdom*, 218—219.

守主义出于"对新理念的恐惧"和"对理论的不信任"而"解除了自己在理念斗争中所需要的武装"。[5]就像欧文·克里斯托评论过的那样,正是哈耶克思想中的这一意识形态维度使其思想比欧克肖特更为怀疑论的观点更适宜美国的保守主义。[6]

什么能够解释理性主义在现代欧洲政治中显著的支配性?欧克肖特将理性主义意识形态的感召力追溯到政治无经验者对政治的侵入。他列举了三个例子:新的统治者、新的统治阶级、新的政治社会。就新统治者的情况而言,是马基雅维利供给了对政治之技术的需求,即一个"粮仓",用来弥补统治者在政治教育和传统知识上的欠缺。因此与培根和笛卡儿并列,马基雅维利获取了他位居那些"伟人"之列的地位。和他们一样,他也显示出其后人所缺乏的那种对技术性知识之局限的自觉意识:"他对于新君主所提供的不只是他的著作,还有对他著作不可避免之缺陷的弥补——他自己:他从未失去那种感知,即政治终究是一种处世之道,而不是对一种技术的应用。"至于为新的政治无经验阶级所准备的粮仓,欧克肖特引用了洛克的《政府论下篇》以及马克思与恩格斯的著作——后两者提供了"一个欠缺政治教育的阶级所需要的指导,这个阶级比任何其他曾幻想行使政治权力的阶级更缺乏政治教育"。最后,欧克肖特表明了一个新政治社会的环境——诸如美国在其建国之初——何以有利于一种基于自觉反思和抽象原则的理性主义政治的出现。(*RP*,28—33)

在那种强烈反对缩略的和意识形态化的历史的人看来,欧克肖特对理性主义在政治中的出现和感召力所做的历史解释是令人奇怪地缩减和有失复杂的。这并非唯一一次我们要考察欧克肖特在涉足历史时的这样一种简单化。要求政治安排理性的透明度,这能够完全被归因

---

[5] Friedrich A. Hayek, *The Constitution of Liberty* (Chicago: University of Chicago Press, 1960), 404.

[6] Kristol, "America's 'Exceptional Conservatism,'" 378.

于政治无经验者对一个粮仓的需要吗？在此，欧克肖特可以向他的导师黑格尔学一点东西。黑格尔将这样一种要求——一切都要被人类理性证成——视为一个独特的现代原则，源自宗教改革。正如黑格尔在《法哲学原理》中所写的那样："这是一种伟大的固执(obstinacy)，是向人类表示敬意的那种固执类型，人类在态度上不愿意承认没有被思想证成的任何东西——这种固执是现代的典型特性，同样也是新教教义的独特原则。"〔7〕

对于意识形态的支配在政治中的实际后果，欧克肖特在《政治中的理性主义》一文中写得相当简要，只是表明这种后果是灾难性的。他的分析要点似乎是，对于我们的事业，我们已经失去了控制；现代政治的特征已经被一种不断增长的非理性和武断所标志。这一切已经发生，因为理性主义者误作知识之全部的东西其实只是知识的一部分，而且不是知识最重要的部分。我们越是变得受技术和意识形态的奴役，我们关于如何行动和开展我们事业的具体知识就变得越是贫瘠。用另一篇文章的一个段落可以将此做如是表述：多个世纪以来，我们文明的政治能量一直被用来建造一座巴别塔；而且，在一个晕眩于政治意识形态的世界中，我们对于何以在公共领域中行动所知道的比以往任何时期都少。(RP,481)我们道德与政治的困境是一种巨大的困惑；而这种困惑并没有多少（如列奥·施特劳斯认为的那样〔8〕）源自一种弥漫性的相对主义，而是更多地源自一种对于技术或意识形态知识之自足性的错误信念。

《政治中的理性主义》发表后一年，欧克肖特发表了一篇题为《巴别塔》("The Tower of Babel")的论文，其中他充实了对意识形态之危险

---

〔7〕 G. W. F. Hegel, *Elements of the Philosophy of Right*, ed. Allen Wood, tans. H. B. Nisbet (Cambridge: Cambridge University Press, 1991), 22.

〔8〕 参见施特劳斯对"现代性危机"的特征化描述，见于"The Three Waves of Modernity," in *An Introduction to Political Philosophy: Ten Essays by Leo Strauss*, ed. Hilail Gildin (Detroit: Wayne State University Press, 1989), 81—82。

性的分析。在这篇论文中,他描述了实践知识与技术之间的反差,所依据的是另外一组对比——一方是习俗性道德或行为习惯的道德,另一方是反思性道德或自觉追求道德理想的道德。后者的主要危险存在于它抑制、瓦解行动或不然的话使行动瘫痪的这种倾向。而且,习俗性道德具有高度的弹性和适应性——在这方面欧克肖特将此比作一种方言土话,但反思性道德的特征是刻板和钝于变化。在这样一种道德中,一个单一的道德理想易于变成一种沉迷,排斥其他理想。纯粹性和思想的融贯性被标举,高于一个复杂整体或系统的不纯粹融贯性。于是,一个采用了反思性道德的社会"在行动上就会像一个心烦意乱的动物一般提心吊胆、易于莽撞",承受着一种"冲突理想的混乱"和"日常生活的瓦解"。(*RP*,466—477)

再一次,在对反思性道德的这种批判中,包含着对伯克及其为偏见辩护的回响。但是,欧克肖特具体逻辑的响应是更为独特的。一个社会的生活被描绘成一个复杂的整体或系统,反思性道德从中抽象出时而这种时而那种的孤立道德理想。道德理性主义者拼命努力将一种人造的统一性强加给社会,这最终会扰乱甚至破坏社会赖以生存的那个复杂的生态系统。欧克肖特提出了这样一种可能性,即"通过更深刻的反思,通过在思想上把握整个系统——这个系统给予每个道德理想相应的位置和比例",从而或许能够牵制反思性道德的这种破坏性和强迫性倾向。但他继而补充说"这样一种把握很少能被企及"。(*RP*,476)与那种抽象而自觉的理想道德的融贯性相比,习俗性道德的那种天真和难免不够整洁的融贯性被证明是更可靠的。

当然,将道德的这两种形式单列出来,欧克肖特认为其中任何一种都不是道德生活的合适的甚或可欲的形式。它们是理想的极端,而具体道德存在于两者的某种结合之中。这一点在彼得·温奇(Peter Winch)对欧克肖特的敏锐批判中被忽略了,他批评欧克肖特将习惯性行为与反思性行为僵化地对立起来。[9]欧克肖特为一种道德的混合形式辩护,反思在这种形式中扮演着一个至关重要的即便是从属性的角色。欧克肖特主张,在这种习惯主导的道德混合形式中"行动会保留其首要性",但反思将为道德提供"批判、改革和解释自身的力量,以及超越社会习俗范围来传播自身的力量"。这种混合形式的道德将"在它的道德标准和目标方面享有恰当的智识自信。而且它会享有这一切而不必冒着道德批判侵占道德行为习惯的危险,也摆脱了道德思虑导致道德生活瓦解的危险"。(RP,477)

一种不同的命运等待着这一混合形式的道德,在其中,对道德理想的自觉追求占支配地位——欧克肖特认为这种形式如今是西方道德生活的特征。在此,道德批判会对道德习惯产生一种瓦解作用。

> 当要求行动的时候,思虑或批评将接踵而至。行为本身变得可疑了,要在一种意识形态的融贯性中寻求自信。对完美的追求就会阻挡一种稳定而有灵活性的道德传统,对这种传统的天真信心会被低估,低于对那种源于自觉分析与综合的统一性的估价。(RP,478)

在这种道德的混合形式中,道德理想侵占了行为习惯的地位,而欧克肖特不相信那些道德理想能够持续承担这一角色,因为它们本身是一种行为习惯或传统的产物。道德理想不会先于道德活动而存在;它们"首先就不是反思性思考的产物……它们是人类行为的产物……对此反思性思考给予它们后发的、局部的和抽象的言辞表达"。若将道德理想从一个行为传统的具体语境中剥离出来,它们就会对确定行为变得越来越无能为力。道德理想所保有的功效和确定性,完全源自传统行为的踪迹,并在操作中持续受其影响。出于这一理由,一种以道德理

---

[9] Peter Winch, *The Idea of a Social Science and Its Relation to Philosophy* (London: Routledge and Kegan Paul, 1958), 54—65.

想为主导的道德"并不是某种可以自立的东西"。(RP,479—480)

欧克肖特有这样一个观点,即理想和目标从来不是人类活动的源泉,而只是我们如何开展一项活动的实践知识的缩略形式,对这一观点最为详尽的论述出现在他 1950 年的论文《理性的行为》("Rational Conduct")中。在此,他以维多利亚时代的灯笼裤(Victorian bloomers)为例,批判了对理性行为的理性主义理解,即把理性行为理解为"这样一种行为,它所追求的是一个独立预想的目标,而且被这一目标所决定"。灯笼裤被认为是一种"理性的"服装形式,适合于维多利亚时代骑自行车的女孩,因为它们的设计似乎完全源自独立的反思,针对的特定问题是有效地骑自行车,而不受时尚、习俗或偏见等非相关考虑的干扰。然而,欧克肖特指出,情况并非如此。如果只是对有效骑车这一问题的独立反思支配了灯笼裤设计者的活动,那么为什么他们的想法仅止于灯笼裤,而不直接去设计短裤呢?这些设计者真正试图要回答的问题——尽管他们可能没有意识到——是"什么样的服装能够将以下两个性质合二为一?一方面是要很好地适应骑自行车的活动,另一方面是(经过全面考虑)要适宜 1880 年一个英国女孩在骑车时所呈现的样子"。他们成功回答的正是这样一个问题,复杂(超出单一考虑)且被时代和地域所限定的问题。(RP,101—103,115—116)

当然,预先谋划这个更为复杂且与环境相关的目标,在原则上并非不可能,但欧克肖特指出,这样一个目标仍然不能被视为活动的起源。我们的规划,而不仅仅是实现这些规划的手段,来源于我们关于如何展开一项活动的知识。一个问题,不是某种预先给定的东西;它本身是一个(运用赖尔的恰当表达来说)"知道如何"之技巧的产物。一个还不是科学家的人不能构想一个科学性的问题。无论一个目标是否预先谋划,它都从来不是我们活动的起源,而只是一个结果。(RP,117—120)

在《理性的行为》一文中,欧克肖特也开始更充分地揭示那种——潜藏在他对理性主义之批判背后的——有关人类活动和理性的正面观点。他已经表明,特定的行动、问题和规划都预设了活动本身,在此之后他将理性界定为"对我们所拥有的一种知识的忠诚,这种知识告诉我们如何去开展我们所介入的特定活动"。然而,这种忠诚并不意味着在活动中会无所成就、毫无改进。我们借以入手的那种知识从来不是"固定的和完成了的";它是流动的,既融贯又不融贯,而理性行为就是对知识的融贯性有所贡献并增强这种融贯性的行为。(*RP*,121—122)在此我们又一次听到欧克肖特在《经验及其模式》中所提出的具体逻辑的回响。正如在那部著作中经验的标准被说成是"存在于其融贯性,而不是在于它对任何一个固定观念的遵从或一致",所以在此,活动的标准,其理性,被说成是存在于一个复杂而流动的整体的融贯性之中,而不是对某种总体目标的遵从。

这如何与实践活动发生特定的关联呢?同样地,融贯性也贯穿于实践活动的始终,并标志着它的特征。这种融贯性不是从外部引入的;也不是兴起于某种外部的源头,诸如一种规则、原则或预先的目标。不如说,它与欲求活动本身是共生的。欲求也不是先行于活动的一种经验状态或"自然"状态;它"是以一种特定的方式处于活跃状态"。欲求已经展示出一种关于如何管理实践活动的知识。有时这种知识采用道德同意或反对的形式。但同样地,同意或反对不能被认为是以某种方式出现在欲求之后;它们与欲求是不可分离的。于是,实践活动"总是带有一个类型的活动;不是一个外加上去的类型,而是一个内在于活动本身的类型"。欧克肖特将这一类型指称为一股"潮流"或一种"普遍流行的同情",他将一个理性行动界定为能够在这种潮流或同情的洪流中保有一席之地的行动。他承认,这种潮流或洪流会经受阻碍或折损,但他坚持认为,这样一种有弊病的状况不可能通过注入理想、原则或目标来治愈,因为这些理想、原则或目标(正如我们已经看到的那样)没有能力生成行为。康复最终"取决于病人天生的力量;取决于他如何行事的知识中那些未被损坏的剩余部分"。(*RP*,124—129)

《理性的行为》一文勾勒出对人类活动和理性的正面论述,在欧克肖特1951年发表的著名的就职演说《政治教育》中,这一论述被扩展并被应用于政治。在此,我们终于获得了对"传统"——作为理性主义的平衡物——这一理念的一个持续的讨论。欧克肖特在演讲的开头重申了他对意识形态的批判。政治意识形态为政治活动提供了推动力,这种主张是不能成立的。政治意识形态不是政治活动的起源,而仅仅是对政治活动的后发性反思的产物。例如,《人权宣言》和洛克的《政府论下篇》就属于这类情况。它们不是先于政治实践而存在,它们是政治实践的缩略表达;它们不是政治活动的序言而是其后记。自由——我们众多政治理想中最被理想化的一个——也没有逃脱欧克肖特的怀疑论分析:"自由,就像一份野味馅饼的食谱一样,不是一个绝妙的理念……(它)不过是一些安排,某种特定类型的程序:一个英国人的自由不是在人身保护权令(*habeas corpus*)的程序中所例示的某种东西,在那一点上,它就是那个程序的现成可用性。"(*RP*,48—54)

欧克肖特的首要关切在于意识形态政治中所隐含的那种对政治活动的理论理解。这一理解是有缺陷的,因为对于政治活动中实际上发生了什么,它做出了错误的描述。意识形态政治不仅是不可欲的;严格说来是不可能的。由此带来的是意识形态政治的实践缺陷;因为"试图做某种内在不可能的事情总会是一种具有败坏性的事业"。(*RP*,48)对政治的意识形态理解助长了一种特定的败坏,那就是一种错觉:意识形态知识本身就足以开展致力于社会安排的活动;这种错觉以为"一种被选定的意识形态的知识可以取代对一个政治行为传统的理解"。这种败坏是欧克肖特所谓的"对政治活动目前最隐秘的误解之一"的典型例证,在这种误解中,"社会安排没有被呈现为行为的方式,而是被呈现为机械的零部件,可以不加区别地传送到世界各地"。(*RP*,55,63)

欧克肖特表明了每一种意识形态都依赖于或预设了一个已经存在的行为传统,他由此论证,政治活动必须依据这样一些行为传统来理解。因为一个传统不是某种固定的或完成了的东西,不是无法变通的行事方式,所以政治活动必定是对一个传统所暗示之物的一种探索。欧克肖特给出女性获得选举权的例子。在这个例子中,女性已经获得的合法地位中所已经暗示的东西还有待于被承认;在此,有一种不融贯性在要求补救。自然权利或抽象正义与此毫不相关。支持女性获得选举权的唯一相关理由"是她们在所有或其他绝大多数方面已经被赋予了相应的合法权利"。(*RP*,56—57)

政治是"对暗示的追寻"(这一表述现已成为名言)。欧克肖特使用"暗示"一词是因为他想要强调,我们在政治活动之中不得不做的是这样一种事情,它比逻辑上的含义或必然的结果更不精确,也更难以捉摸。(*RP*,57—58)这是他关于传统的概念的核心所在,并最终关联到他此前的具体逻辑。一种行为传统是一个复杂的整体,并非指向一个单一的方向,也不完全是自洽的。它具有同一性,但这种同一性具有一种复杂而非单一的特性。简而言之,一种行为传统是一种具体的普遍,而其复杂的"多元一体"(many-in-oneness)特征被欧克肖特以如下方式开启讨论:

> (一种行为传统)既不是固定的,也不是完成了的;它没有一个不变的中心,得以使理解可以依此安靠自身;不存在什么要被认识的主宰性的目标,或要被探测的不可更改的方向;也不存在什么要被复制的模式,要被实现的理念,或要被遵循的规则。它的某些部分或许比其他部分变化得更为缓慢,但没有任何部分可以免于变化。一切都是暂时的。

虽然一个传统中的一切都是暂时的,但这并不意味着它无法提供一个标准,来区分好的规划和坏的规划。确实,这种标准不可能存在于对某个固定的目标或原则的符合之中。但在否定这样一种客观主义时,欧克肖特没有陷入一种平庸的相对主义。统辖一个传统的标准是融贯性。在一个足以与伯克相媲美的段落中,他写道:

虽然一种行为传统是单薄而难以捉摸的,却并非没有同一性。而且,使其成为一个可能的知识对象的是这样一个事实,即它的所有部分不是同时发生变化,而且它所经历的这些变化是潜在于这个传统内部的。它的原则是一个**连续性原则**:权威被弥散于过去、现在和未来之间,弥散于旧的、新的和将临的事物之间……一切都是暂时的,但没有什么是武断任意的。每一件事物都通过比较来显现自己,不是与相邻之物而是与那个整体相比较。(*RP*,61;另见67—68)

正是因为行为传统以这一复杂而具体的方式是一个整体——因为它并不透露某种单一的、不含糊的规范或原则——政治也(以另一个著名的说法)被称为"一种对话,而非一种论辩"。对话的形象在此被用于唤起一种对关系性质的想象,这种性质维持了构成一个单一传统的各种多样思考之间的关系。在引领一个传统时,我们不使用演绎、归类或证明;这些都属于论辩的话语。毋宁说,一个行为传统向我们呈现了许多我们所必须关注、权衡和平衡的思量或暗示,它们是多种多样的、经常是竞争性的、总是环境依赖的。"对话",就像"暗示"一样,唤起了这种介入的开放性和变通性。这并不意味着政治中不存在"论辩"(尽管欧克肖特看上去的确认为这些论辩将不会是关于原则或意识形态的)。[10]他当然不会这样来构想政治——"依据大学学人在他们午后雪莉酒时间里的那种愉悦且有点慵懒但同时又是有价值和有修养的谈话"。[11]

欧克肖特坚持认为,他在做出政治是对暗示的追寻这一主张时,并不是在推荐一种特定风格的政治;他只是在解释在政治活动中实际所

---

[10] 迈克尔·沃尔泽(Michael Walzer)做出了这一批评,见于 *Interpretation and Social Criticism* (Cambridge: Harvard University Press, 1987), 28—29。

[11] Hanna Pitkin, "The Roots of Conservatism: Michael Oakeshott and the Denial of Politics," *Dissent* 20 (1973): 518.

发生的事情。政治从来只能是对暗示的追寻而不是其他任何东西。即便是所谓的革命性局面或奠基也逃不过这种情形。历史性的分析揭示了每一个这样的"奠基"（founding）——无论是美国奠基、法国革命还是俄国革命——都是对过去环境的一种修改变型，而不是一个无中生有的创造。(RP,58—59)意识形态方式,不亚于其他任何政治方式,都是与传统捆绑在一起,且被限制于对其暗示的探索。这不过是欧克肖特早期论点——意识形态政治从理论上讲是不可能的——的另一面。

欧克肖特对意识形态政治的批判的这一认识论面向使许多评论者感到迷惑。如果最终所有的政治都必然是传统主义的,如果意识形态政治完全是不可能的,那么似乎就没有理由偏爱某种政治方式胜过另一种;于是,理性主义政治——尽管在理论上是天真的——似乎不会造成多大的危险,因而也不必受到批判。欧克肖特应当部分地为这种困惑负责,因为他始终淡化他的批判的实践重要性。尽管如此,他并不否认信奉一种错误理论会造成致命的实践后果。虽然这种理论不能产生任何与它的指令相匹配的具体行为,但它可以混淆、抛弃或不然的话败坏活动。值得注意的是,欧克肖特提到了由他对政治教育的分析所得出的两个实用的益处,以此来总结他的演讲:

> 我们对政治活动理解得越深刻,我们就会越不容易受制于那种看似有理实则错误的类推,我们也越不容易被一种错误或不相关的模式所引诱。我们对自己的政治教育理解得越透彻,它的资源就越容易为我们所用,我们就越不可能去接受那些为无知者和莽撞者所准备的幻觉:幻想在政治中我们可以不需要一种行为传统而有所进展,幻想一个传统的缩略片段本身能够提供足够的指南,以及幻想在政治的任何地方还存在着安全港湾、可被抵达的终点,甚或一系列可察觉的进展。(RP,66)

欧克肖特在演讲中所维护的那种关于传统的观念,成为了当时立即引发批评的焦点问题。工党知识分子克罗斯曼尖刻地抨击了欧克肖特,在他发表于《新政治家》的文章中,他阐明了对这一观念的两种最常见的批评。其一,他认为,欧克肖特关于传统的观念没有提供一个标准,由此可以说一个传统好过另一个。例如,它没有能力在英国议会民主的传统与苏联共产主义或德国国族社会主义的传统之间做出评判。其二,为什么我们应该假设在任何给定的国家或领土中只存在一个传统? 如果存在着不止一个传统,那么在不同传统间相互竞争的暗示中,我们何以决定去追寻哪一个呢?[12]

对于第二个批评,欧克肖特的回应是,他在演讲中所具体关切的那种传统是指一个社会的法律结构,这个社会通过承认这一结构而获得统一性。(*RP*,69)除此之外,他清楚地表明,没有一个传统只暗示着一种单一的事物;每一个传统在其自身内部都包含了多种多样不同的有时是相互冲突的暗示。于是出现了这样的问题:我们何以知道在这些多样的暗示中要去追寻哪一个? 对此欧克肖特没有现成实用的答案。他问道:"难道你想要被告知,在政治中存在着——在其他领域里肯定不存在的——一种关于应该怎么做的防止犯错的方式吗?"(*RP*,69)这并不意味着怎么都行,或者没有任何标准来区分好的与坏的政治规划。正如我们已经知道的,可以满足的标准是融贯性。但是,这个标准具体意味着什么,是某种无法先于活动而确定的东西。实践理性论证总是事关致力于那些构成一个传统的各种多样的思考,以及事关实现某种平衡。

克罗斯曼的第一个批判多少有些更难回答。在一些方面,欧克肖特的确没有提供一个标准,使全部传统可以通过这个标准被比较和评价。但尚不清楚的是,这是否就意味着不存在一个基础,以此来批判或评价德国国族社会主义或苏联共产主义的传统。首先,在此谈及"传

---

[12] Crossman, "The Ultimate Conservative," 60—61. Gray, in *Two Faces of Liberalism*, 32—33,53 提供了关于第二个批评的最新版本。

统"是否恰当,都是可质疑的,因为这两种政体更多地是通过严酷的暴力而非政治商议来统治的。但即使将这个反对的理据置于一边,仍然可疑的是,德国国族社会主义或苏联共产主义可以和它们各自脱胎其中的那个政治传统之整体混为一谈。的确,它们似乎代表了欧克肖特称之为意识形态的东西,即传统的那种相当严重的缩略片段,其中的一个或两个要素被挑选出来并被追求,以至于排斥了所有其他要素。

克罗斯曼对欧克肖特关于传统的观念所做的批评建基于它没有提供一个标准以区分好的与坏的传统,这种批评只是对保守主义更一般的反驳的一个特定版本,正如哈耶克所指出的那样,"恰恰由于其本身的性质,它无法提供对于我们正在前进的方向的一种另类选择"。[13] 新保守主义历史学家格特鲁德·希梅尔法布(Gertrude Himmelfarb)提出了这一常见反驳的一个有趣的不同表达。她指出,欧克肖特的传统主义逻辑暗示,我们应该仅仅默许当代生活(也就是指 1960 年代)的那种无根的、无政府的和反权威的趋势。当反文化成为主导文化的时候,欧克肖特关于传统的观念没有给保守主义留下批判的立足之地。[14]

欧克肖特无疑会这样回应,希梅尔法布在此将我们文化中暂时成为主导的事物与我们的整个传统相混淆。我们传统的遗产所包含的远不只是当下流于表面的那些东西。在这一点上,欧克肖特当然会同意汉斯-格奥尔格·伽达默尔(Hans-Georg Gadamer)的警告,在对这样一种批评——传统知识和实践智慧不再足以应对一个以规范和原则的全面混乱为特征的世界——的回应中,我们必须小心,不要"将尼采的预见与意识形态的那种混淆相提并论,意识形态混淆了当下与生活——实际上依靠其自身的团结形式而得以维系的生活。……人类现实的变

---

[13] Hayek, *Constitution of Liberty*, 398.
[14] Gertrude Himmelfarb, "The Conservative Imagination: Michael Oakeshott," *American Scholar* (summer 1975): 417—418. 在欧克肖特 1975 年 7 月 28 日给诺埃尔·奥沙利文的一封信中,他对这篇文章做出了评论:"当(希梅尔法布)开始谈及 1950、1960 年代,(她的文章)再次陷入了一种特有的美国幻想。"

迁绝不可能走得如此之远,以至于任何形式的团结都不再存在"。[15]

上述这些辩白都不意味着,欧克肖特(直到《政治教育》一文所表述的)那种关于政治活动的传统主义模式不存在任何问题。然而,核心的困难并不在于他为传统辩护这一事实,而是在于他如何构想传统以及对其暗示的追寻。欧克肖特是如此迫切地反驳意识形态政治的虚假智识主义,以至于他有时似乎要从政治中完全排除对于原则的意识形态辩论和论证。这样谈论一位哲学观念论者,是一件奇怪的事情,但是,当论及政治时,欧克肖特有时几乎像是一个唯物论者,或至少是一个极端实用主义者。他从烹饪、板球甚至是法律论辩中所举的例子,仅仅用于强化这种实用主义,以及模糊现代政治中关键的意识形态维度。关于女性取得选举权的那个例子在这方面很能说明问题。认为赋予女性以选举权的唯一理由就是她们在所有其他方面已经被赋予了相关权利,这实际上是真的吗?正义或政治平等原则真的与此毫不相关吗?欧克肖特对于奴隶制度又会怎么说?奴隶制度与《独立宣言》原则的互不兼容性难道不能构成废奴的一个重要的相关理由吗?

欧克肖特对习惯、风俗和传统之非自觉性的标举,所取的某种方式是严重时代误置的(anachronistic)。这可能是贵族社会中政治运转的方式,但它与现代民主社会并不相关。这本质上就是在前文所引段落中黑格尔所表达的观点:现代的根本原则——来源于宗教改革——是一切事物都必须在人类理性的法庭上被证成,都必须由思想来证成。现代政治无可避免地是意识形态的,尽管未必是欧克肖特所贬斥的那种消极意义上的意识形态。正如早期一位敏锐的欧克肖特批评者所说的那样,"在极为畅所欲言、充满论辩的西方政治世界里,一位政客……不可避免地是一个理性主义者,而他的理性化显然会引来评判性的详

---

[15] 引自伽达默尔给理查德·伯恩斯坦(Richard Bernstein)的一封私人信件,再版于Bernstein, *Beyond Objectivism and Relativism: Science, Hermeneutics, and Praxis* (Philadelphia: University of Pennsylvania Press, 1985), 263—264。

细审查。在西方,真正非意识形态的政治已经变得不可能了,因为批判意识的进程不可能自我逆转。"〔16〕

有趣的是,后来欧克肖特关于传统和政治话语的讨论,对政治的这一意识形态维度予以了更为严肃的关注。例如 1965 年,欧克肖特在对一位批评者的回应中坦白地表明,一个传统包含着一般性的观念、原则和规范。这时候他对理性主义的根本反驳是,它没能把握这些意识形态信念的极端多样性,这是由于理性主义试图将它们化约为一种自洽一致的信条或普遍的规范,并从中推论出某些命令。他写道,构成一个传统的那些规范性信念,

> 不是自洽一致的;它们通常朝不同的方向推进;它们相互竞争,无法同时全部得到满足,所以恰当地说它们不能被当作是一个规范或一套自洽一致的规范或"原则",能够向我们发出一个明白无误的信息来告诉我们应该做什么……。亚里士多德将它们称为"诸多公认的善"(admitted goods),并确认它们是不可通约的。〔17〕

既然一个传统有极端的多样性——欧克肖特称其为一个"多声部的创造物"——那么政治商议就变得事关在相互竞争的善之间达成一种平衡。在此,没有任何东西能排除关于原则的意识形态辩论或论证。唯一被事先排除的是一个信念,认为这样一种论辩关乎的是数学般的示范,由此导致绝对命令(categorical injunction)。

在一篇与上述回应大致出现在同一时期的论文——《政治话语》("Political Discourse")中,现代政治不可避免的意识形态特征得到了

---

〔16〕 J. W. N. Watkins, "Political Tradition and Political Theory," *Philosophical Quarterly* 2 (1952): 336.

〔17〕 Oakeshott, "*Rationalism in Politics*: A Reply to Professor Raphael," *Political Studies* 13 (1965): 90.

更具同情的承认。[18] 在这篇论文中，欧克肖特明确地关注论辩性的政治话语，并主张这种话语总是依据普遍观念的语汇而得以展开，而这些普遍观念被称为"意识形态"并没有什么不恰当的。这样的话语也具有一种"逻辑性的构思"，对此欧克肖特辨别出它的两个变体：说服和示范。亚里士多德在他的《修辞学》(*Rhetoric*)中提供了对第一个变体的经典讨论，表明说服性的言论关注偶然性甚于必然性、可能性甚于确定性、推测甚于证据。然而，那种不可避免地依附于说服性言论的不确定性，导致了其他思想家去寻求一种更为示范的和可论证的政治话语形式。在这一点上，欧克肖特讨论了柏拉图和马克思，以及那些论及"意识形态的终结"的社会科学家，而且让我们确切无疑地知道，他发现这是一个误导性的事业。有一种政治话语"论及推测和可能并权衡与环境相关的正反两面的理由……这是唯一一种适合实际事务的理性论证。在这一问题上，亚里士多德和苏格拉底是比柏拉图和马克思更好的向导"。(*RP*, 95)

现代欧洲政治的传统

既然在欧克肖特对政治的理解中传统如此重要，那么，为了更深入地理解当前政治局势，他不可避免地要将注意力转向现代欧洲政治的传统。从《信念论政治与怀疑论政治》(*The Politics of Faith and the Politics of Scepticism*，很可能写于1953年前后，并在他去世后出版)开始，继而通过《论作为保守派》(1956)与《代议民主中的大众》(1957)以及《现代欧洲的道德与政治》(1958)等文章和演讲，欧克肖特反思了现代

---

[18]《政治话语》不仅呼应了欧克肖特1965年《对拉斐尔教授的回应》("Reply to Professor Raphael")一文中的理念，而且紧紧地追随了他在《政治法与被俘的受众》("Political Laws and Captive Audiences")一文中所做的论证，见于 *Scaling the Wall: Talking to Eastern Europe*, ed. G. R. Urban (London: Spottiswoode, 1964), 291—302，所有这些都表明写作日期是在1960年代中期。

欧洲政治的历史根源，也对滋养或破坏了自由主义的政治理解的那些信念做出了反思。正如我们将看到的，在这一历史反思的过程中，他对现代政治的诊断发生了微妙的转变，从强调理性主义是自由机制的敌人，转向了强调共同善的反个人主义道德。

在着手讨论这些作品之前，有必要先考察一下欧克肖特最早期的一些尝试——将他对理性主义的批判与他对自由制度的辩护关联起来。不同于理性主义的许多其他批评者，欧克肖特并没有将自由主义与理性主义同化。例如，他在对汉斯·摩根索（Hans Morganthau）的《科学人对抗权力政治》（*Scientific Man versus Power Politics*）一书所做的评论中，批评摩根索恰恰做了这种同一化处理：

> 真相是……议会政府与理性主义政治并不属于同一个传统，实际上也没有结伴而行。……议会政府的制度起源于我们政治中理性主义最弱的时期，起源于中世纪，而且……与之相关的并不是对社会理性主义秩序的提升，而是（与普通法一道）对政治权力实施的限制，以及对无论以何种形式出现的暴政的反对。所谓"民主"理论的根源不是理性主义对人类社会之可至善性的乐观主义，而是对这种至善之可能的怀疑主义，以及一种决心——不允许人类生活被一个人的暴政所扭曲，或被一种思想的暴政所固化。（*RPML*, 109）

在此，欧克肖特将自由主义想象为一种对理性主义的反传统。但问题出现了，在构成了我们遗产的众多选项中，为什么我们应该采用这样一种特殊的传统，而不是其他选项中的任何一种，例如理性主义本身？既然我们的传统在本质上是含混暧昧的——这一观点被许多欧克肖特的批评者所强调，似乎也被他本人认可——那么，为什么要选择传统中的这一自由的脉络，而不是任何其他脉络呢？传统的概念本身似乎并不能对这一问题提供任何指导。而由于缺乏任何指导，欧克肖特的自由主义政治似乎只是依赖于个人的偏好而已。

在此，又出现了对欧克肖特关于传统观念的某种混淆，尽管这种混淆大多要归咎于他自己——他没能明确这一复杂的观念中所包含的东西。某种含混不清附着于欧克肖特关于传统的观念。一方面，它（以一种通常的方式）指称一个给定社会中的那些实际的信念、实践和制度；另一方面，它（以一种更为技术性的用法）指称一套特定的形式属性，在一般意义上为人类经验、知识或活动所特有。当人们将传统作为一个具体的普遍来谈论时（正如我在前文所做的那样），被调用的正是这后一种意义的传统。在此，传统不是指称过去或仅仅存在的东西，而是指称一个复杂整体的性质，以及这个整体得以维持与整合的方式。正是因为自由主义在这一更具判准的（criterial）意义上是一种传统，欧克肖特将自由主义置于理性主义之上，后者在根本上完全不能算作是一种真正的传统。

欧克肖特关于传统的观念和他的自由主义政治之间的关联，在其1940年代的两篇论文中得到了最好的表述：《当代英国政治》（"Contemporary British Politics"，1948）和《关于自由的政治经济学》（"The Political Economy of Freedom"，1949）。在《当代英国政治》一文中，欧克肖特主要关注的是批判社会主义者所拥护的那种中央计划思想。他认为，中央计划牵涉到权力集中于政府之手，而这种权力集中会不可避免地导致专制。人类自由最为重要的条件是一个社会中权力的分散。

欧克肖特通过对社会整合或组织的两种不同模式做出区分，进一步发展了他对中央计划的批评。属于一个中央计划社会的那种整合模式是一种简单而外部的类型。所有权力被集中到政府的手中，政府将秩序可以说是从外部强加于社会。与这种整合模式形成对照的是另一种建基于法治的更为复杂的类型。这种整合所依据的是权利和责任，然而权利和责任并不被构想为"自然的"或绝对的。由法治扶持的这种整合当然绝不是完美的或终极性的；对权利的享用及构成这种享用的责任可能会导致危险的权力集中，要求补救或调整。但是，关键的一点在于,这些危险的权力集中必须要借助对个人权利和责任的渐进调整得以分散,而绝不能借助一个高高在上的计划。("CBP",476—489)

欧克肖特将这种他为之辩护的政治称为"一种经久不衰的政治"。属于这种政治的整体论和渐进论明显地令人想起《经验及其模式》中的那种具体逻辑和欧克肖特关于传统的观念。的确,我们在此更为清晰地明白了关于传统的观念在欧克肖特的论述中是如何发挥作用的。在此,传统是在上文提及的那种判准意义上被使用的,指称那种用以维持与整合一个复杂整体的方式。正是在这一意义上,欧克肖特的怀疑论的、经久不衰的,甚至是自由的政治才能被称作是传统的。在总结这篇论文时,欧克肖特提醒我们将自由民主理解为一种传统、一种生活方式。他强烈主张,我们不应该把自由民主想成一个抽象的理念或固定的一套抽象权利,而必须将它视为"社会整合的一种活生生的方式,是人类迄今发明的最为文明和最为有效的方式"。("CBP",489—490)

这一研究自由传统的具体进路延伸到了《关于自由的政治经济学》一文。对自由的政治经济学的探究显然预设了某种自由的观念,但欧克肖特在论文开头就立即指出,他心中的那种自由不是一个抽象的理念而是我们当下所享有的那种具体的生活方式。正如在《当代英国政治》一文中所指出的,他将权力的分散视为我们自由的最一般性的条件。这种权力的分散首先出现在"过去、现在和未来之间的权威的分散"。作为对伯克"伟大的原始契约"这种说法的替代,欧克肖特启用了他自己关于对话的理念:"我们社会的政治是一种对话,在其中,过去、现在和未来都有各自的声音;虽然其中的一种或另一种声音有时可能完全占了上风,但没有一种声音是永久支配性的,而出于这个原因,我们是自由的。"同样地,在《当代英国政治》一文中,欧克肖特将法治辨识为政府的方法、社会整合的模式,以及最适合于保护如是理解的自由。他沿着传统的线索,将法治说成是"有效地控制……而不阻断事物积极肯定的洪流"。(*RP*,386—390)

然而,在欧克肖特关于自由社会的概念与他关于传统的观念之间有重叠交织的部分,最醒目的重叠之处出现在他对自由社会之目标的讨论中。他告诉我们,这样一种社会不会在任何一种被预先构想的理念或外在的目的中找到它自己的目标,相反这一目标只可能出现——

  在一种连续性原则(过去、现在和未来之间的权力分散)和一种共识原则(在当下不同的正当利益之间的权力分散)中。我们称自己是自由的,因为我们对当下欲望的追求没有夺走我们对过往发生之事的同情……我们认为自己是自由的,因为——取一个既不太长又不过短的视野——我们既不愿意为一个遥远和不可计算的未来而牺牲现在,也不愿意为一个转瞬即逝的现在而牺牲将至和可预见的未来。我们在对缓慢而微小的变化的一种偏爱中又一次发现了自由,在这些变化的背后留下了一种自愿的意见共识……我们对自由的发现也来自这样一种感知:对一个社会来说,共同前行比它走得快还是走得远更为重要,在这种感知中我们也发现了自由……我们在一种变化的原则和一种同一性的原则中发现了我们所需要的东西。(*RP*,396—397)

欧克肖特继而在这篇论文中指出,私人财产制度是与如是理解的自由最为兼容的经济安排,因为它最不可能助长危险的权力集中。然而,必须注意在欧克肖特为自由市场的辩护中有两个重要告诫——在许多方面是对哈耶克的回响。第一,和哈耶克一样,欧克肖特没有把经济自由等同于放任主义(laissez-faire)。权力的分散要求政府积极的干预,以打破垄断和确保有效的竞争。但这样一种干预必须在一种与我们自由的结构相兼容的方式中实施。(*RP*,392—396)第二也是更重要的,对市场制度的捍卫一定不能仅仅基于其经济效率。在此,欧克肖特对自由之政治经济学的理解与哈耶克有所分歧。我们已经看到欧克肖特抱怨自由主义的那种值得怀疑的道德理想,即"合理的生产力伦理"。在此，他坚持认为，"关于自由的政治经济学依赖于如下这种清楚的认识，即被考虑的因素不是'经济'（不是财富的最大化，不是生产力或生活标准），而是**政治**，也就是对一种生活方式的看护。"（*RP*, 406）

在《关于自由的政治经济学》和《当代英国政治》中，我们发现欧克肖特试图主要依据他对理性主义的批判及其更深层的关于传统的观念来构想自由社会。在不忽视自由问题的同时，他倾向于将自由从属于对一个复杂社会之稳定性、融贯性和连续性的关切，或至少是置于这种关切的脉络中。当我们转向欧克肖特1950年代后期的论文时，会发现他的见解发生了一个微妙的转变，尤其是关于他为自由民主辩护所依赖的理据。我们现在听到更多的是关于个体性，而不是传统；而他对自由政治秩序——以权力分散、法治以及缺乏总体目标为特征——的辩护主要是依据它对这种历史倾向的契合。而且，欧克肖特认为与个体性的道德和政治相对立的不再主要是意识形态，而更多的是共同善的道德和政治：也就是将人类境遇的一种共同的实质性条件强加于主体。

这种新体现出的欧克肖特政治教诲表明，他为自由主义政治安排辩护有着不同的理据，因此这也提示了他拒斥政治中的理性主义也有着不同的理据。直到欧克肖特写作《政治教育》一文，他的众多文章对理性主义的拒斥所依据的基础是，理性主义不符合正确理解的人类理性或人类活动的逻辑，但是，在《论作为保守派》及后续论文中，他对理性主义的拒斥所依据的基础则是，它不符合个体性或人类自由。在欧克肖特对理性主义的批判中已经有过一次转移，从认识论角度的考量转向更显著的道德和政治考量。的确，有人可能会质疑，"理性主义"这个词——不可避免地将我们导向对知识理论的考量——是否仍然可以名副其实地成为欧克肖特的抨击目标。

欧克肖特关于理性主义的思考中这一变化的转折点是他著名的论文《论作为保守派》（写于1956年，欧文·克里斯托拒绝在《遭遇》中刊载，而最终作为《政治中的理性主义》的一部分于1962年出版）。这篇论文的核心要点在于界定一种保守主义,它不是依赖于自然法或任何类型的关于人性或世界的一般信念。这篇论文的主要攻击对象是伯克和他的现代追随者——例如罗素·柯克(Russell Kirk),[19] 欧克肖特认为,他们已经将政治保守主义过于紧密地与具有争议甚至是时代误置的那些推测的和宗教的信念联系在一起。(欧克肖特在此文中对伯克的漠然态度,与他早期论文中所流露的伯克式特性,形成鲜明的反差。)与这些"宇宙论的托利党人"形成对照,欧克肖特对政治中的保守主义倾向做出了一个完全现代和怀疑论的辩护。

他从描述一般意义上的保守倾向着手,认为它的主要特征是"倾向于使用和享有现成可用的事物,而非期望或找寻别的某些东西;它感到愉悦的理由是当前存在之物,而非曾经存在或可能存在之物"。成为一个保守派,就是要偏爱现在甚于过去和未来,偏爱熟悉甚于未知,偏爱实际甚于可能。而且,保守派对变化和革新抱有一种谨慎的态度。对他而言,可以失去的东西太多,这使他不愿冒险。(*RP*,407—412)

欧克肖特的目的并不是想要明白无误地为这种保守主义倾向辩护——这一点往往被这篇论文的读者错失。他认识到,这一倾向在我们时代并不强烈,在过去大约五个世纪里也不强烈。我们是沉溺于变化和革新的人,而欧克肖特并不认为我们应该完全转变自己(*RP*,413—414);相反,他指出,即便我们具有变化和革新的倾向,对于政治和普遍行为规则的一种保守主义倾向仍然具有很重要的意义。要使政治的保守主义倾向变得可以理喻,不必求助于关于人性或世界的一般信念。使这一倾向可被理解的那种东西"与自然法或天意秩序无关,也与道德或宗教无关";它只是关涉到

> 对于和某种信念相结合的我们当下生活方式的观察……

---

[19] 欧克肖特写了一篇高度批判性的评论文章,针对柯克的 *The Conservative Mind*, in *Spectator* 193 (1954):472, 474。这篇评论文章概述了《论作为保守派》一文的基本观点。

这种信念就是,统治是一种特定的和受限制的活动,也就是对普遍行为规则的规定与看护,它们不是被理解为强制实质活动的计划,而是被理解为一些工具,让人们能够在最小的阻碍中追寻他们自行选择的活动,所以,保守地对待统治这件事是恰当的。(*RP*,423—424)

欧克肖特对比了保守主义者与理性主义者各自对我们目前的个体化和多元化环境的态度,在这个环境中,人类介入丰富多样的事业、拥有大量多样的观点,以及普遍地践行"一种已成习惯的爱好——为他们自己做选择"。理性主义者在所有这些活动和多样性中仅仅看到了混乱无序,并试图通过将一个单一的整全性目的或目标施加于社会,来解决这种无序状态。而另一方面,保守主义者接受事物的这种个体化和多元化的状态,并限制政府的管辖角色,将其限制于一个裁判对比赛的管辖角色。在理性主义者看来,政府是"激情的工具",而"政治的艺术是点燃和引导欲望"。然而,在保守派看来,政府的任务"不是点燃激情并给它添加新的对象供其燃烧,而是将一种节制的配料注入那些已经激情过头的人们的活动之中"。(*RP*,424—428,431—433)

于是,"激情的政治"对峙"怀疑论政治",这是两种替代性方案,欧克肖特让我们确信他认为后者更适合我们的环境。在一个几乎不在其他任何方面表现出保守态度的民族中,政治的保守主义具有很重要的意义。他写了这样一句话,可以作为整篇论文的座右铭:"对政府保守,和对几乎所有其他活动都激进,这完全不是前后矛盾的。"出于这一理由,他认为,与伯克的宇宙论思辨相比,保守派有更多的东西要从怀疑论的个人主义者——如蒙田、帕斯卡、霍布斯、休谟——那里学习。(*RP*,435)

欧克肖特在《论作为保守派》一文中所捍卫的这种怀疑论的保守主义,与1950年代美国出现的"新保守主义"形成了鲜明的反差。美国保守主义倾向于强调思想在现代政治生活败坏中发挥的作用——理查德·韦弗(Richard Weaver)1948年出版的那部影响深远的保守主义著作,标题就是《思想是有后果的》(*Ideas Have Consequences*)。现代对于客观价值及其在超验实在中的源头的攻击已经导致了一种相对主义,这种相对主义对现代独裁和极权主义是毫无防备的。当务之急是恢复自然法形态的客观标准,用作一道防御政治危险的壁垒。这是约翰·哈罗威尔(John Hallowell)的论辩要点,见于他的著作《民主的道德基础》(*The Moral Foundations of Democracy*, 1954),也是瓦尔特·李普曼(Walter Lippmann)在《公共哲学》(*The Public Philosophy*, 1955)一书中的论辩要点。针对后一本书,欧克肖特写了一篇评论,批评李普曼同时寻找我们目前思想学说中政治困境的成因和解药:他指出,抽象的思想从来都不是我们行为的源头,使我们的领导人受到约束的不是一种自然法的复杂学说,而是"某些简单的道德品质:勇气,抑或可能是骄傲、冷漠,甚或只是惰性"。(*RPML*, 115)正是在这样的环境下,列奥·施特劳斯的思想开始强有力地影响美国的保守主义者——从威尔莫·肯德尔(Willmoore Kendall)到欧文·克里斯托,他依据相对主义和激进的历史主义来对现代性做出诊断,并呼唤古典政治哲学的回归。[20]

在《论作为保守派》一文中"激情的政治"与"怀疑论政治"的对立,不仅仅是这篇论文本身一个孤立的特征,而是形成了整个1950年代欧克肖特对现代欧洲政治的历史分析的基础。这一对立的最初版本出现在《信念论政治与怀疑论政治》一书的手稿中,大概写于1953年左右,但欧克肖特选择不在他有生之年出版这部手稿。促成这本书的关切是要理解现代欧洲政治从大约16世纪开始自我显露的那种特征。而且,在他后期的写作,特别显著的是在《论人类行为》的第三篇论文中,欧克肖特指出,这种特征不是简单或一元整体,而是复杂和含混不清的。现代欧洲的政治意识是一种分裂的意识,信念论政治与怀疑论政

---

[20] 关于美国保守主义,参见 George H. Nash, *The Conservative Intellectual Movement in America since 1945* (New York: Basic Books 1976), esp. chs 2, 3, 6, 8, and 11。

治构成了它的两极。

信念论政治与怀疑论政治代表了对现代世界中政府活动和职责的两种根本对立的理解。根据第一种理解,统治被理解为追求完善,在此"完善"指的是"人类环境的一个单一的、整全性的状态",无论它是道德美德、宗教拯救还是物质繁荣。这样一种至善论的政治观所蕴含的是如下思想,即统治也是一种不受限制的或"无所不能的"活动,不在乎形式,并积极地倾向于权力。(*PFPS*,23—29)权力在许多方面是这种政治观的核心。信念论政治将政府视为一个巨大的权力储备者,来实现它的宏伟目标。的确,在欧克肖特看来,只是在早期现代欧洲,随着政府权力严重扩大,这样一种政治观才开始成为可能。就政府权力扩张而言,他有趣地指出——与他后期作品所取的观点多少有点抵触——"信念论政治不是政府所支配权力在数量上这一巨大增长的父母,而是这种权力依环境而扩张的孩子。"(*PFPS*,45—46)

欧克肖特将弗朗西斯·培根(Francis Bacon)视为第一位也是最冒险的主张至善论的信念论政治的理论家。培根有一种关于人类之完善的愿景,将这种完善想象成,为了人类利益对世界的完全掌控,以及对其资源的充分开发;不仅如此,他还将政府构想成这种完善的能动者,出于这一目的,他认为政府应该被赋予不受限制的权力。在这一点上,欧克肖特将培根野心勃勃的至善论政治与马基雅维利对统治活动更为温和的理解区分开来,马基雅维利将统治活动理解为"为了维持秩序和保障政治共同体的延续而行使权力"。在马基雅维利那里,"没有一点迹象是要主张那样一个无微不至的权威,它会对被统治者的所有行动予以不知疲倦的指示"。(*PFPS*,52—57)在培根的技术性规划之外,欧克肖特还辨识出信念论政治的其他两种有影响力的版本:宗教的和经济的。

怀疑论政治在所有方面都是对立于信念论政治。它也是15、16世纪欧洲政府权力"依环境而扩张"的产物。但是,怀疑论政治并不向往可能通过新获得的权力所能完成的那一切,而是给自己设定了一项任务,即对这种权力可能用来达成的那个目标做出更为有限制的具体说明。依照这种怀疑论政治观,统治是一种受限的和特定的活动。它所关心的不是完善或真理,而只是减少个体间冲突的可能——这些个体追求各种千变万化的事业,易于介入与他人的冲突。在此,统治被理解为一种司法的而非管理的活动;而统治者的形象是一位裁判而不是一位"领袖"。(*PFPS*,30—34)欧克肖特将几位思想家与这种对政治的怀疑论理解相关联,而在这种联系当中最常出现的名字是蒙田、帕斯卡、霍布斯、休谟和伯克。最后提到的这位思想家在这本书中被反复援用,这证实了此书可能写于1954年以前,在这一年之后欧克肖特对伯克的态度就开始变得更加暧昧不清。

　　欧克肖特依据信念论政治与怀疑论政治的双重性对现代欧洲政治所做出的分析中有一个重要的含义,那就是它回应了那些批评者,他们声称欧克肖特传统主义的逻辑指示我们必定会完全默许已经开始主导现代政治的理性主义。欧克肖特的分析表明,现代政治传统不是如此单向度的,而是暗示了关于政府职责和活动的两种非常不同的理解。如果我们的处境不如那些信奉历史进步的乐观主义者所设想的如此令人愉悦,那么它也不像某些现代性的激进批判者所担忧的如此可怕。对于那些激进的批判者来说,信念论政治的阴云似乎"已经笼罩我们太久了,以至于它布满了整个天空,使整个大地陷入黑暗"——在这里人们会想起海德格尔和那些政治哲学家,如施特劳斯和阿伦特,他们受到了海德格尔对现代性的一元整体性解释的影响,针对这些批判者欧克肖特断言:"信念论政治不是,也从来不曾是现代世界历史所展露的唯一或唯一重要的政治风格和对政治的理解。"(*PFPS*,66)在与《信念论政治与怀疑论政治》同时期的一篇评论中,欧克肖特批评埃里克·沃格林——在将现代政治历史化约为诺斯替的(Gnostic)或至善论政治的历史时——恰恰犯了这个错误:"也许整个解释中最严重的缺陷是低估了贯穿现代欧洲史的可以被称作新奥古斯丁政治的强健和活力,对于诺斯替政治而言,这种新奥古斯丁政治既是其伙伴又是对手。"[21]

信念论政治和怀疑论政治是现代欧洲政治意识的两极;它们标记了我们对现代世界中统治活动的理解,以及我们用来描述它的有些含混的政治语汇,诸如"权利"、"安全"等词。但是,欧克肖特的写作并不是要消除这种含混性。他特别希望避免的结论是"那种徒劳无益的结论,即一种德性政治将会寻求单纯性而'避免含混不清的杂质'"。(*PFPS*,18)这构成了他去世后出版的这部著作中最有趣的方面之一,那就是用来校正欧克肖特后来作品中似乎偶尔显现出的那种贫瘠的纯粹性和对含混性的敌意。根据欧克肖特的看法,信念论政治和怀疑论政治都没有构成一种对现代世界之政治的自足或具体的理解。它们各自,就其本身而言,都以一种不受约束的形式,显示出一种自我破坏的特征。(*PFPS*,91—92)

欧克肖特将这一论点与至善主义的信念论政治相关联,当然不足为奇。但他将此与怀疑论政治相关联,似乎的确值得关注,尤其是鉴于他后期作品的高度程序化和形式化的特征。在此他指出,怀疑论的政治风格,虽然非常适合于社会的静态状况,但当它遇到真正的紧急状态时,却是"迟缓的"和准备不足的;而且,由于其温和性,它无法从被统治者那里激发爱或感激。最重要的是,怀疑论的政治风格在当前积极活跃的政治气氛中显出异常的不相关性。在这种气氛中,"怀疑论的风格必定呈现为一种不可理喻的老于世故",或更糟糕的是,呈现为一种轻浮的表达。(*PFPS*,105—110)

既然信念论政治和怀疑论政治就它们本身而言都具有自我破坏性,欧克肖特总结道,我们今天的任务不应该在这两个极端之间做非此即彼的选择,而是应该保护和开掘我们政治传统的复杂性和暧昧性。

---

[21] Oakeshott, Review of *The New Science of Politics*, by Eric Voegelin, *Times Literary Supplement*, 7 August 1953, 504.

出于这一目的,他使哈利法克斯(Halifax)的《一个舵手的品格》(*Character of a Trimmer*,出版于 1688 年)重获新生,将其作为最适于我们处境的那种品格。"舵手"是这样一种人,他不会让船的一侧承受所有的负载,也不会让船帆始终迎着单一的方向;而是不断地做出调整来适应特定的情况,使船保持平稳。根据界定我们政治传统的二分法,舵手所关切的是,防止我们的政治导向信念论或怀疑论的任何一个极端,并在两者之间培养一个中间区域。然而,这并不意味着,舵手永远只处于中间位置。例如,在我们目前的情况下,欧克肖特认为信念论政治占据了主导地位,舵手就会将他的重量压向船的另一侧,寻求复兴我们政治中怀疑论的那一极。(*PFPS*,121—128)

欧克肖特对现代欧洲政治的分析,始于《信念论政治与怀疑论政治》* 一书,在 1957 年的论文《代议民主中的大众》和 1958 年的哈佛演讲《现代欧洲的道德与政治》中得到延续。在这些后期的作品中,一个主要的变化是,欧克肖特对现代欧洲意识的两极特征的描述不再是依据信念论和怀疑论的二分法,而是——与前文谈及的他思想中的转变相一致——依据个体性和反个体性的二分法。与这一变化相伴的是,欧克肖特的历史解释有了更为意识形态的锋芒。至善论的政治不再被视为来自骄傲的越界,而是来自道德的失败。

欧克肖特分析中的意识形态面向在《代议民主中的大众》一文中尤为明显。值得注意的是,欧克肖特对"大众"的历史探究的起点不是"大众人"(mass-man)的出现,而是现时代的黎明中"个人"的出现。这反映出整篇论文的总体观点:现代欧洲历史中的突出事件并非——如奥特加·伊·加塞特(Ortega y Gasset)主张的那样——是"大众通达了完整的社会权势",而是现代"个人"的出现;大众人完全是一个派生的人格。欧克肖特将这一原生性事件追溯到中世纪时期的尾声,当时,团

---

*　原文此处将该书名误写作 The Politics of Faith and the Politics of Passion。——译者注

体和公社生活的那种紧密编织的特征正开始解体。意大利在这个故事中的作用格外突出，他引述了（明显使他的解释受惠良多的）布克哈特："13世纪末期，个体性在意大利开始兴盛；对人类个性的禁忌被瓦解；一千个人物涌现出来，与我们会面，每个人物都有着自己特别的外形和服装。"这种滋养和享有个体性的历史倾向渐渐地蔓延到北欧——蒙田作为最早和最伟大的典范之一被引用——并最终对欧洲的行为和信仰施加了深刻的影响。生活的每一部分都无法保持原样而不受其影响。（RP，363—367，370，382—383）

根据欧克肖特的观点，有两个领域明显地反映出这种个体性的经验。其一是伦理学理论的领域（霍布斯和康德作为个体性道德的著名理论家被引用）；其二是，一种特定的统治与被统治的方式，一种开始被称为"现代代议民主"的方式，并在"议会政府"中获得了它最完美的体现。欧克肖特对这种政府方式的解释，就其特色而言并不那么强调政治参与，而是更强调"能够将个体性的利益转变为权利与责任的那种政府工具"的必要性。个体性不是自然的，它是人类一个伟大的成就；而这个成就首先要求的是一种政府的工具，能够针对既存的封建权利和特权来伸张个体性的利益。这样一种工具最终在"主权"立法机构中被找到。由此出现一种"偏向个体性利益"的法律，提供了"人类环境的一种变得为人熟知的状态——通常被'自由'一词所指称——的细节说明"。（RP，367—369）

这就是大致在13至17世纪降临于欧洲情感、道德和政治的革命。但每个人并不是以大致相同的方式来回应这一新环境的。让一些人激动的东西对另一些人来说似乎是一种负担。而在后一种人那里，欧克肖特察觉出一种与新兴的"个人"完全相对的人物轮廓：那就是"受挫的个人"（individual manqué）。然而要让这种人格变成大众人，还需要添加一种成分：一种道德卑贱的感受，这是个体性的道德化所不可避免的结果。这种受挫的个人已经在行为领域中感到严重的不适，现在又加上了"愧疚的痛苦"。而从这种愧疚感中就会生发出一种更为好战的"反个体"的人格,寻求"通过将他的困境施加于整个人类,从而逃离这个困境"。正是这种对统一性的激情——被"怨恨"(*ressentiment*)燃烧——成为欧克肖特着手研究的那种人格的关键所在。当然,反个体的人终究会发现,他属于欧洲社会的最多数阶层,从而成为大众人,但正是他怨恨的、反个体主义的倾向,而不是他的数量,最终界定了大众人。(*RP*,370—373)

欧克肖特继而指出,反个体产生了符合其人格的道德和政治。他不再赞美自由和自决(self-determination),而是强调平等和团结。这种新道德的核心是"关于人类环境的一种实质性条件的概念,这一概念被表征为'共同善'或'公共善'"。而这变成了反个体人格的政府职责观念的基础:"统治就是去……施加和维护这种被确认为'公共善'的人类环境的实质性条件。"议会政府,由于它的古老程序和对终极目标的内在怀疑,被证明特别不适于这项任务;因而,它被结果导向的"大众政府"(popular government)所取代。统治者的形象不再是裁判员,而代之以"管理者"和"领袖"的形象。(*RP*,374—380)

欧克肖特对大众人之道德和政治的阐释留下了许多不尽如人意之处。虽然拥有一种特定的尼采式的论辩感染力,但作为对现代欧洲政治中核心张力的历史解释,很遗憾,它是有所欠缺的。通过将平等与共同体的价值追溯到反个体人格的"怨恨",欧克肖特几乎没有公正对待这些理念和它们在现代政治意识中的位置。虽然人们可能会同意他所说的这一点:"现代欧洲史上具有至上和原生重要性的事件就是人的个体在其现代术语意义上的兴起",(*RP*,381)但这并不意味着我们政治传统中所有其他竞争性价值——诸如平等、友爱、公平、安全等价值——可以被化约为这样一种心理状态:那些不能承受个体性重负的人们所具有的怨恨心理。看到这样一个对意识形态史学的有力批评者,竟生产出一个如此异乎寻常的例子,真叫人奇怪。

《代议民主中的大众》一文更重要的意义在于,欧克肖特对现代政治意识中另一极的处理,即符合个体性历史倾向的那一极。首先,这里有一个清晰的认识,这种倾向是历史的而非自然的。其次,在欧克肖特对这种倾向的解释中,有一种历史层面的丰富性和精微之处,而这在他对反个体倾向的解释中却完全缺失了。最后,欧克肖特对个体性倾向有明显的同情,并将它与自由民主联系在一起,这明显地区别于像哈耶克(或希梅尔法布)那样的保守自由派的态度,后者对于那种——威廉·冯·洪堡(Wilhelm von Humboldt)和约翰·斯图尔特·密尔等思想家所属的——对个体性的浪漫崇拜怀有很深的保留。[22] 欧克肖特在许多事情上与密尔有分歧,但当论及个体性的价值及其在对自由民主的理解中的核心地位,他们俩发出的是同一种雄辩的声音。

政治哲学的死亡?

在1950年代的英国,开始出现一大批类似主题的文章,标题诸如《政治理论的衰落》("The Decline of Political Theory")、《政治哲学死了吗?》("Is Political Philosophy Dead?")、《政治理论仍然存在吗?》("Does Political Theory Still Exist?")等。[23] 有一部题为《哲学、政治和社会》(*Philosophy, Politics and Society*, 1956)的论文集,以欧克肖特的就职演说《政治教育》开篇,由彼得·拉斯莱特(Peter Laslett)为之撰写导言——他在其中明确断言:"目前,无论如何,政治哲学已经死

---

[22] 参见 Hayek, "Individualism: True and False," 25—27。
[23] Alfred Cobban, "The Decline of Political Theory," *Political Science Quarterly* 68 (September 1953): 321—337; J. W. N. Watkins, "Is Political Philosophy Dead?" *Encounter* 10 (June 1958): 57—67; Isaiah Berlin, "Does Political Theory Still Exist?" in *Philosophy, Politics and Society* (*Second Series*), ed. Peter Laslett and W. G. Runciman (Oxford: Basil Blackwell, 1962), 1—33.

了。"〔24〕是谁杀死了它？对这些"讣告"的大多数作者来说，要辨识出凶手并不难：那就是牛津的语言分析学派，他们把所有的哲学问题都化约为某些"谜题"，这些谜题不是由世界上实际的道德问题或政治安排所引发，而是由于我们用以描述它们的那种语言而产生。这一学派的引领人物是吉尔伯特·赖尔和约翰·兰索·奥斯丁（J. L. Austin），他们对日常语言的细致关注也从《哲学研究》（1954年出版）时期的维特根斯坦那里得到支持。

将语言分析方法应用于政治哲学问题的最雄心勃勃的尝试是托马斯·韦尔登（T. D. Weldon）的《政治的语汇》（*The Vocabulary of Politics*，1953年出版）。在此书的第一页上，韦尔登给出了关于新的哲学方法的一个很好的（若非自觉的）描述：

> 上个世纪，在这个国家和美国，专业哲学家的方法和目标已经出现了一次巨大的变化……所发生的是，哲学家对语言已经变得极具自觉意识。他们已经开始认识到，许多他们前辈感到不可解决的问题不是起源于世界上任何神秘或费解的事物，而是来自我们试图用以描述这个世界的那种语言的奇异性。〔25〕

从柏拉图到黑格尔的传统政治哲学家试图展示一种形式的政治组织较另一种具有优越性，韦尔登继而表明这种企图完全建立在各种各样的语言错误之上；那种想要把我们的政治偏好奠定在形而上学基础之上的努力也同样如此。所有这些哲学家所犯的是这样一个根本错误，即假定存在着某种不变的本质，对应于我们政治语汇中的一些单词，诸如"国家"、"个人"、"权利"、"法律"、"自由"等。韦尔登指出，抛弃这种本质主义，放弃为我们的道德和政治偏好寻求形而上学的根基，

---

〔24〕 *Philosophy, Politics and Society*, ed. Peter Laslett (Oxford: Basil Blackwell, 1956), vii.

〔25〕 T. D. Weldon, *The Vocabulary of Politics* (Harmondsworth: Penguin, 1953), 9.

这样并不会导致主观主义,而是会开启一条道路,通向对于我们政治价值和制度的更具差异化和更富有成果的经验研究。

韦尔登将这本书的主要观点总结为一篇文章,也收入了《哲学、政治和社会》这部文集。欧文·克里斯托在为这部文集写的评论中,公开谴责了语言分析对政治哲学产生的影响。他为这篇评论文章取了一个具有讽刺性的标题——《一种小英格兰的哲学》("A Philosophy for Little England"),他认为拉斯莱特这部文集所收入的论文——除欧克肖特的就职演说之外——典型地塑造了"一种新型的政治哲学家,这种政治哲学家带有一种深深的反政治的偏见,不仅坚决放弃政治意图,而且也放弃了政治智慧"。语言学的政治哲学家仅仅关怀根除"无意义"(nonsense)及暴露谬误,而无视"所有关于良善社会、正义和政治道德的问题,如果说这些问题在英国只是学院课桌上的谈论,那么在世界其他地方它们是非常实质性的问题"。[26] 在克里斯托这篇评论发表的三年后,波普尔派的哲学家和人类学家厄奈斯特·盖尔纳(Ernest Gellner)也做出了相同的批评,见于他猛烈攻击英国语言哲学的著作《词与物》(Words and Things)。盖尔纳采用维特根斯坦的陈述——"哲学让一切如其所是"——作为他的文本对象,谴责语言哲学放弃了"任何一种规范性角色",也无法为政治生活提供任何一种指南。[27]

对于这场1950年代事关政治哲学之性质的辩论,欧克肖特站在哪里?克里斯托和盖尔纳呼唤一种在政治上更为介入的哲学,对于这种要求欧克肖特显然没有多少同情。那么,对于语言哲学的那种更为温和与学院派的立场,他又持什么态度呢?虽然很明显他本人不是一个

---

[26] Irving Kristol, "A Philosophy for Little England," *Encounter* 7 (July 1956): 85, 86.
[27] Ernest Gellner, *Words and Things: A Critical Account of Linguistic Philosophy and a Study in Ideology* (London: Victor Gollancz, 1959). 关于盖尔纳著作——*Fly and the Fly-Bottle: Encounters with British Intellectuals* (Boston: Little, Brown and Company, 1962), chs 1—2——所引发的争议,维德·梅塔(Ved Mehta)提供了一种生动的新闻式描述。

分析哲学家,且出自非常不同的英国黑格尔传统,但是在一些方面,欧克肖特的哲学观与分析学派相吻合。正如我在第三章中所指出的,欧克肖特同意分析哲学家的这样一个观点,即哲学不是发现新知识,也不为我们的信念提供合理化证明,而是澄清我们在某种程度上已经知道的事情。他当然不会不同意韦尔登的这样一个陈述:"哲学的工作不是去提供关于政治、生物、物理或其他任何事实问题的新信息。哲学问题完全是二阶的问题。"[28]有些时候,欧克肖特甚至显得有点像一个分析哲学家了,《政治教育》中有一个段落就是这样的例子:"对于与政治活动相关联的一般理念做出耐心的分析,如果这种分析从我们的思想中成功地移除一些弯曲之物,并导向对概念的更为简练的使用,那么就此而言,这种分析是一种既不能被高估也不能被轻视的活动。"(*RP*,66)

欧克肖特为韦尔登的《政治的语汇》写了一篇相当正面的评论,也为赖尔的《心灵的概念》(*The Concept of Mind*)写了一篇完全赞赏性的评论,这些都进一步表明了他与分析哲学的亲和关系。[29]在前一篇评论文章中,他用以开篇的方式无疑会被克里斯托认为是一种英国人特有的轻薄:"这是一本漫不经心的书,但这样反而更好:哲学正在摆脱某个人的黏痰,这不应当是一个非常庄重的举动。"他继而赞赏了韦尔登对这一观念——为我们的政治信念提供理论基础就是哲学的任务——的批判。他也明显地同情韦尔登的这一努力,那就是表明一旦我们去除了关于绝对标准的幻觉,那么我们就不会被带入怀疑主义或主观主义,而是能够形成一些经验研究问题,这些问题作为对政治实践的指引,要比抽象的政治学说有帮助得多。欧克肖特对韦尔登的这部著作保留了一个反对意见,认为它将过去的哲学家(如柏拉图、亚里士多德、

---

[28] T. D. Weldon, "Political Principles," in *Philosophy, Politics and Society*, ed. Laslett, 22.

[29] Oakeshott, Review of *The Vocabulary of Politics*, by T. D. Weldon, *Spectator*, 9 October 1953, 405—406; Review of *The Concept of Mind*, by Gilbert Ryle, *Spectator*, 6 January 1950, 21—22.

霍布斯和黑格尔等)看作是天真的和缺乏自觉的,而他们实际上远不致如此。就这一点而言,他发现韦尔登对黑格尔的阐释尤为荒谬。

最后这个观点不仅是一个偶然的批评意见,而是表明了一些重要的差别,这些差别最终将欧克肖特与像韦尔登那样的分析哲学家区分开来,尽管他们有一些表面上的相似之处。虽然欧克肖特会同意对于哲学就实践问题的自负所做的分析性批判,但他最终不认可由分析学派划归哲学的那种过度温逊的角色——彼得·温奇(跟随洛克)称其为"低级劳工(underlabourer)哲学观"。[30]他所赞赏的那些哲学家——柏拉图、亚里士多德、霍布斯、斯宾诺莎和黑格尔——绝对不是一些低级劳工。虽然对欧克肖特来说,哲学始于并分析我们日常概念所包含的知识——或日常语言——但哲学并非将这种原初知识视为一种绝对的数据,与此对照来核查结果,而是将此视为一种局部的理解,为了达成充分的理解需要根本的转变。哲学可能是二阶知识,但它并非居于第二级的地位——并非次于其运转所依靠的一阶知识。

所有这些都暗含在欧克肖特——1949年前后的一部手稿中——所谓的哲学反思的"激进颠覆性"特征之中。欧克肖特在1949年两次评论过马波特的《国家与公民》(1948)一书,他从此书中借用了一个形象,用来将哲学反思比作攀登一座每一层级都有窗户的塔楼。当我们爬得越来越高时,我们看到的景观就会剧烈变化;这种变化是如此剧烈,以至于如果要谈论将较高层级获得的视界"应用"到最低层级,或者要对照后者来"核查"前者,那会是很荒谬的。用以界定哲学家的东西不是攀登塔尖——意味深长的是,欧克肖特指出"这座塔没有塔尖",亦即不存在绝对的知识——而是具有一种天性去持续攀登并抵御所有阻止上升的诱惑。政治哲学家是这样一种人,他接受攀登塔楼的邀请,或接受无保留激进颠覆的邀请。恰恰是对政治的哲学反思所具

---

[30] Winch, *The Idea of a Social Science*, 3.

有的这种激进颠覆性的特征,才使得柏拉图的《理想国》、霍布斯的《利维坦》、斯宾诺莎的《伦理学》和黑格尔的《法哲学原理》如此与众不同。所有这些著作都关怀对"政治活动永久特征"的探测,尽管在此"永久"一词指的是政治活动"当在一个可理解的世界中被赋予一席之地的时候所变成"的那种状态特征。所以,对于维特根斯坦的名言"哲学让一切如其所是",欧克肖特所做的一个变体演绎大致如此:"政治哲学……言说有关政治活动的某种事物,于是,如果言说正确,那么这些事物就会如其所是地显现;并不是显得像我们初次打量它们时的样子,而是它们永久所是的样子。"(*RPML*,140—152)

在此,欧克肖特显然是在一个奇特的意义上使用"永久"一词,我们必须小心不要以对立于"历史性"的方式来解释它。他不是把政治哲学理解为这样一种努力:去想象一种符合不变人性的永恒或本质的状态;毋宁说,政治哲学是这样一种努力:去阐明一种符合我们历史环境的政治观点。就现代政治哲学的情况而言,这意味着——正如欧克肖特自《论作为保守派》一文之后的作品中越来越明显地表明的那样——去阐明一种适合于国民的关于政府职责的观点,"这些国民愿意为自己做出选择、从中发现快乐,并为接受强加于他们的选择而感到沮丧"。(*MPME*,84)在欧克肖特1959年的哈佛演讲中,他将洛克、康德、斯密、伯克、边沁以及(稍微含混地)密尔列举为个体性道德与政治的卓越理论家,但是,他批评他们试图将这种道德和政治建基于人性和自然法的形而上学理论,而不是仅仅把它辨识为一种历史倾向的相关物:"我认为,以这种术语来写作的最好论者是这样一些人,他们将自己的期待放低,也就是说,他们没有无视这样一个事实,即他们所做的一切只是在探索一种适合于特定历史环境的政府理论而已。"(*MPME*,83—85)这里提及的"放低期待"多少是有些误导性的。这给人一种印象,即欧克肖特在援用语言分析学派所偏爱的那种低级劳工哲学观;而实际上,他只是意在让自己与一种特定类型的宏大的形而上学理论化工作拉开距离。他的立场的难以理解和复杂性,正如我在这一部分试图传达的那样,在于他试图开辟一条路线,介于两种政治哲学观之间——其中一种许诺得太多,而另一种则太少。

因为人们更容易将欧克肖特的政治哲学观纳入许诺太少的那一类,所以我要再一次表明为什么我们不应该这样做,以此来结束本章。首先,欧克肖特极为推崇哲学想象,胜过对哲学分析的赞赏,他将哲学想象看作是与霍布斯和黑格尔相关的首要品质。在 1951 年的一篇评论中,欧克肖特赞扬桑塔亚那(Santayana)《支配与权力》(*Dominations and Powers*)一书具有这种品质,称其为"哲学想象的一个成就,而在时事分析的日子里我们对这种想象已经不再熟悉了"。[31] 其次,欧克肖特作为政治哲学家的实践远不是温逊的。虽然他或许不会谈论永恒,但他致力于阐明"过去 5 个世纪左右的"欧洲道德与政治,这种努力是极为雄心勃勃的。在 1950 年代论及政治哲学之死的那些论文中,有一种抱怨贯穿其中:在 20 世纪尚未出现一部关于政治哲学的宏大的综合性著作,自鲍桑葵的《国家的哲学理论》之后就再没出现过。正如我们将会看到的,在《论人类行为》一书中欧克肖特致力于提供这样一种综合性的陈述。

---

[31] Oakeshott, Review of *Dominations and Powers*, by George Santayana, *Spectator*, 2 November 1951, 578.

第五章　人类的对话

从1940年代晚期至1960年代早期,即欧克肖特围绕理性主义写作的时期,他没有将关注的焦点局限于政治领域,而是严肃地思考那些(他认为)位于政治领域之外的问题,诸如教育、艺术和历史探究。的确,将他对这些文化活动的处理联系在一起的恰恰是一个否定性的观点,那就是它们不是政治的,因此不应当被政治化。正是在这样的语境中,他发展了作为对话的文化意象——那些构成了我们文明的各种话语模式之间的对话。然而,他哀叹这种对话近来已经变得"乏味",因为它越来越受到实用活动和科学声音的支配——"了解和设计成了我们突出的工作"。(RP,493)针对"人类的对话"(取自霍布斯《利维坦》中的一个短语[1])这种人造的缩略表达,欧克肖特捍卫历史与艺术声音的自主性,并将大学界定为这样一个地方,在那里实践的声音是沉寂的,科学的声音不能淹没其他声音。

教育与对话

欧克肖特论及教育的多篇论文形成了他哲学中最具吸引力的一个方面。这些论文激发了一个理想,在这个理想状态中,一个人从实践生活的狭隘必要性中解放出来,占有他全部的精神继承物——欧克肖特援引狄尔泰将其称为"精神世界"(geistige Welt)——从而在更充分意

---

[1] Hobbes, *Leviathan*, ch. 15.

义上成为一个人。与他的同代人利维斯一样,欧克肖特认为这个理想正在遭受现代技术和物质文明越来越严重的威胁,而诸如1963年罗宾斯报告(Robbins Report)之类的政府政策却强化巩固了这种文明。因此,他的这些论文在两种笔调间交替,一种是对处于最佳形态之自由教育的诗意盎然的召唤,一种是针对学校转变为技术与商业文明的附属物这一现象的严厉讽刺。

正是这种论辩式的笔调贯穿了欧克肖特最早一篇论及教育的文章——《大学》,发表于1949年的《剑桥学刊》。在这篇文章中,欧克肖特所抨击的对象是沃尔特·摩柏利(Walter Moberly)的一本名为《大学的危机》(*The Crisis in the University*)的著作。这本书所给出的对大学的诊断在那个时代相当典型,在许多方面接近于利维斯在《大学的理念》("The Idea of a University")一文中所做的诊断。[2] 和利维斯一样,摩柏利也认为,在我们"大规模的、机械的文明"中,大学无法提供一种道德和精神上的指引,而这种指引是必要的——假如我们不愿意在那种构成技术理想之特征的漫无目标的飘移中随波逐流。这种失败在很大程度上归因于一个事实,那就是目前的大学课程已经退化为种种专业主义的此消彼长,而不再提供关于世界的一种整合的视野或者一种融贯的世界观。摩柏利的诊断并非标新立异,欧克肖特只是通过相当程度的扭曲和夸张,才成功地让它显得荒谬可笑——正如摩柏利此后在《剑桥学刊》上的回应所表明的那样。[3] 然而,就其绝妙地暴露了一种陈腐的思考方式而言,这种论辩是具有价值的。

对于摩柏利的著作,欧克肖特所关注的第一个问题是大学与作为其存在前提的世界之间的关系。对摩柏利而言,就像对利维斯一样,这个世界在物质主义与技术的控制下处于几近绝望的境地,而这就要求

---

[2] F. R. Leavis, "The Idea of a University," in Leavis, *Education and the University: A Sketch for an 'English School'*, New Edition (London: Chatto and Windus, 1948). 另见这篇文章早先的一个版本:"Why Universities?" *Scrutiny* 3 (1934—1935): 117—132。

[3] Walter Moberly, "The Universities," *Cambridge Journal* 3 (1949—1950): 195—213.

大学去提供一种伦理方向或精神理想来拯救这个世界。而对欧克肖特来说,这种对我们当下处境的解读"同时是太过危言耸听和太过乐观主义的"。在他看来,我们的处境"远比沃尔特爵士所认为的情况更加令人绝望",因此没有理由为我们无法改变的东西而大惊小怪:"对我们处境的一个更深刻的诊断(例如,像弗里德里希·荣格尔[F. G. Juenger]在《技艺的完善》[Die Perfektion der Technik]* 一书中所表明的那样)完全不会支持这样一种乐观主义——假定可以发动一场'拯救'我们的'革命'。"在一个引人注目的段落中,欧克肖特透露出一种悲观主义的见解,深藏于他的那种将大学当作"一个分离之地"的寂静主义理想:

> 如果一个人认为他需要什么的唯一标准,就是他从利用和控制自然世界和他的同伴中能够获得什么,那么,直到这种取用得到足够的展开以至于充分暴露了它的苦处之前,就不能指望人类的大多数会从这种取用中发现任何有益的东西。这……不是一个为无所作为所做的论证,但它是一个理据,由此我们不允许自己为革命的前景甚或革命的可能性而感到心满意足。这些水域的航海者听从了错误的劝告而承载着让自己不堪负重的行李;他们所需要的只是一些当他遭遇海难时能够与他一起漂浮的东西。(VLL,109—110)

对欧克肖特来说,大学和物质主义技术控制下的当今世界之间的冲突是"绝对的"(VLL,111—112),对于任何弥合这种冲突的企图,他都持批判态度。例如,他批判摩柏利赞许了"科学人文主义"学说,而这种学说在10年后查尔斯·斯诺(C. P. Snow)关于"两种文化"(The Two Cultures)的著名演讲中得到了辩护。在欧克肖特看来,科学人文主义的学说"最终是一种幼稚的论断——主张了某种无区别生产力的

---

* 原文此处将"Perfektion"误写作"Perfecktion"。——译者注

貌似有理的伦理——一种对于权力的简单的崇拜，一种面对事件强大过程的天真的屈从。当我们并不饥饿的时候，它最终无法提供有助于我们认知的任何标准"。(*VLL*,112—113)假如将科学用作获得权力和利用地球资源的一种手段，那么大学应当与这种科学无关。

欧克肖特对摩柏利最尖锐的批判与课程整合的问题有关。摩柏利提出，为了防止大学课程沦为专业主义的混杂集锦，大学必须提供"关于道德和智识世界的一种概要的、整合的视野"，一种"一体化的人生观"，一种"世界观"(*Weltanschauung*)，一种综合性的学说，它之于我们这个时代的意义犹如圣托马斯的《神学大全》(*Summa*)之于他那个时代。(*VLL*,121—122)欧克肖特认为所有这些观点都毫无道理。首先，目前没有这样一种知识世界的整合对我们来说是现成可用的。其次，这样一种整合对大学行使其功能来说并不必要。大学中的各种不同专业能够以一种有意义的方式汇集在一起，而不需要某种凌驾其上的世界观来对它们加以整合。

正是在这一点上，欧克肖特(第一次)引入了"对话"的概念。(*VLL*,126,134)《大学》一文发表一年之后，他在英国广播公司的一次谈话中详细阐明了这一观点。他在《大学的理念》中评论说，虽然"学识的世界可能拥有一种零碎化事业的表象"，但它不必召唤被称为'文化'的一团黏糊的混杂物"来填补各种知识分支之间的缝隙：

> 学识的世界并不需要外在的粘合物将它胶合在一起；它的各个部分在一个单独的磁场中运行，仅仅在磁场电流被无故切断时才需要某些中介物。对学识的追求不是一场赛跑，其中竞赛者们运用各种手段抢占最好的位置；它甚至不是一场辩论或一场研讨会；它是一种对话。而大学(作为一个集合了许多研究的地方)的奇特品质就在于以这种对话特征来展现对学识的追求，每一种研究呈现为一种声音，其音调既不暴虐也不悲哀，而是谦逊的、可对话的。对话是不需要主席

的,也没有预先设定的进程,我们不去问它是"为了"什么,也不会根据它的结论来判断它的卓越性;对话没有结论,而总是储备以作他日之用。它的整合不是额外强加的,而是来自那些交谈之声的品质,而它的价值在于它遗留在那些参与者心灵中的痕迹。(VLL,98)

在《大学》一文的某一处,欧克肖特搁置了论战,并召唤他所谓的"大学的伟大而特有的禀赋……一种间隔的禀赋"——这是曾为人文教育写就的所有文章中最为华彩的段落之一:

> 这里是一次机会,将青年人热烈的效忠搁置一边,而不必获取新的效忠来取而代之。这里是一种间隔,可以让一个人拒绝全身投入。这里是一个休止,是不可弥补之人类事件的专断进程中的一个休止;在这段时间中,可以环顾世界,没有腹背受敌的感觉或做出决定的持续压力;在这个时刻,一个人摆脱了"向自己妥协"的必要性,或者避免卷入外部世界中极为琐碎的派别之争;在这个时刻,可以品味神秘,而不必立即寻求答案……如果有人愿意的话,或许可以将之归结为一种关于大学特征的学说,称作间歇的学说。但是,这种学说不过是一个简单的表达,描述了类似一个本科生在第一个十月的早晨所感受到的东西。几乎在一夜之间,一个粗野的事实世界就融入了无穷的可能性之中;不属于任何"有闲阶级"的我们,已经从亚当的诅咒——在工作和玩耍之间那种恼人的区别——中获得片刻的解脱。在我们面前敞开的不是一条道路而是无边无际的大海,而这已足以使我们扬帆远航。(VLL,127—128)

从这一抒情之巅,欧克肖特再次下降,走向论战,将他心目中大学的真正危机所在追溯到大量涌入的学生,他们处在无所准备的状态,难以把握大学所提供的"扬帆远航"的机会。欧克肖特的教育哲学中最不吸引人的特征之一是,拒绝考虑对平等的要求,或被他嘲讽为"社会正义"的东西。摩柏利认为在过去像牛津和剑桥这样的大学已经与"特权"和一种"有闲阶级"绑定在一起,欧克肖特反对这种看法,所以才有了以上引文中所指称的"不属于任何'有闲阶级'的我们"。他对战后进入大学的新的学生阶级的特征化描述,构成了一幅非常扭曲的讽刺漫画:"新兴阶级的领袖们沉浸于蔑视一切并非源自他们自己欲望的东西,他们事先就确信他们无所可学但好为人师,结果他们的目标变成了掠夺——将组织即制度的外壳挪为己用,用作他们自己的目的。"(*VLL*,120,130)

十几年后,欧克肖特在1961年《大学的政治研究》一文中回到了大学教育的主题。在这篇论文以及另一篇论文《学与教》(1965年以演讲形式首次发布)中,欧克肖特给出了关于他的教育观的一个更为正面的阐述。两篇论文都始于描述教育的一般性特征,将其视作自觉汇入一种传承——由情感、信念、意象、理念、语言、技巧和实践组成,"被狄尔泰称为一个精神世界"。这种传承是一种历史成就,因而是因势而变的(contingent)、混杂的,并不完全融贯的。教育就是学会在这面历史的和因势而变的传承的镜子面前打量自己。这不是对人类自主性或自我实现的冒犯;的确,通过一面历史传承之镜来打量自己是人类得以真正实现或充分发挥自我的唯一途径。(*RP*,187—188;*VLL*,45—50)

从描述教育的一般性特征入手,欧克肖特继而考虑适合于大学的特定教育方式。他的思路是比较大学教育与普通学校教育及职业教育。在后两类教育中,有待获得的知识具有已企及、已修定、已完成、固定,以及权威性的特征。这种知识由那样一类信息组成,可以在百科全书、教科书、培训手册以及今天的网络中获得。而在大学教育中,要获得的知识表现为有待于探索、调查,而不是单纯被接受的东西。欧克肖特使用"语言"(或思想方式)和"文献"(时常已被"语言"说出的东西)的区分来表达他心目中设想的这种反差。在普通学校和职业教育中,要学习掌握的主要是文献;学生被要求去掌握一套信息,而不是去理解生成这些信息的思想方式。而在大学教育中,占据学生注意力的是历史学家或科学家的语言或思想方式,而不仅仅是他们活动的结果。

在《学与教》一文中,欧克肖特的表达稍有不同,他使用了"信息"与"判断"之间的差别来表明大学教育——或者至少是传授(他所认为的)我们传统中最重要部分的那种教育——的显著特征。信息是指"知识的明显组分",由见诸辞典、百科全书、手册和教科书的那些权威性的相对固定不变的事实与规则组成。判断是指"知识的默会或隐含的成分",就像鉴赏一样,无法用命题的方式来明确阐述。在任何具体的技术或能力中,恰恰是"知道如何"(knowing how)必然伴随着对于信息而言的"知道什么"(knowing what)。虽然欧克肖特承认在每一个具体活动中都会存在判断和鉴赏的元素,但他主张这种元素在形成大学教育之基础的那些活动中要"远远显著得多",这类活动包括艺术、文学、科学、历史和哲学。正是在这些活动中,我们会变得敏锐地意识到,对风格的考虑以及对智识品格(耐心、准确、节俭和优雅)的考虑。(VLL,50—62)

当欧克肖特将注意力转向大学中的政治研究时,对于那些根据他的分析所得出的结论,读者并不会感到意外。大学中的政治研究本身应当注重"语言"而非"文献",应当是一种更多地着眼于"判断"而非"信息"的教育。对于大学的政治研究,欧克肖特所发现的最为相关的解释性语言是历史和哲学的语言,而对于政治科学的追求反而未能产生任何略微近似于科学思维模式的东西。遗憾的是,欧克肖特的这种想法并不是大学的政治研究已经采取的方向。自从政治学被引入大学课程的那一刻开始,它就以一种适合于职业教育的方式被教授。被传授的信息"无法让任何人产生可以想见的兴趣,除了那些满怀参与政治活动的事业心的人们,或者对掌门人有着无尽好奇心的人们"。此外,解读政治哲学作品的方式也受到欧克肖特的质疑,他将此描述为"两种方式的混合体,一种是有人阅读过时的海事建筑教科书或许会采用的方式,另一种是有人阅读时下竞选宣言可能会采用的方式"。虽然这种方式长期以来被认为是不恰当的,但欧克肖特指出,大学的政治研究从未改变它最初的职业和实践导向。(RP,207—218)

欧克肖特论及教育的最后一些作品——《教育:介入及其挫折》(1972)和《一个学习的地方》(1974)——重新讨论了他早期作品的许多论题。同样,教育被理解为一种对历史传承或精神世界的自觉汇入,尽管这时他使用了《论人类行为》的语言来描述这种交汇。他告诉我们,教育是"一个人突出的标志"。自由,作为人之为人的内在属性,存在于这样一个事实,即"人就是他们所理解的自身之所是",这意味着人是他们习得所成。一个人"有历史而没有'本质'"。(VLL,17—23,63—65)因为如此,人的自我理解不可能脱离对一种历史传承或"文化"的领会和学习参与。在自由教育的语境中,这种文化包括多种多样的语言,我们借助这些语言理解世界和我们自己:例如,自然科学的语言、历史的语言、哲学的语言和诗歌想象的语言。这些语言之间的关系不是论辩性的或等级化的,而是对话性的。欧克肖特写道,我们可能将一种文化的成分

> 当作许多声音,认为每一种声音都表达了对世界的一种独特而限定性的理解,表达了人之自我理解的一种独特的习语,也表达了作为这些声音交汇的文化本身,这样的一些声音只能交汇于一种对话——一种无止境、未经预演的智识冒险,在其中我们想象性地进入理解世界和我们自己的多种模式,既不被它们的差异所困扰,也不因为它们的未有定论而沮丧。也许,我们会将自由的学识认作(首先是)一种想象中的教育,一种对这种对话艺术的自觉汇入,在这种对话中,我们学习识别各种声音,辨别它们不同的言说模式,养成适合于这种对话关系的智识和道德习惯,从而让我们"开启自己的人

生"。(VLL,28—29,37—39)

这是一个华美的段落,这些论及教育的晚期文章,尤其是《一个学习的地方》,都充满了这样精彩的片段。但是,就像在他更早的论文中一样,这些文章中也存在着一种酸楚的笔调,偶尔爆发为嘲笑的蔑视。欧克肖特讥讽杜威以孩子为中心的教育路径,这种路径寻求改变"学校"作为一个场所的含义:学校本来是让孩子"在被设计的指引与限制的条件下"学习,"以启发注意力、专注力、精确性、勇气、耐心和区分辨别的习惯",作为这样一个场所的学校被取代为"一个孩子气的自我放任的舞台",在那里学习被化约为"实验活动"、个人的"发现"和"小组讨论"。(VLL,71—73)但总的来说他最大的蔑视是指向以"社会化"代替教育的规划。在此,教育不是被理解为自觉汇入一种历史文化传承,而是被理解为整合进入当下的社会,是一种为商业和工业生活做出准备的学徒生涯。在欧克肖特看来,1963年论及高等教育的罗宾斯报告是这种以社会化代替教育规划的一个尤其恶劣的例子,这份报告倾向于极大地扩展英国大学的规模,并创建技术大学。当欧克肖特评判由这一规划所带来的教育介入现实的这种堕落现象时,他听上去有一种罕见的启示录式的语调:"以'社会化'代替教育的这种设计已经走得太远,以至于被公认为本世纪最为关键的事情,是压倒我们文化的最大的厄运,是陷入野蛮疯长的一个黑暗年代的开始。"(VLL,31—32,78—93)

欧克肖特严厉谴责将教育改造成现代技术社会附属品的规划,在这方面他与以责骂闻名的同代人利维斯最相像不过。人们可以想象,欧克肖特必定非常赞赏利维斯对斯诺1959年论及"两种文化"的瑞德演讲(Rede Lecture)的奇妙讥评:他指责斯诺对技术进步与经济生产力的理想怀有一种粗俗而毫无自省的肯认。[4]欧克肖特实际上在某处

---

[4] F. R. Leavis, "Two Cultures? The Significance of Lord Snow," reprinted in Leavis, *Nor Shall My Sword: Discourses on Pluralism, Compassion and Social Hope* (London: Chatto and Windus, 1972): 41—74.

提到过"'两种文化'的可笑学说";像利维斯一样,他相当怀疑科学在大学课程设置中所扮演的角色,这并非因为科学不能代表智识探究的一种正当模式,而是因为对科学的追求倾向于采用一种纯粹功利性和职业化的方式,也因为科学通常将自己表征为"所有有效的人类理解的榜样"。(*VLL*,32—33,88—89)有趣的是,罗宾斯报告赞许地提到了斯诺对两种文化的诊断。[5]

然而,欧克肖特并不是完全追随利维斯。利维斯将大学看作是对我们问题的一种解决方案,在面对文化的"飘移"和"瓦解"时提供了指引,可用作一个协调和统一的"意识中心"。[6]而正如我们已经看到的,欧克肖特并不认为,这个世界必然能够从技术的普遍统治和对地球资源的物质主义利用中被拯救出来;他当然也不会让大学担当这个拯救者的角色。相反,他认为大学在其最好的情况下不过是"一个分离之地",在那里人们可以从当前支配世界的"需求和满足的死亡之舞"中求得片刻的喘息。(*VLL*,93)

在此,欧克肖特与其时保守派的教育理论之间的差别也变得清晰可见。(不必说,他的自由教育观与多元文化左派的那种高度政治化的知识和教育观毫无共同之处。)列奥·施特劳斯的弟子艾伦·布鲁姆(Allan Bloom)在他的名著《走向封闭的美国精神:高等教育如何导致了民主的失败,如何导致今日大学生心灵的枯竭》(题目已昭然若揭)中表达了危言耸听的反思,这无疑会让欧克肖特强烈地感到是他曾批判的摩柏利有过的那种危机心态的另一个版本,只是略多一点歇斯底里而已。布鲁姆将我们的危机命名为"相对主义",他指望大学能提供"一种统一的人生观"来拯救民主和学生的灵魂。从这一视角来看,欧克肖特的对话观念显得过于轻飘,有点大难临头仍然清谈高论的意思。

---

[5] 参见有关罗宾斯报告的引文,见于 Leavis, "Luddites? Or Three Is Only One Culture," in *Nor Shall My Sword*, 99。

[6] 参见 Leavis, "The Idea of a University" and "Why Universities?"

欧克肖特的教育哲学似乎也不同于威廉·班尼特（William Bennett）和埃里克·赫希（E. D. Hirsch）关于道德和文化素养的规划。在这种规划中，"精神世界"表现为一份关于凝固的文化事实或道德经验的明细清单，而欧克肖特称之为"判断"的东西在这份清单中毫无踪影。

尽管欧克肖特的教育哲学本身具有吸引力，但它并非没有自己的一些困难。其中最突出的一点是，它未能平衡地处理对智识卓越的明显关切与对平等的考虑或对于民主社会中教育可服务的其他目标的考虑。这一缺陷显见于以下两处：一是他直率地描述了那种只关心向大学"索取"的"新兴阶级"，一是他反对罗宾斯报告所力求的教育机会扩张。在这方面诺埃尔·安南的评价多少是公允的：在欧克肖特论及教育的作品中，"有一种毫不留情的拒绝，拒绝承认生活的种种事实"。[7]

虽然在许多地方，欧克肖特对现代教育中的社会问题之复杂性表现得缺乏敏感，但有一段文字，他以一种令人窒息的精确性捕捉到了当代世界的环境条件，这种环境使年轻人在回应自由教育的邀请时变得格外困难。这段文字出现在《一个学习的地方》一文的结尾，值得全段引述，来为我们对欧克肖特教育哲学的讨论做一个恰当的结论：

> 如今许多孩子成长于其中的这个世界是拥挤的，并不必然聚集着占据者，也完全不是被难忘的经历填满，而是充斥着偶然事件；这是一股永不停歇的洪流，汇聚着诱人的琐碎浅薄之事，它唤起的既不是反思也不是选择，而是即刻的参与。一个孩子很快会意识到他要投入这股洪流或将自己沉浸其中，再快也不为过；若是短暂停歇，就会被害怕"再也无从体验"的这种感受所压倒。他的感知、他的情绪、他的钦慕以及他现成的义愤都不太可能成为有学识的回应，或哪怕只是成为他自己天真的幻想；它们出现在他身上的时候就是预制的、一般

---

[7] Annan, *Our Age*, 397.

化的和统一的。他不断地从一种时髦的遵从倒向另一种……寻求让自己迷失在一种由他的同类复制品构成的团结统一体中。从很小的年纪开始,孩子们就相信自己对这个世界是了如指掌的,但他们对世界的了解仅限于那些围绕着他们的第二手的图像和声音。这个世界对他们来说不留有谜团或神秘;它邀请的既不是细心的关注也不是理解……这个世界仅有一种语言,可以很快地习得:那就是嗜好的语言……这种语言由无意义的陈词滥调所构成。它只允许表达"视角"和不断重复那些被奉为先知言谈的口号。他们的耳朵充斥着嘈杂之声,怂恿他们做出即刻而笼统的反应,而他们的言谈只是复制他们所听到的传言。这样一种话语就像一只狗在它自己吠声的回音中狂叫。(*VLL*,41)

诗的声音

对话的意象虽然首次出现在欧克肖特论及教育的作品,但它在《人类对话中诗的声音》(1959年首次发表)一文中获得了最令人难忘的表达。在此欧克肖特清晰地提出了这一意象对于他总的知识理论所具有的含义。

在《经验及其模式》一书中,经验的多种不同形式——历史、科学和实践——被理解为各种抽象,取自具体的经验整体。虽然欧克肖特拒绝了这样一种黑格尔式的诱惑——确定每一种模式中确切的抽象程度,从而能够在一个逻辑的等级结构中安置它们,但他仍然依据哲学所追寻的具体的经验整体来衡量这些模式,并发现它们是自相矛盾的和不融贯的。从具体的哲学立场来看,这些模式只是对追寻绝对融贯之经验世界的偏离,因此需要被避免或摒弃。

在《人类对话中诗的声音》一文中,《经验及其模式》的一元论被抛弃,取而代之的是蕴含在对话意象中的多元论。欧克肖特写道:"在一场对话中,参与者并不是卷入一种问询或辩论,不存在有待发现的'真理',有待证明的命题,有待寻求的结论。……对话本身并不包含一种论证。"(RP,489)用《经验及其模式》的语言来说,并不存在一个要被企及的绝对融贯的经验世界,据此各种模式就可被判作是有缺陷的。的确,这些模式不再能够(像斯宾诺莎那样)被理解为对那个具体的经验整体的变型或取自它的抽象:"在这种对话中,不存在……任何没有它自己方言的声音:各种声音并不是从某一种理想的、无方言性的言谈方式中偏离出来的分支,它们仅仅是相互偏离。"(RP,497)

所有这些暗含了一种哲学观,与《经验及其模式》中所辩护的哲学观大为不同。哲学不再能够被理解为"没有预设、保留、抑制或变型的经验"。(EM,2)的确,欧克肖特现在承认:"我自己并不知道将一种完全从程式或一个'客体'世界中释放出来的经验置于何处,这一客体世界不是一个意象的世界,也完全不受各种斟酌的掌控。"(RP,512)哲学也不能够被赋予这样的职责:检测多种不同的经验模式,以确定它们是否满足融贯的标准,倘若它们不满足这种标准就摒弃它们。在《人类对话中诗的声音》一文所构想的那种多元主义的对话中"并不存在主持人或仲裁者,甚至不存在一个检查资格证书的看门人。每一个进入者都按其表面价值被接受,而且任何事情都被允许,只要它能够让自己接受源源不断的推测。对话中的所有声音并不构成一个等级结构"。(RP,490)虽然哲学被剥夺了它面对经验模式的批判性权威,但哲学在对话中仍然保留了一种特殊的"寄生"地位:它反思"每一种声音的品质和风格",以及"各种声音相互的关系",但对于这种对话"它不做出任何具体的贡献"。(RP,491)

依据这种对话的意象,欧克肖特展开了对人类活动"汇聚之地"的初步讨论,由此出发,他继而进入了这篇论文的核心关切,即诗歌,他在诗歌的名下囊括了所有不同形式的艺术:绘画、雕塑、音乐、舞蹈、文学等等。欧克肖特认为,在我们当下的环境中,对诗的思考之所以尤为紧迫,是因为人类的对话已经变得"单调",归咎于科学和实践声音的支配,而实践的声音是以政治为形式。在《政治中的理性主义》一书的序言中,他提出了他思考诗歌的另一个理由:这是"对《经验及其模式》中一句愚蠢之言的迟到的收回"。我将以这句晚期的评论作为我讨论的出发点。

欧克肖特所提及的那句愚蠢之言:"因为在(艺术、音乐和诗歌之中),最终,我们完全被实践生活占据。"(*EM*, 297)他并没有引申这句话,而只是做了一个脚注,引用了里尔克(Rilke)早期小说集《最后》(*Die Letzten*)中的一段话:

> 艺术是童年。艺术意味着不要去了解世界已经存在,而是去创造一个世界:不是破坏那些被发现已经存在的事物,而是根本没发现任何现成的事物。除了可能性和希望,别无他物。随后,突然间,有了满足、夏日和太阳。不由自主地,对此不置一词。从未完成,从未有过第七日。从未看到一切都好。不满本身就是青春。[8]

毫无疑问,正是这个段落中提及的未完成与不满,才使欧克肖特引用了它,来支持他认为艺术属于实践经验的观点。根据《经验及其模式》的论证,实践经验绝不可能确定地调和"实然"与"应然"之间的矛盾;"永久的不满……是内在于实践经验的。"(*EM*, 303—304)

从欧克肖特在《经验及其模式》里那个谈及艺术的——与其说是愚蠢不如说是隐晦的——句子中能够获得的东西大致如此。然而,在他早期的另一些作品中存在着一些线索,暗示了为什么他起初会将艺术等同于实践经验。在这些作品中,我们常常发现欧克肖特谈及实践

---

[8] 这个段落援引自《经验及其模式》的第 297 页,亦见于 Rainier Maria Rilke, *Erzählungen und Skizzen aus der Frühzeit* (Leipzig: Insel-Verlag, 1928), 280。

生活以诗的方式处在其最佳或最强烈的状况之中。这是他从佩特那里受到的影响,佩特将艺术视为这样一种活动:将"最高的品质"赋予我们的时刻,且"仅仅是为了这些时刻本身的缘故"。〔9〕例如,在《宗教与世界》一文中,欧克肖特将宗教等同于"活生生的敏感性"、"当下的洞见"、"一种更勇敢和敏感的生活方式"、"一种在它的每一个时刻中都承载着其全部意义和价值的人生",当他这样说的时候有时就很难分辨他到底是在谈论诗歌还是宗教。重要的是,支持这一宗教敏感性的几乎所有证据都来自诗歌——渥兹华斯、歌德、佩特,以及出现在这篇文章最后几行的雪莱为济慈所作的挽歌。欧克肖特在这篇文章中呈现的正是这样一种高度诗化的宗教观,我们将会看到在《论人类行为》一书中也是如此。而或许正是因为他察觉到了诗歌与宗教之间有着如此紧密的关联,所以才导致他起初将诗歌如同宗教一样归于实践经验。〔10〕在《经验及其模式》中,他评论道:"最彻底和最积极的实践生活是艺术家或神秘主义者的生活。"(*EM*,297)

有必要指出,欧克肖特将诗歌等同于实践生活,他的意思并不是暗示诗歌应该以某种方式变得实用,传授道德教益或激发政治行动。倘若如此,里尔克就不会是那个他要引用的诗人。欧克肖特并不是要将诗歌同化为实践生活的功利算计,而恰恰相反:他认为诗歌能够将实践生活提升到高于手段与目的以及"外在成就"的功利领域。在此佩特又一次提供了线索。佩特完全可以在同一个时刻既坚持为艺术而艺术的学说,又将最高的实践甚至道德功能加之于艺术。正如他在论及渥兹华斯的文章中写的那样:"以艺术的精神对待生活,就是使生活变成这样一桩事情,在其中手段与目的是等同的:鼓励这样一种对待生活的

---

〔9〕 Pater, *The Renaissance*, 153.
〔10〕 欧克肖特将诗歌与宗教相联系的理路可以一直追溯到他早期的论文:"Essay on the Relations of Philosophy, Poetry, and Reality"(BLPES, File 1/1/33),尽管在这篇论文中,这两种"直觉性的"经验形式被视为不仅仅提供了强烈的实践满足,而且开辟了通向终极实在的路径。

方式,即为艺术和诗歌的真正道德意义。"[11]生活的艺术就是对待生活有如一件艺术作品。

到了1930年代后期,也许是在科林伍德的影响下——他的《艺术原理》一书在1938年受到了欧克肖特热忱的评论——欧克肖特似乎与这种对艺术与生活之关系的佩特式理解渐行渐远。在《关于政治的主张》(1938)中,他提出这样的观点,诗歌不能——像1930年代那些政治性介入的诗歌试图所做的那样——对政治或社会生活做出直接的贡献,尽管如此,诗歌仍然可以通过再造社会的价值来做出一种间接的贡献:"诗人和艺术家的天才,以及(在更小的范围内)哲学家的天才,就是去创造和再造他们社会的价值。在他们那里,一个社会变得对自身,对其自身整体具有意识和批判性。"通过使社会具备自我知识从而再造社会价值,艺术家和诗人可以保护社会免受可能降临于它的最具毁灭性的败坏——"意识的败坏"。(*RPML*,95)评论者曾有争议,欧克肖特在《关于政治的主张》中所表达的关于艺术的立场,是对此前——在《经验及其模式》中将艺术等同于实践生活的——观点的一种后退还是延续。但这种争议错失了欧克肖特从早期到后期这一立场转变的真正本质。《关于政治的主张》一文的关键转变不在于艺术变得具有更强的还是更弱的实践性,而是在于它获得了一种更社会性的功能。与他早先的佩特式的个人主义相比,现在欧克肖特以黑格尔的方式将艺术视为对社会整体的自觉意识。

正如第三章所指出的那样,欧克肖特从科林伍德的《艺术原理》中借用了"意识的败坏"这一概念。由于科林伍德的这本著作为艺术的表现理论辩护,而这是后来欧克肖特在《人类对话中诗的声音》一文中明确反对的理论,因此就值得考察这篇文章的基本论证。根据科林伍德的观点,艺术不仅仅是表征(这将会把艺术化约为"手艺"或技术技

---

[11]　Walter Pater, *Appreciations* (Oxford: Basil Blackwell, 1967), 61—62.

能);它也不为实践服务(艺术作为"魔法");它也不只是为了被享受或提供欢愉而存在(艺术作为"消遣")。艺术是对情感的表现。然而,这种提法必须得到恰当的理解。科林伍德的意思并不是说,一件艺术作品仅仅是一种手法,用以表现预先形成的情感:"艺术家直到表现出了某个经验之前并不知道这个要求表现的经验是什么。只有当诗歌在他心灵中或者当黏土在他手指间成型的时候,他想要讲的东西……才对他变得清晰。"[12]艺术家所表现的情感也不只是他自己的;它们也是其受众的情感,并最终是其共同体的情感。共同体的情感先于表达而存在,但只是处在混乱和模糊的状态,艺术家通过表现他的共同体的情感,他就使这个共同体意识到自身,并保护它抵抗"意识的败坏"——存在于否认或无力掌控自己的情感。这正是像艾略特那样的诗人在《荒原》(*The Waste Land*)中所做的事情。这位艺术家

> 冒着令他的观众不快的风险,说出了他们自己心中的秘密。他作为一个艺术家的职责就在于畅所欲言、直抒胸臆……作为其共同体的发言人,他必须说出的秘密是他们大家的。他们需要他的理由就是,没有一个共同体能全然了解自己的内心;由于缺乏对自己心灵的知识,一个共同体就会在这样一个主题上欺骗自己,而对这个主题来说,无知就意味着死亡……艺术是共同体的良药,用于医治最严重的心智疾患——意识的败坏。[13]

在这一背景下,我们现在可以回到《人类对话中诗的声音》一文的论证。正如此前已经提到的,激发欧克肖特对诗歌做出哲学思考的原因之一是,我们文明的对话已经变得屈从于科学和实践声音的支配。所以,为了确定诗歌在人类活动图景中所占据的特定位置,他首先要对

---

[12] Collingwood, *Principles of Art*, 29.
[13] Ibid., 336.

实践和科学活动已占据的位置做些讨论。他对这两种活动所做的讨论在相当大的程度上响应了他在《经验及其模式》中对它们的描述,尽管现在他用的术语是想象的模式而非思维的模式,是意象的世界而非观念的世界。在实践活动中,我们围绕着这样一个世界,它是由许多意象构成的,欲求和厌恶的意象,以及赞成与反对的意象。实践活动是意愿形式(sub specie voluntatis)以及道德形式(sub specie moris)中的世界。另一方面,构成科学世界的意象独立于我们的希望和欲求;它们是以普遍性、可交流性和非个人性为特征的。科学的世界仅仅包含那些可度量的意象;它是数量形式(sub specie quantitatis)中的世界。(RP,495—508)

与科学和实践这两者形成对照,欧克肖特将诗歌界定为"沉思"或"喜悦"的活动。佩特也将艺术界定为沉思冥想,当他使用这样的术语——"一种仅仅为了注视之愉悦而注视的类型"[14]——的时候,佩特对欧克肖特心中所想的东西给出了一个简洁的描述。除此之外,欧克肖特坚持认为,不同于科学或实践中所发现的意象,诗的意象是"纯粹的意象",那种不要求区分事实与非事实或真相与虚假的意象。(值得注意的是,《经验及其模式》的一元论格局中没有任何空间是留给这样一个"纯粹"意象或观念的世界、一个与现实无涉的世界。)诗的意象不会激发道德上的赞成或反对;它们只会激发出不可传递的愉悦。诗人并不寻求传达关于人类境况的某种深层的道德真理或精神真理:他"就像一个女孩捆束鲜花那样来安排他的意象,考虑的只是它们会如何相互配合地呈现出来"。(RP,509—517)

欧克肖特将诗歌看作为了沉思意象的纯粹愉悦而沉思意象,这种诗歌观本身对立于两种常见的在美学史上享有崇高地位的信念:第一种信念是,诗歌具有有益的实践效用或道德效用;第二种信念是,诗歌以某种方式与真理(真相)相关联。欧克肖特在对第一种信念的反驳

---

[14] Pater, *Appreciations*, 61—62.

中当然可以找到很好的同道:从康德到奥斯卡·王尔德,康德主张审美快感是纯粹"利益无涉的",无关于实践的有用性;王尔德宣称"所有艺术都是相当无用的"。更相近的是爱德华·布洛(Edward Bullough),他是欧克肖特在凯斯学院的同仁,欧克肖特为他写过一篇很长的讣告。布洛捍卫某种版本的"为艺术而艺术"的学说,他在与对象的"心理距离"中发现了审美经验的独特原则,而这种距离使利益无涉的沉思成为可能。[15] 布洛给出了一个欧克肖特可能会喜欢的例子来阐明他的心理距离概念,他对比了看待海上迷雾的实践态度与审美态度之间的区别。实践态度只看到迷雾的危险,且充满了焦虑;而审美态度却能欣赏迷雾如牛奶般的混浊、海水如奶油般的柔滑,以及欣赏"那种陌生的孤独和对世界的疏离"。[16]

当欧克肖特否认艺术在任何直接意义上是实用的、有用的或道德的这种观点时,他无疑表达了一个言之有据的论点;但是,他有时将这一论点推向荒唐的(或至少不是惯常的)结论。例如,他否定我们能够正当地使安娜·卡列尼娜、吉姆爷(Lord Jim)、伊阿古(Iago)或桑塞维利纳公爵夫人(Duchess Sanseverina)的行为和性格接受道德上的赞成或反对。(RP,520)这在某种字面意义上可能是正确的,毕竟这些都是虚构的人物,但是我们当然也可以根据他们的道德品质来考量这些人物,这可能就会引发赞成或反对、钦慕、蔑视或怜悯。[17] 有许多作者都认为诗歌不具有任何直接的道德或实践效用,例如席勒、渥兹华斯、济慈、雪莱、阿诺德、佩特,甚至是布洛。尽管如此,他们却肯定诗歌可以

---

[15] Edward Bullough, "Psychical Distance' as a Factor in Art and an Aesthetic Principle," in *Aesthetics: Lectures and Essays*, ed. Elizabeth M. Wilkinson (London: Bowes and Bowes, 1957). 这篇论文首次发表于 1912 年。这本书还收入了布洛从 1907 年至 1934 年他逝世前每年在剑桥的讲座"现代美学观"(The Modern Conception of Aesthetics)。欧克肖特为布洛所写的讣告刊载于 *The Caian* 43 (Michaelmas term, 1934):I—II。

[16] Bullough, "Psychical Distance," 93—94.

[17] Grant, *Oakeshott*, 107—108.

净化我们的情操、扩展我们的同情心、增强我们的敏感性。科林伍德也反对将艺术视为宣传或服务于实践的这种观念——他所谓的"魔法"艺术,但他仍然坚持认为艺术在保护社会抵抗"意识的败坏"中发挥着关键作用。有趣的是,欧克肖特明确反对艺术可以实现这后一种实用功能,因而也就否定了他在《关于政治的主张》一文中所持的观点。(*RP*,533)

第二个争论的议题是诗传达真或者(如济慈的希腊古瓮所体现的那样)美就是真,在这方面欧克肖特再次通过一种难以令人信服的字面释义法来推进论述。他否认诗人可以从事对实际事物的描述:母牛、麦田、女店员、五月的清晨、墓地或希腊古瓮。这并不是个新闻。他怀疑真理的概念何以能够应用于这样一类意象,比如叶芝的"啊,渴望大海的饥饿的大海"、一首16世纪的胡话诗以及安娜·卡列尼娜。(*RP*,522)无可否认,对诗文中孤立的一行或一首极力胡言乱语的诗来应用真理(真相)的概念是困难的,但是,对于欧克肖特的第三个例子安娜·卡列尼娜,却未如此。这个人物的力量难道不在于她情感上的真,不在于她反映了真实的情感或情感之间的真实冲突这样一个事实吗?

欧克肖特认识到,对于诗与真相联的观点存在着一些相对可信的表达版本。也许其中最重要的一个观点是,诗歌是情感经验的一种表现。遗憾的是,欧克肖特的考虑针对的是这种观点的最不可信的表达形式。他否定像《沮丧颂》("Dejection:An Ode")那样的诗歌是企图激起读者的沮丧,也否定这样一首诗可以被理解为仅仅是表现了"已经清晰的一种精神意象"。"一个诗人不会做以下三件事:首先体验或观察或回忆一种情感,然后对此沉思,最后寻求一种手法来表现他沉思的结果;他只做一件事:他诗意地想象。"(*RP*,525)但是,这套说法与艺术作为表现的理论——比如说科林伍德所阐述的那种理论——毫无关系。对科林伍德而言,情感的唤起属于被误解为魔法或消遣的艺术。而且,正如我们已经看到的,他反对这样一种艺术的观念:艺术仅仅是一种手法,用以表现预先形成的情感。同样,在科林伍德看来,一个诗人不是做三件而是只做一件事情:表现或用语言传达那些属于我们个体或集体存在的初生朦胧的情感。

欧克肖特主张,如果说有哪首诗应该符合表现理论,那就是济慈的《忧郁颂》("Ode to Melancholy"),然而它并不符合。他又一次将表现理论化约为一幅漫画。他争辩说:"这首诗完全可以由一个多血质的人来创作,它本身从未体验过抑郁。"(RP,526)但是,对表现理论做这样的理解恰恰犯了科林伍德所谓的"审美个人主义"的错误,认为艺术家所表现的情感只是他自己的,而不是其受众和共同体的情感。再者,我们也不清楚,一个人如果从未体验过逃向理想之美的强烈渴望,以及这种渴望最终的徒劳无获——这种体验是《忧郁颂》的核心,他是否可能写出这样一首诗。欧克肖特还争辩说,这首诗不是有意要激发读者的忧郁,但是正如我们已经看到的,这不是表现理论的一个必要元素。最后,他争辩说,这首诗并不是由"忧郁"一词所象征的那种情感,这样说并不错,但完全没有谈到这首诗是否无关于一种复杂的情感,对于这种情感,"忧郁"一词可以在抽象和不充分象征的意义上予以表示。所有这些都不是在说,艺术的表现理论必定是正确的理论,只是在说欧克肖特并没有能够反驳最可信版本的表现理论。

由于欧克肖特认识到他对诗歌高度形式主义的理解有可能导致将诗歌隔绝于人类的对话,他提出,实践生活中存在着许多对"沉思想象"的暗示,使它们之间的一种"共同理解"成为可能。例如,在爱和友谊中,我们似乎可以不去理会那些界定了实践生活特征的功利的驱使和道德上的赞成与反对:"朋友和爱人并不关心可以利用彼此获取什么,而只关心相互带来的乐趣……朋友间的友谊是戏剧性的,而非功利性的。"在康德式的"道德之善"的经验中,我们似乎也能找到"摆脱了所作所为之致命性的一种释然和一种臻于完美的可能,这暗示着诗"。(RP,536—538)以这样的方式在实践生活与诗歌之间建立起桥梁,由此欧克肖特似乎也允许诗歌对实践生活发挥一种微妙效用的可能:"对诗的声音保持灵敏的听觉,这是有意去选择愉悦而不是快感或美德或知识,这种倾向本身会在实践生活中有所反映,体现为青睐它对诗歌的暗示。"(*RP*,540)在此,《经验及其模式》中那句"愚蠢之言"所表达的那种情绪,还若隐若现地存留在欧克肖特那个"迟到的收回"中。

欧克肖特的那句声明肯认了诗歌与实践之间的对话,其中包含着一些线索,倘若他能继续追随这些线索就好了。而实际上,《人类对话中诗的声音》表达了一种审美的形式主义,过于严格地限制了艺术的实践和智识意义。这篇文章有益地矫正了那些简单化的艺术理论——重视艺术仅仅是因为它的教化特征或其社会和政治功用,尽管如此,它仍然未能公允地处理存在于诗歌与真理以及诗歌与实践之间的复杂关系。先前的《关于政治的主张》一文在许多方面代表了一种更具前景的把握艺术本质的进路。在那里,欧克肖特并没有让艺术仅仅变成政治的附属品,但他也表明,艺术何以能够不仅提升形式上的"愉悦",而且还能够减少社会对自身的无知从而对社会做出贡献。正如一位最纯粹的诗歌之美的推崇者曾经写到的那样:

> 当然,不是所有那些唱给世界之耳的旋律都是无用的;当然,一名诗人是一位圣贤;一位人道主义者,所有人的医师。[18]

历史的声音

欧克肖特在他整个生涯中致力于将人类对话从科学和实践的独白倾向中拯救出来,而人类对话中有另外一个声音,那就是历史的声音。1958年,也就是《人类对话中诗的声音》发表前一年,他发表了一篇题为《作为一个历史学家的活动》("The Activity of Being an Historian")的

---

[18] John Keats, "The Fall of Hyperion," Canto I, lines 187—190.

文章。在这篇文章中,他重访了知识的形式,这在《经验及其模式》中已经被处理得非常大胆且具有启发性。虽然这篇文章对历史的分析紧密地追随了早先在《经验及其模式》中的分析,但仍然存在一个重要的区别。《人类对话中诗的声音》表达了一种哲学与其他经验形式之关系的非等级性观念,与这个观念相一致,在此所考察的历史是被当作一种"融贯的思考世界的方式"(*RP*,152)而不是依据一个观念性的具体整体将历史判作一种抽象的或有缺陷的经验模式。虽然欧克肖特仍继续谈论作为一种经验"模式"的历史,但他的模式性概念已经有所改变,不同于在《经验及其模式》中所辩护的那种绝对观念主义的模式性概念。对模式性的理解不再是依据对具体整体的抽象或其变型,而是更确切地说(正如他在《论历史》中最为清晰地指出的那样)将模式性理解为"相关性的条件,这些条件构成了一个独特种类的探询,并将它既区别于在所有可能进展之事的混乱中胡乱摸索,也区别于其他种类的同样独特的探询"。(*OH*,2)

除了这一变化,《作为一个历史学家的活动》与《经验及其模式》相距了25年之久,期间在英国已经有了一次对历史哲学兴趣的激增。这一兴趣激增的重要里程碑是1946年科林伍德的遗作《历史的观念》出版。科林伍德的健康恶化并于1943年英年早逝,这使他无法完成这本书对历史知识问题的论述,而这一问题是他长久以来想要写作的主题。尽管如此,《历史的观念》所包含的这些片段,对他历史理论的核心原则给出了一个相当清晰的思想轮廓:首先,历史截然不同于自然科学,因为历史关注的是事件的"内在的一面"或"思想的一面"("一切历史都是思想史");其次,据此,历史"是在历史学家自己的心灵中重演过去的思想"。[19]

欧克肖特为《历史的观念》写了一篇厚道的书评,他评论说:"虽然

---

[19] R. G. Collingwood, *The Idea of History* (Oxford: Clarendon Press, 1946), 213—215;关于历史重演学说,参见282—302。

它是未完成的,也有些散乱,但它足以表明,假如(科林伍德)不是碍于疾病和早逝,他能够为历史知识所做的事情,会相当于康德对自然科学所做的。"他也赞赏科林伍德是一位富有想象力的观念史家,把握了作为观念史家的任务所在,那就是"去理解一位作者,比他对自己的理解更为深刻,这就像(例如)封建社会历史学家的任务在于更为深刻地去理解那个社会,比任何一个仅仅享受其中的人可能的理解都更为深刻"。[20]这用在科林伍德身上是一种奇怪的说法,这位思想家的核心历史学说是,历史是在历史学家自己的心灵中**重演**过去的思想。的确,欧克肖特在后来的作品中明确反对科林伍德的历史重演学说,因为它恰恰未能把握历史学家的任务是去理解"人和事件,比他们活着和它们发生时所获得的理解更为深刻"。[21]

在此,对比欧克肖特与列奥·施特劳斯对科林伍德的批评是相当有意思的,施特劳斯的批评见于《论科林伍德的历史哲学》("On Collingwood's Philosophy of History")一文,他着眼于科林伍德的这样一个论点:历史学家在重演过去的思想时,也必须以当下的立场来批评这一思想。施特劳斯认为,这样一个过程妨碍了历史学家去完成其真正的任务——理解一位作者就像他理解他自己一样。[22]尽管就历史学家之任务的本质而言,施特劳斯与欧克肖特截然不同,但欧克肖特无疑会同意施特劳斯所表明的一个反对科林伍德的论点。施特劳斯不留情面

---

[20] Oakeshott, Review of *The Idea of History*, 84—85.

[21] Oakeshott, "Mr. Carr's First Volume," *Cambridge Journal* 4 (1950—1951): 350; 另见 Oakeshott's review of *An Introduction to Philosophy of History*, by W. H. Walsh, *Philosophical Quarterly* 2 (1952): 277。马克·布洛克(Marc Bloch)做过类似的主张,即历史学家对过去的理解比之任何参与者的理解具有优越性,参见 *The Historian's Craft*, trans. Peter Putnam (New York: Alfred E. Knopf, 1953), e.g., 50。布洛克的这一观点最近被约翰·加迪斯(John Lewis Gaddis)援引,加迪斯采用卡斯帕·弗里德里希(Caspar David Friedrich)的画作《雾海中的流浪者》(*Der Wanderer über dem Nebelmeer*)以体现历史学家的这种更为广阔的视野;参见 *The Landscape of History: How Historians Map the Past* (Oxford: Oxford University Press, 2002), 4—5。

[22] Leo Strauss, "On Collingwood's Philosophy of History," *Review of Metaphysics* 5 (1952): 573—585.

地暴露了科林伍德历史哲学中的辉格元素,所针对的是《历史的观念》中的一些段落,在那里科林伍德建议,科学的历史是从历史学家的当下立场来看待过去,这表明当下可以开始产生影响。[23] 在这些段落中,科林伍德犯了这样一个错误,就是以某种方式回溯性地解读过去,欧克肖特指责这种方式是一种实用性过去而非历史性过去的标志。

　　无论他们的具体分歧是什么,在英国战后关于历史学本质的辩论中,欧克肖特和科林伍德大体上被一道归为观念论哲学家,他们都抵制实证主义,并寻求建立与自然科学相对的历史知识的自主性。然而,他们对实证主义的抨击并不是没有引起回响。像卡尔·波普尔那样的哲学家试图形成一套科学的、因果性的解释理论,能够同时应用于历史和自然科学。[24] 依据科学解释的范畴来理解历史,这样一种努力常被引用的权威性篇章是卡尔·亨佩尔(Carl Hempel)1942 年的文章《普遍定律在历史中的功用》("The Function of General Laws in History")。在这篇文章中,亨佩尔指出,历史的解释或隐含地或不成熟地借助了普遍定律,将事件以因果的方式联系起来。[25] 这后来被称为历史解释的"覆盖律模型"(covering law model),在 1940 年代至 1950 年代引起了哲学家之间的热烈辩论。诸如莫顿·怀特(Morton White)、莫里斯·曼德尔鲍姆(Maurice Mandelbaum)和帕特里克·加迪纳(Patrick Gardiner)等哲学家试图改进这个模型,而威廉·德雷(William Dray)、艾伦·多纳根(Alan Donagan)、沃尔特·盖利(W. B. Gallie)和亚瑟·丹图(Arthur Danto)等哲学家则拒绝这个模型,他们常常探索叙事(narrative),将其

---

[23] Ibid., 561—564, 566—574.
[24] 参见 Karl Popper, *The Open Society and Its Enemies* (London: Routledge, 1945), ch. 25 and *The Poverty of Historicism* (Boston: Beacon, 1957)。在前一部著作(vol. 2, 342 n7)和后一部著作(144n)中,波普尔都宣称了对这种(历史)解释的覆盖律模型的作者身份。
[25] Carl Hempel, "The Function of General Laws in History," *Journal of Philosophy* 39 (1942): 35—48.

作为一种另类形式的解释。[26]

在反驳实证主义历史观的努力中,一个更为引人注目的例子来自以赛亚·伯林,见于他的《历史的不可避免性》一文。这篇文章最初是伯林以演讲的形式于 1953 年在伦敦经济学院发表的,当时欧克肖特为这个讲座给出了他著名的具有反讽意味的引介。在这篇文章中,伯林反对那种"观念——在一系列历史事件中人们能够发现宏观的模式或规则性";反对那种看法——历史是被决定的,不是由个体而是由"巨大的非人格化力量"所决定,这些力量要么是目的论的,要么是因果性的。伯林列出与这种决定论的历史观念相关联的人物名字,从波舒哀(Bossuet)、谢林和黑格尔,到孔多塞(Condorcet)、孔德、马克思、斯宾格勒和汤因比。[27]

在反对这样一种行而上学的和实证主义的历史哲学时,伯林当然与欧克肖特的意见一致,但他反对这种哲学的理由则与欧克肖特相当不同。欧克肖特强调历史性过去与实践性过去之间的差别,而伯林则指出历史决定论是可怀疑的,恰恰是因为它有悖于我们对道德和实践行动的日常言谈和思考方式。只有当历史的解释符合我们的实践经验和我们日常的道德责任概念时——伯林所谓的"现实感"——这些解释才是令人信服的。出于这一理由,伯林反对赫伯特·巴特菲尔德(和欧克肖特)的这样一个论点:历史学家应当避免对历史的行动者和行动

---

[26] 参见 Morton White, "Historical Explanation," *Mind* 52 (1943): 212—229; Patrick Gardiner, *The Nature of Historical Explanation* (Oxford: Oxford University Press, 1952); William Dray, *Laws and Explanation in History* (London: Oxford University Press, 1957); Maurice Mandelbaum, "Historical Explanation: The Problem of 'Covering Laws,'" *History and Theory* 1 (1961): 229—242; W. B. Gallie, *Philosophy and the Historical Understanding* (London: Chatto and Windus, 1964); Arthur Danto, *Analytical Philosophy of History* (Cambridge: Cambridge University Press, 1965)。*Theory of History*, ed. Patrick Gardiner (Glencoe: Free Press, 1959) 这部选集也囊括了许多与这一论题相关的文章。

[27] Isaiah Berlin, "Historical Inevitability," in Berlin, *The Proper Study of Mankind* (New York: Farrar, Strauss and Giroux, 1997), 121—145.

施加道德判断；他反而与施特劳斯意见一致，认为价值判断是内在于历史写作的："纯粹描述性的、完全去个人化的历史仍然保持为它一贯所是的样子——一种抽象理论的臆造、一种对前辈之伪善与虚荣的极度夸大的反应。"[28]

《历史的不可避免性》一文所针对的主要批评目标之一是富有争议的俄国革命史学家爱德华·卡尔（E. H. Carr）。伯林与卡尔在1950年代就历史决定论展开了持久激烈的辩论，当伯林在LSE发表演讲时，卡尔正好在观众席中。[29]卡尔在1961年的一系列演讲中回应了伯林的抨击，这些演讲受到极大的欢迎——却也有些不可思议的混乱——汇编为《历史是什么？》（What Is History?）一书。这些演讲援引科林伍德与欧克肖特作为支持，始于一个无可争议的观察，那就是"阐释的元素进入了每个历史事实"。然而，卡尔继而在一个高度争议和相对主义的方向上发展了这一无可争议的观察，奉劝历史的读者"在开始研究事实之前，先要去研究历史学家"，而"在研究历史学家之前，先要研究其所处的历史和社会环境"。在这个引起了他与伯林争议的问题上，卡尔确认历史包含了对起因的研究——尽管伯林从未真正否认这一点。真正有所争议的是他所提出的历史重要性标准——对于未来的相关性——历史学家依据这一标准来选择在其解释中要强调哪些起因。历史"无可避免是胜利者的故事"。最终让历史学家感兴趣的是那些最终在历史上胜出的人物或事件，而历史学家由此建构其论述，来突出那些引发或促成了这一胜出结局的事件。[30]伯林在他对卡尔著作的评

---

[28] Ibid., 145—159, 156—170；另见 Berlin, "The Concept of Scientific History," in *The Proper Study of Mankind*, 41—58。

[29] 关于伯林和卡尔的辩论，参见 Mehta, *Fly and the Fly-Bottle*, 123—130; Jonathan Haslam, *The Vices of Integrity: E. H. Carr, 1892—1982* (London: Verso, 1999), 196—203。

[30] E. H. Carr, *What Is History?* (New York: Vintage, 1961), 10—11, 23—26, 42, 54, 113—143, 158—176.

论中将此称为"大军营"(big battalion)历史观。[31]

欧克肖特没有评论过《历史是什么?》,但在1951年他写过一篇书评,评论的是卡尔的巨著《苏维埃俄国的历史》(History of Soviet Russia)第一卷。这本书的序言已经包含了一些线索,显示了欧克肖特所谓的"卡尔先生对于如何书写历史的非常奇特的观念"。欧克肖特着眼于论说卡尔的历史编纂学方法的两个面向。其一是卡尔那种回溯性书写历史的"不幸的"倾向,只认可历史舞台上的胜利者,而将失败的原因和被消灭的人群归入另侧。欧克肖特写道:"偏袒胜出者的那种偏见,远比任何单纯的党派偏见更为败坏";而且,"作为胜利者故事的历史总是被缩略的历史"。[32]其二,欧克肖特批评卡尔采纳了俄国革命行动者的那种标新立异的观点和"异常个人性的语言",从而未能完成一个实质性的工作——让它们脱离实践的习语,转化成历史学的语言。欧克肖特的批评不只针对卡尔,也针对科林伍德的历史重演学说,他写道:"历史学家是他的事件的制造者;这些事件对他来说具有一种意义,却不同于对这些事件的参与者所具有的意义,而他也不会用和参与者相同的方式来谈论这些事件。"书写历史的艺术是"理解人和事件的艺术,比他们活着和它们发生时所获得的理解更为深刻"。[33]

1950年代和1960年代的英国不仅产生了大量关于历史本质的理论化学说,而且涌现了一大批杰出的和具有方法论自觉的历史学家:马克思主义者诸如摩西斯·芬利(Moses Finley)、克里斯多夫·希尔(Christopher Hill)、爱德华·汤普森(E. P. Thompson)、雷蒙·威廉姆斯(Raymond Williams)和埃里克·霍布斯鲍姆(Eric Hobsbawm)等;争

---

[31] Isaiah Berlin, "Mr. Carr's Big Battalions," *New Statesman*, 5 January 1962, 15—16.
[32] Oakeshott, "Mr. Carr's First Volume," 345—346.
[33] Ibid., 346—350. 欧克肖特在一年后所写的一篇评论文章中明确提及科林伍德的重演学说,指出"这一观点的主要困难在于,对过去的一种历史叙述至少意在呈现某种当时从未存在于任何人脑海中的东西;历史学家至少似乎拥有一种思考过去的方式,这种方式是任何活在那个过去的人所不可能拥有的"。(Review of Walsh, 277)

议派的史学家诸如休·特雷弗－罗珀(Hugh Trevor-Roper)和艾伦·泰勒(A. J. P. Taylor)等；以及难以归类的作者诸如约翰·普鲁布(J. H. Plumb)、劳伦斯·斯通(Lawrance Stone)和杰弗里·埃尔顿(Geoffrey Elton)等。但与欧克肖特享有最深的亲和性的历史学家是他在剑桥的老朋友赫伯特·巴特菲尔德。巴特菲尔德1931年的论文《历史的辉格派阐释》捍卫了那种为历史本身而研究历史的理想，这也是欧克肖特在《经验及其模式》中所捍卫的理想；这篇文章所抨击的许多历史谬误也同样是欧克肖特的抨击对象：参照当下来阐释过去；节略历史的倾向；对起源的寻求；以及对历史的行动者和行动施加道德判断。

欧克肖特评论过巴特菲尔德在1949年至1957年间的三部著作：《现代科学的起源：1300—1800》(The Origins of Modern Science：1300—1800,1949)、《人论其过去》(Man on His Past,1955)和《乔治三世与历史学家》(George III and the Historians,1957)。欧克肖特对第一部著作的印象尤为深刻,这部著作试图以一种非辉格史学派的方式来叙述现代科学的历史。巴特菲尔德没有——像卡尔可能会做的那样——将这段历史解读为胜利者的故事,其中只显现正面成就的重要意义；相反,他表明了这样一个论点：将失败的原因、绝境以及未遂的努力都呈现出来,它们自始至终都对关于科学的真正的历史理解具有重要的意义。欧克肖特赞许巴特菲尔德避免了回溯性解读过去的陷阱,也赞许他认识到"历史,无论是人物还是事件的历史,都是孤独的伟大者、陌生和不可预料者的敌人",因此是依据"连续性"的原则来解释变迁。〔34〕欧克肖特也赞同巴特菲尔德在《乔治三世与历史学家》中对路易斯·纳米尔(Lewis Namier)极具影响力的历史研究方法的批判,这种方法试图完全依据一种多少有些决定论式的"政治结构"来解释个体的行动和

---

〔34〕 Oakeshott, Review of *The Origins of Modern Science*, 1300—1800, by Herbert Butterfield, *Times Literary Supplement*, 25 November 1949, 761—763.

信念。[35]

对于战后英国的历史思考,我已经展开了一些细节讨论,这是为了表明历史编纂学问题在欧克肖特撰写《作为一个历史学家的活动》一文时具有多大的影响,也是为了突出欧克肖特探讨这些问题的方法的独特性。我们现在可以转到《作为一个历史学家的活动》的论证,它响应了上文提及的那些评论文章所围绕的许多论题。有趣的是,欧克肖特一开始就搁置了那个令许多他的同代人操心费神的问题——试图将历史理解为"一种探询,意在通过将过去事件揭示为普遍定律的具体事例,从而使它们变得可被理解"。相反,他着眼于一个区分两种态度的更为根本的问题:将对待过去的历史性态度与实践性态度区分开来,因为对待过去的那种实践性态度恰恰是"'历史'的那个主要的未被击败的敌人"。要将历史转化为一种科学事业并发现普遍定律或原因,这样一种企图常常是被实际利益所驱动的。(RP,152—153,172,180)

对待过去的实践性态度和历史性态度之间的主要区别在于,前者是在与当下的关系中看待过去,而后者是就过去本身来研究过去。持实践性态度的人"回溯性地解读历史",是要表明过去何以促成了、解释了或证成了当下。而在另一面,历史学家不是在与当下的关系中看待过去,不是依据事件与后续事件的关系来解释它们,不将任何事件看作是毫无作用的。(RP,162,168—169)

既然在《经验及其模式》以及1940年代和1950年代的各种评论文章中,欧克肖特已经讨论了实践性过去与历史性过去的区别,那么以上这些观点就没有什么特别让人感到意外的了。让人感到意外的是一些关于过去的陈述,基于以上这种区分欧克肖特会将这些陈述排除在真正的历史之外。例如:

他过早地死亡。

---

[35] Oakeshott, Review of *George III and the Historians*, by Herbert Butterfield, *Spectator*, 22 November 1957, 718.

国王约翰是一个坏的国王。

征服者威廉的死是一场意外。

教皇的干预改变了事件的进程。

议会的演变。

欧克肖特评论说,在一种真正的历史性过去中,"没有一个人是过早或'意外'死亡的,不存在什么胜利和失败";也没有什么好的和坏的国王,"好"与"坏"都是判断,属于实践性的话语;论及"议会的演变"明显是在回溯性地解读过去和援用实践性的进步观念;而"教皇的干预并未改变事件的进程,它本身就是事件的进程"。唯恐我们认为将这些排除会导致历史学家的活动变得不可能,欧克肖特引用了弗雷德里克·梅特兰的一个段落,这个段落例证了他所支持的那种非目的论的和完全因势而变的对历史的理解。(RP,162—163,169—170,173)

根据欧克肖特的观点,历史性过去与实践性过去之间的区别,提示了一种真正的根本理由——说明为什么某些类型的探询被认为是不适合于真正的历史分析:例如,对起源的探询,这卷入了回溯性地解读过去;对新近或当代历史的探询,这将很难(就像我们在卡尔那里看到的一样)使自己从实践的特定语言中解放出来;当然还有对历史的行动者和行动施加道德判断。这也表明了为什么科林伍德(以及在某种程度上伯林)的这样一种理解——将历史学家的任务理解为对过去思想和行动的重演——不可能是正确的。历史学家的任务是"以一种方式去理解过去的行为和事件,而它们在当时绝不会以这种方式被理解;是转译行动和事件——从它们的实践性习语转译为一种历史性习语"。(RP,175—180)

欧克肖特通过强调种种困难来结束他这篇文章:要企及对待过去的一种真正的历史态度,特别是在我们当下的环境中,会涉及很多困难。我们愿意以为自己生活在一个具有特殊历史意识的时代,但这不是事实:"我们主导性的兴趣不在于'历史',而仅仅在于回顾性的政治。而过去已经变成这样一个领域(如今甚于以往任何时候),我们在其中伸张自己的道德和政治观点,好比星期日下午牧场上的小灵犬。"我们很少能够企及一种对过去的全然历史性态度,这并不令人意外,因为这种态度"是对世界的严格而精到的思考所生成的结果",创造出一个世界,全然不同于那个我们感到如此自在的实用兴趣和情感的世界:"这是一个错综复杂的世界,没有统一的感觉或清晰的轮廓:其中的种种事件没有任何总的模式或目的,不通往任何地方,不指向任何让人偏爱的世界境况,也不支持任何实践性的结论。这是一个完全由偶在性组成的世界。"(*RP*,181—182) 习惯于栖居在这样一个世界,可能会对实践生活形成一种威胁,就像尼采在他的《历史对人生的利弊》(*Advantage and Disadvantage of History for Life*) 中所设想的那样,但对欧克肖特来说,在我们这个思想高度政治化和格外非历史的时代,这种威胁是我们不必惧怕的。

完全解决在《作为一个历史学家的活动》中所勾勒的历史理论,还要等上又一个 25 年。1983 年,《论历史的三篇论文》一文发表,收入《论历史及其他论文》(简称《论历史》)一书。当时,那种在 1950 年代和 1960 年代曾有过的对历史哲学如此强烈的兴趣已经多少有点减弱了,结果这部著作没有获得很大的反响。这是令人遗憾的,因为《论历史》一书代表了 20 世纪最深刻的历史学论述之一。在这部著作中,欧克肖特提取了他对历史知识问题长达 50 多年——一直追溯到《经验及其模式》——的思考的精华。如果说,像科林伍德所评价的那样,《经验及其模式》中论及历史的一章代表了"英语学界对历史思考的最高水准",那么《论历史》一书只是使这一水准提升得更高,讨论了从黑格尔到亨佩尔等历史哲学家,以及从布克哈特到布罗代尔等历史学家。这部作品戏剧化地表达了——这比我所知道的任何著作做得都好——历史建构的微妙和困难的任务,历史学家是通过这种建构将一种环境化的可理解性给予过去。

论历史的三篇论文中的第一篇关注的是这样一个理念:属于历史的过去。既然过去只是解读现在的一种方式,于是欧克肖特首先就着手处理我们眼前最为熟悉的现在——实践活动的现在,孕育并满足我们需要的现在。这一实践性的现在当然绝不仅仅是现在,而是向未来投射;实践活动的时态总是现在—未来时。正是从这种现在—未来中,形成了我们关于过去的最初观点,这种过去以这样或那样的方式关联着我们实践性的自我理解和活动。一些哲学家,特别是海德格尔,曾经主张,在这种现在—未来的实践活动之外,在这种"生活世界"(lebenswelt)之外,不存在任何其他世界,因此在这种实践性的过去之外不存在任何其他的过去。但是,欧克肖特反对这种对现在—未来实践活动之绝对性的主张,没有任何活动能够完全摆脱人类理解的模式性或条件性。(*OH*,7—27)

历史也是根据现在来构建它的过去,但这种现在非常不同于实践活动中所发现的类型。这种现在由留存下来的造物和言论所组成,历史学家将这些造物和言论视为某种证据,从中推断一个未被留存下来的过去。而对历史学家来说,这些留存之物是一些尚未被理解的对象——"复杂而含混的特征、各种暧昧不清的可能性的许多微妙平衡的组合"——它们的真确品质仍有待确立,而对实用的人来说,这些留存之物是"象征性的角色和情节",用来回应我们当下的处境,是一个仓库,充满了"符号化的和定型的人物角色、行动、功绩和情境",可以被调用来理解我们目前实践介入的意义:"这里有该隐(Cain)和亚伯(Abel)、摩西(Moses)、贺雷修斯(Horatius),有穿越卢比肯河的凯撒(Caesar)、尼西亚的亚他那修(Athanasius)、在海滨的克努特(Canute),有亚瑟王(King Arthur)、威廉·泰尔(Wilhelm Tell)、沃尔姆斯的路德(Luther),有用他的盲眼隔着望远镜眺望哥本哈根的纳尔逊(Nelson),有罗宾汉(Robin Hood)、奥茨队长(Captain Oates)、戴维·克罗克特(Davy Crockett),还有孤注一掷的卡斯特上校(Colonel Custer)。"(*OH*,27—

44)要使这些留存的造物和言论可被用作历史探询的证据,需要大量的劳力、技能和才智,而在对"感知的事实"——历史据说由此开始——的实证主义解释中,这些劳力、技能和才智是紧缺的。

然而,确立过去的这些留存物和遗迹的真确品质,只是历史探询的起步。下一步是从这些被确证为真的留存物来推知一个"确实存在"的过去——被理解为实际上发生过的事情。历史学家常常将这些实际发生过的事情汇集到一起,形成欧克肖特所谓的"历史情境",这是关于过去的一幅快照,对过去的心态(mentalité),过去的社会、经济或政治结构,或过去的道德、宗教或文化实践的一幅快照。引人注目的例子包括布克哈特的《文艺复兴时期的意大利文明》(Civilization of Renaissance Italy)、布洛克的《封建社会》(Feudal Society)、纳米尔的《乔治三世执政时期的英国政治结构》(Structure of English Politics on the Accession of George III)和布罗代尔的《菲利浦二世时代的地中海和地中海世界》(The Mediterranean and the Mediterranean World in the Age of Philip II)。虽然欧克肖特承认,这些情境特征通常会赋予过去相当程度的可理解性,但他认为,它们最终代表的是"历史理解的一种不稳定水平"。历史学家当然会认识到,被剖析的历史情境不是永久不变的或无需中介的东西,但还没有做过任何努力"去消除它显现于场景中的神秘性,去考察它的出现所需的中介化过程,或去追溯它逐渐消逝的沉浮变迁"。过去事件的洪流"在此被中断,被置于来去之间的一个观念的间隙中盘旋打转"。(*OH*,52—62)

对这一静态形式之历史理解的矫正办法,存在于对过去的建构,这种建构不是根据被剖析出来的情境特征,而是根据历史事件。用欧克肖特多少有些专门化的词汇来说,一个历史事件是一个发生的事情或情境,"要根据它的出现来理解;也就是说,要被理解为先前发生过的事情的后果或结局"。但由于"先前发生过的事情"本身也只是由历史事件组成,因此"一个事件的历史特征就是它所造就的差异——在一组具有环境相关性和具有重要意义相关性的历史事件中所造就的差异"。（*OH*,62）在此没有什么是固定的或坚实的；一切都是中介和差异。在欧克肖特的描述中，一个后续事件要根据先前事件被理解为"差异，每一个差异又要根据诸多差异汇合中的差异来理解，这诸多差异包含了一个后续事件发生的条件，它们汇聚起来构成了它的历史特征"，的确，当欧克肖特这么说的时候，听起来完全像一个德里达派学者。（*OH*,98）阅读欧克肖特的晚期作品，就像阅读晚期的亨利·詹姆斯（Henry James）一样，可能是一个令人头晕目眩的经历。

欧克肖特在上一段落提到了历史事件之间的"重要意义关系"，这种关系的本质是什么呢？人们会记得，一些评论者发现欧克肖特早先在《经验及其模式》中对历史的解释所缺失的正是对这一问题的答案。现在他试图充实他当时所指称的历史事件之间的"内在关系"。正如在《经验及其模式》中一样，他反对这一关系可以被理解为因果关系的那种论点。波普尔和亨佩尔的历史解释之覆盖律模型存在着一个问题，那就是这种模型在处理"事实"——欧克肖特所描述的那些从历史建构和推论的复杂过程中浮现出来的事实——的时候，将它们看作好像是在经验上已被给定的，只是等待着被带到一个因果律的解释之下："它假定已经知道了一种历史探询所要确定的目标是什么。"除此以外，覆盖律模型对历史上发生过的事情的处理方式不是将它们当作特殊性与类型性的复杂混合，而是当作抽象种类或类别性的例证。（*OH*,72—82）

欧克肖特对历史事件之间的重要意义关系的理解不是依据因果关系而是依据"偶在性"。一种偶在的关系是一种"触碰"的关系，不需要"常规性的胶合剂或普遍因果的接合剂"来将事件统合在一起。他运用了（在他的多塞特小屋附近的乡村所发现的那种）"干砌墙"作为意象来阐明这种偶在关系的特性："建成了墙（即后续事件）的那些石头（即先前事件），不是用灰浆砌合在一起的，而是依照它们的形状接合在一起的。"(*OH*,94)他进而依据历史变迁的理念来特征化地描述历史事件之间的这种关系。他反对那些根据一种不变的本质、一种目的论的目标或一种有机进程所建立的种种变迁模型,因而他调用"连续性"的理念来特征化地描述那种复杂地构成了历史变迁的差异中的同一(identity-in-difference)。他再一次寻求"一些汇聚起来的历史差异"的统一性,不是在某种外在的目的或不变的本质中寻找,而是"在这种汇聚本身的某种内在品性中"寻找。(*OH*,97—115)

对于欧克肖特所谓的"任何一种关于历史理解的叙事中的核心问题"(*OH*,70),他在此给出的答案与他50年前在《经验及其模式》中所给出的答案并没有根本上的区别。一个主要的差异是,他在更大程度上接受了历史个别的那种人造性,就是他早先所谓的"被指派"特征。在此并没有暗示"在历史中对于变化唯一相关或可能的解释就是对变化的一种完整叙述",(*EM*,143)好像一种理想的历史解释会是一种对历史总体性的解释。他写道:"任何一种过去,若要获得一种可理解的历史同一性,必定是被抽象出来的——从彼时彼地所发生的一切的变动和矛盾中抽象出来,而当一种历史性过去被具体化为对一个历史问题的回答时,这个抽象化的过程就会被辨识出来。"(*OH*,62)历史中的这种必要的抽象也不能将历史判定为一种有缺陷的经验模式——从某种概念上无预设的、未变型的或无条件的经验之立场所做的判定。正如我们已经看到的,在人类的对话中不存在这样一种经验。

第六章　公民联合

1975年,欧克肖特的《论人类行为》出版,这是他长期构想的关于政治哲学的系统作品。早在1925年的手稿《论政治哲学研究的一些初步问题》中,他已经思考了一种完整的政治哲学会包含的事物,而这一关切反映在他随后几年关于政治哲学的多种基本原理的写作之中——从1938年的《哲学法理学概念》到《政治之哲学的概念》(约1937—1938)和《政治哲学》("Political Philosophy",约1948—1949)两篇手稿。然而,这些写作所指向的主要工作令人困惑地被延误了。战后论及理性主义的作品的确不包含一种完整的政治哲学,因为其主要部分关切的是一种更狭隘的、更否定性的任务——批判意识形态政治及中央社会规划。只有在《信念论政治与怀疑论政治》(约1953)、《代议民主中的大众》(1957)以及哈佛演讲《现代欧洲的道德与政治》(1958)等这些作品中,体现了欧克肖特对现代欧洲政治的反思,才开始浮现出《论人类行为》的中心论题,但即使在那里,这些论题并没有得到任何像欧克肖特的严格哲学概念所要求的那种系统性处理。

当《论人类行为》一书最终出版时,74岁的欧克肖特在序言中尖锐地评论说:"此书所探索的论题在我所能记得的岁月里几乎一直伴随着我,但我迟迟没有完成将我的这些思考汇集起来的任务,拖延得太久。"(*OHC*, vii)他从1960年代中期开始不断地在为这本书工作。1967年写给肯·米洛的(我此前所引用过的)一封信让我们不仅了解了欧克肖特撰写《论人类行为》过程中所遇到的困难,而且也透露出此书背后的哲学抱负:

> 我没法像我所希望的那样快地完成这本书。我不仅已经失去了快速写作的本领,而且发现自己对此前相当欣然地激发我思考的大量想法感到非常不满,而更糟糕的是(由于这些想法总是能被其他想法所取代),我发现我曾以为清晰的东西,当我企及的时候,却像泥浆一样模糊。所以,我每天早上9点都面对这样一种替代性选择,要么做一点所谓绕过困难的事(我还不太能够让自己去对付这些困难,或许要到一两年之后才行),要么目光呆滞地注视着在一条长长的黑暗走廊之尽头的一束微光。这需要时间。不过我已经发明了用一套新语汇表达的某种东西,我希望它能够带我前行,但我完全没有把握它不会在我手中分崩离析。[1]

这部最终作品的每一个方面都表明了欧克肖特将此视为他的最高成就:从这本书一目了然的宏大标题和分析性的目录,到它形式严谨的风格和拉丁语汇。然后,他又是带着多么大的失望来阅读对这本书的最初评论,这些评论在总体上都是相当负面的。[2] 许多批评着眼于这本书的形式,即它的抽象性和规定性特征,缺乏直接的论证,并吝于做出规范性的结论。艾伦·瑞恩(Alan Ryan)写道,《论人类行为》确认了一种长期的猜测,那就是欧克肖特"认为论证相当庸俗",拒绝介入"像明确推论一样如此卑俗的"任何事情。尽管如此,瑞恩仍然承认此书是"精微的、优雅的和难以把握的",并揭示了"欧克肖特思考政治的那种独特品质,这种品质存在于风格、从容的节奏、不断插入的反讽言辞,而不在于论证"。他还说这本书的写作风格是"一种散文体,精美得让普鲁斯特都仿佛像一名电报文稿员"。[3] 汉纳·皮特金(Hanna Pitkin)

---

[1] 援引自 Minogue, "Michael Oakeshott (1901—1990)"。

[2] 实际上,欧克肖特在给诺埃尔·奥沙利文的两封信(1975 年 6 月 26 日和 7 月 28 日)中表达了他的失望。在第二封信中,他抱怨许多评论者误解了《论人类行为》,尤其是那位声称此书中"没有多少论证"的评论者。

[3] Alan Ryan, Review of *On Human Conduct*, in *The Listener*, 17 April 1975, 517—518.

就不太友善了,他抱怨这本书"是极为教条的、断言性的和标新立异的,几乎到了顽固怪癖的地步"。[4]所有批评中最不友善的来自杰弗里·瓦诺克(G. J. Warnock),代表了牛津语言哲学学派的一种声音,他甚至不屑提及欧克肖特此书的内容,而是简单地将其贬斥为根本不是哲学,因为"它几乎没有包含任何论证方式"。[5]

这些批评并非全然没有道理。《论人类行为》一书的风格确实是抽象的,而它的论证推进常常显得是依靠规定性定义而不是明确的论证推理。(就论证而言,《论人类行为》与他年轻时候更好战的《经验及其模式》截然不同。)尽管如此,它仍然是一部深刻的政治哲学著作,完全称得上是欧克肖特杰出生涯的最高成就。这本书的目标是就联合模式(mode of association)提供一种完整的哲学阐述,欧克肖特在早先的文章中对此已有所勾勒,当时的讨论被置于这样的论题之下:怀疑论政治对立于激情政治,个体性对立于公共善。这本书包含了三篇相关联的文章;第一篇考察了公民联合的本质性前提,即自由与道德;第二篇包含公民联合的特定理论;第三篇考虑的是公民联合的位置——在构成和理解现代欧洲国家之含混特征中所起的作用。从有利的方面看,欧克肖特的公民联合理论可以被视为对自由理论的一个贡献,因此,在本章的最后一节中,我将对此予以讨论,联系到当代关于自由主义的辩论,这一辩论的发展经过了罗尔斯及其后继者的工作,包括桑德尔、马塞多、拉兹、盖尔斯敦、伯林和罗蒂。

---

[4] Hanna Pitkin, "Inhuman Conduct and Unpolitical Theory: Michael Oakeshott's *On Human Conduct*," *Political Theory* 4 (August 1976): 302.

[5] G. J. Warnock, "The Minefields of Moral Philosophy: Oakeshott, Hampshire, Kenny," *Encounter* 46 (April 1976): 84—85. 瓦诺克的妻子、哲学家玛丽·瓦诺克(Mary Warnock)针对《论人类行为》写了一篇同样否定性的和难以理解的评论文章,见于 *New Society*, 1 May 1975, 288. 她也抱怨说,这本书的读者"会感到失望,假如他希望看到论证的话"。

自由与道德

在《论人类行为》的第一篇文章中,欧克肖特详述了关于人类自由的一种学说,以此作为他公民联合之自由理论的基础。虽然无可置疑,个人自由始终是欧克肖特政治见解的核心,但只有在《论人类行为》中他才最终提供了对它的一种哲学性阐述。记得在欧克肖特学术生涯的早年,他赞扬霍布斯将意志确立为国家的基础,但批评他缺乏一种融贯的意愿理论。他继而引述卢梭的"普遍意志"(公意)学说、黑格尔的"理性意志"学说,以及鲍桑葵的"真实意志"学说,作为一些引人注目的努力,以克服霍布斯政治哲学的这一缺陷。而欧克肖特在《论人类行为》的第一篇文章中所发展的关于人类自由的学说可以被理解为他自己对这一观念论学派之努力的原创性贡献。他借此以这样一种方式来构想人类自由或能动性:道德和法律对自由或能动性所构成的限制并不使它受到侵害,通过这种构想他试图克服传统自由理论的原子主义。这种学说也能够使欧克肖特设立对国家行动的限制,而既不必(按洛克的方式)诉诸自然权利,也不必(按康德、格林和鲍桑葵的方式)诉诸法定强制与道德动机的不相容性。

欧克肖特在着手讨论他的自由理论之前,以其典型的风格思考了理论化的特性。正如他在《经验及其模式》中所做的那样,他一开始便否定了间接(mediate)经验与直接(immediate)经验之间、理解与理解的数据材料之间的那种经验主义区别。不存在可以开启理解的"直接的数据材料";理解总是"从一个已有的理解中开始"。而理解的过程基本上是一个使已有的理解变得更为深刻和清晰的过程。在这一过程的某个特定阶段,我们就会抵达欧克肖特所谓的一个"条件性理解的平台",在那里先前被挑选出来的那些特性依据它们相互之间的关系来被探索和描绘。在这个阶段,那些特性本身保持为无问题的(unproblematic)和无可置疑的(unquestionable)。然而,对于它们的一种更为批判性的态度也是可能的。一位理论家不是仅仅将这些特性当作无问题的"事实"彼此关联起来,而也会通过依据它们的条件或假设来理解它们,由此来努力提高它们的可理解性。这位理论家在这样做的过程中就会抵达条件性理解的一个新的、在某种意义上较高级的平台。这类理论介入的例子包括自然科学、历史科学,以及伦理学、美学和政治哲学这些哲学学科。(OHC,2—10)

然而,这不是这个过程的终点。因为,条件性理解的这些新平台本身也可以针对其假设而受到质疑和审查。对于这种针对其假设探究经验的无条件的批判过程,欧克肖特将之命名为"哲学"。这在一定程度上呼应了《经验及其模式》中对哲学的定义——"没有预设、保留、抑制或变型的经验",但是,欧克肖特在此将它表达得更为清晰:哲学的无条件性并不在于它完全摆脱条件,也不在于它达到了无条件的定理;"构成其无条件性的是对其种种条件的不断的识别"。与《人类对话中诗的声音》一文所阐明的那种对话的理念相一致,哲学与各种经验模式之间的关系也不再被构想为对抗性的或竞争性的。欧克肖特不再将经验的多种多样的抑制特征化地描述为自我意识的缺乏,或对无条件的哲学理解之介入的否定:"一位理论家在这里或那里抛锚,布设其理论钓钩和网络装备,用来捕获地方性之鱼,这样一位理论家中断了但却没有背叛他的天职。……不采用理论装备而直接质询的那种理论家则完全捕不到鱼。"(OHC,11)这适用于政治哲学家的那种条件性理论化工作,这里的政治哲学家指的是一种"具有自觉意识的条件性理论家",他"有一个无比美好的家,却……不急于抵达。如果他关注的是将道德行为或公民联合理论化,那么他必须断然放弃形而上学"。(OHC,25)

欧克肖特希望进一步论述两个要点,事关依据一个特性的种种假设来理解这一特性的条件性介入,这两个要点都与他自己对理论化人类行为的条件性介入相关。第一个要点是关于这样一种区别——如它现在被通常表述的那样——阐释性"理解"和科学性"解释"之间的区别。欧克肖特主张,为了成为理论探询的一个主题,一幅当前图景必须被明白无误地辨识为属于两个范畴中的一个:它必须要么被识别为一种智性的展示(如一位工作中的生物学家),要么被识别为一种非智性事例(如海岸上的碎波)。每一个范畴意味着非常不同的探询种类,以及非常不同的有待探询的条件。在第一种情况中,条件将会是"实践",需要被学习或理解,从而让人参与其中(例如,宗教信仰、礼仪、传统等)。在第二种情况中,条件将会是"过程",不需要被学习或理解就能运作(例如,万有引力定律、化学分解等)。就像欧克肖特在《经验及其模式》中对历史与科学所做的区分一样,他在这里所做的区分——在那些被识别为智性展示的当前图景与那些被识别为非智性过程例证的当前图景之间的区分——不能被理解为在不同种类的客体之间的一种本体论区分,例如心与身或精神与自然。毋宁说这是"理解之介入内部的一种区分,一种多种'科学'之间的区分"。而且,正如在《经验及其模式》中所做的那样,他挑选出心理学和社会学,作为受到范畴混淆的两种探询方式,类似于"黑暗可怕的平原,在那里茫然无知的军队在夜间相互冲突"。(OHC,12—15,20—25)

欧克肖特就理论理解的问题所提出的第二个要点关涉理论理解与它所要理论化的那种条件性理解的关系。在此,我们又一次遇到了欧克肖特对理论与实践的严格划分。他指出,即使理论家的理解无疑优于她所要理论化的那种条件性理解,但前者仍然不能取代后者的位置。一位理论家依据一些假设对理解之条件性平台的特性做出理解,这些假设不是一些可以演绎出正确表现的原则。以这种方式使用理论知识来指导实践活动,是"理论主义者"欺骗性的介入。欧克肖特通过对柏拉图洞穴寓言的讽刺性重读来阐明他的观点。他的解读否认了柏拉图的这样一个论点:声称是无条件的哲学家的理解,不仅优于所有其他条件性的或洞穴的理解,而且可以取代它们。相反,欧克肖特认为,洞穴

居住者们将那种摆出政治专家姿态的哲学家视为冒牌货,这是完全正确的。(*OHC*,25—31)

在处理了这些元理论问题之后,欧克肖特现在将它的注意力转向人类自由的核心论题。他从对自由的具体说明入手,表明他最初所关切的自由是那种内在于人类行为的自由。"自由"在此表示的是所有(被辨识为属人的)行为的一种形式条件;它并不是指"一个能动者可能会或可能不会企及的那种处在实质性'自我指引'状态的品质"——更恰当地可称之为"自决"(self-determination)或"自主"的东西。这种形式自由存在于这样一个事实:人类行为是一种智性的展示,欧克肖特这样说并不意在表明人类行为具有显著的反思性、自我意识或理性,而只是表明人类行为包含着理解(当然可能是隐晦的),并最终必定是习得的。他所关切的是辨别人类行为,不是区别于自发的、习惯的或非理性的行为,而是区别于一种基因的、心理的或(不然的话)非智性的"过程"。人类行为是一件关乎信仰、理解和意义的事情,而不是某种关乎生物冲动、有机体紧张或基因驱动的事情。(*OHC*,32,36—37,89)

从人类行为之智性特征这一起始性假设出发,欧克肖特发展出一种完全阐释学的和历史的能动性观念。一个自由能动者所居住的世界"完全是由理解构成的":他在行动中所面对的处境是一个被理解的处境,而不是一种原始的或自然的数据材料;而他所寻求的满足也是一种被理解的满足,而不是一种纯粹自然的满足。与他关于教育的作品中所论述的一个观点相呼应,他写道,一个能动者"是他所理解的自己之所是",而"他的偶然处境也是他所理解的处境之所是……他拥有的是一段'历史',而不是'自然';他是他在行为中所成为的那个人"。他补充说,这段历史也不能被理解为"一种进化的或目的论的过程。……并不存在终极或完美的人隐藏在时间的子宫中,或预示在如今行走于大地的角色中"。(*OHC*,36—41)

欧克肖特是在如下意义上指称人类行为的:人类行为关乎能动者

对他们所理解的处境的回应,其回应的方式是选择特定的行动,以企及被理解的满足,这种选择被置于"自我展露"(self-disclosure)的一般名目之下。在这种自我展露中所寻求的满足大多包含着其他能动者的种种偶然回应,这使得这种自我展露特别具有冒险性。人际(inter homines)行为主要包含能动者之间的交易(transaction)。但这些交易本身并不是自足或自明的。它们"假设了能动者之间更为持久的关系,这些关系本身不是交易,而是所有这些交易的条件性背景"。这些"更为持久的关系"被欧克肖特称为"实践",他将其界定为掌控或"副词性地"(adverbially)限定人类行动和关系的一套考虑、方式、效用、习惯、约定、原理、原则或规则。相关例子包括诸如朋友、邻居、夫妻之类的关系,诸如禁欲主义和中世纪骑士的生活方式,以及诸如科学、历史、诗歌和哲学等复杂的话语模式。所有这些实践的共同之处是,它们都指定了在行动中要被接受的程序或副词性条件,而它们并不指定实质性的表现或行动。(OHC,35—36,39,44,45—46)

恰恰是由于实践的这种副词性特征,实践才没有危害欧克肖特所定义的内在于能动性的自由。一种实践"为能动者的实质性选择和表现规定了条件,但没有决定这些选择和表现"。这种"实践性"只是任何一种行动的一个面向,必须总是伴以一个由能动者选择的实质性行动。即便是对于规则和程序,情况也是如此,那些规则和程序表面上禁止而不只是副词性地限定实质性行动或选择,例如刑法。欧克肖特坚持认为:"一项刑法并不是禁止杀害或放火,它所禁止的是'谋杀性地'杀害或'纵火性地'放火。"而且,由于它们是副词性的限定,而不是特定具体的命令,因此实践的种种要求无法简单地"被服从"或"不被服从","而是被接受或不被接受"。(OHC,55—58,68,90—91)

欧克肖特在"实践"的名目下所理论化的东西与他此前在"传统"的名目下所理论化的东西是一致的。"传统"的难题在于它对许多人来说意味着一种固定的实质性行为的模式,被盲目或习惯性地"服从"——尽管这明显不是欧克肖特的意图。[6]换言之,它恰恰模糊了欧克肖特试图借由实践这一概念带出的那种副词性特征。他通过将实践类比于语言来进一步阐明这种副词性特征。在《政治中的理性主义》一书中,行为传统的获得和运用,被比作自然语言的获得和运用。在《论人类行为》一书中,这种用语言作类比变得甚至更为突出。一种实践,像一种语言一样,

> 并不向一个能动者施加种种命令——命令他应该思考某种特定的想法、抱有某种特定的情绪,或者发表某种特定的言论。对他来说,实践是作为各种各样的邀请而出现,邀请他去理解、去选择,以及去回应。它是由语法的约定和规则构成的,并被使用它的人持续不断地创造更新,而对它的使用也正是对其资源的增补。它是要被弹奏的一件乐器,而不是要被弹出的一支曲调。(*OHC*,59)

欧克肖特已经区分了两种类型的人类关系:"交易"关系和"实践"关系,在交易关系中,能动者在其他能动者的回应中寻求实质性的满足,而在实践关系中,这些转瞬即逝的交易受到某些程序的副词性限定。他继而进一步区分了两种类型的"实践"关系,即两种类型的实践。一方面,有些实践"是被设计出来用以促进……它们所掌控的那些交易的成功",这些实践"是工具性的,用于实现想象中的和盼望中的满足"。一个办公室的惯例、做糕点的那些规则,以及构成一个经济体的种种安排都是这类工具性的或明智的(prudential)实践的例子。另一方面,有些实践不是工具性的,并不用于任何特定的目标或事业。欧克肖特将这些实践称为"道德"实践。一种道德是"一种没有任何外在

---

[6] 参见温奇对欧克肖特关于习惯和传统的观念的批评,见于 *The Idea of a Social Science*, 54—65。欧克肖特评论说,在《论人类行为》中,他已经"舍弃了'传统'一词,因为它不能恰当地表达我想要表达的意思",见于 "On Misunderstanding Human Conduct," *Political Theory* 4(August 1976): 364。

目标的实践",其种种条件是"在追求对任何需求的满足中"被接受的。它是"行为的最高艺术(ars artium),是所有实践的实践,是无需进一步具体化的能动性实践"。(OHC,60—62)

许多批评者认为,欧克肖特将道德与一种无目标的或非工具性的实践相等同,是武断的和可质疑的。虽然他对此没有提出多少论证,但基本的直觉似乎是某种康德式的直觉:在道德行为和明智(prudential)行为之间必定存在某种区别。如果道德行为像在功利主义中那样被化约为明智行为,那么"道德的"这一形容词的力量和含义仍然是缺失的。在《论人类行为》中,欧克肖特的哲学进程中——正如他自己所指出的那样——存在着某种深刻的亚里士多德式的东西。[7]这不是一种简约化的进程,而是渐进的差异化和具体化的进程,在其中,对日常意识的直觉性差异特点被更为精准和明确地表述出来。就道德而言,这一进程最初引导他站在康德而不是功利主义者一边。但他最终的立场更接近黑格尔而不是康德。

当欧克肖特再次调用语言的类比时,他的道德观念中的黑格尔维度清晰地呈现出来,他写道,一种道德实践就像一种语言,"在于它作为一种理解的工具和一种对话的中介,在于它具有自己的一套词汇和语法,在于它能够被流畅或笨拙地言说"。而且进一步说,一种道德实践就像语言一样是一种全然历史性的成果,反映了其言说者们的那种历史性的自我理解。世界上存在着许多这样的语言,"不可能将它们理解为一种幻想性的完美和普世的道德对话语言所衍生出的诸多偶然和可叹的分叉,以此来消融它们的多元性"。然而,这种(消融)解决方法应该已经被尝试过,对此欧克肖特并不感到惊奇,因为"人类倾向于惶恐不安,除非他们感到有某种东西——比他们自己偶然想象之迸发物更为实质性的东西——支撑着自己"。但是"寻常的终有一死的凡人,有

---

[7] 参见 Oakeshott, "On Misunderstanding Human Conduct," 363。

着要展露的自我和要塑造的灵魂",对他们来说,一种"熟悉的、资源丰富的道德语言(人们会希望由此获得一种语感[*Sprachgefühl*])"的现成可用性将会是绰绰有余的。(*OHC*,62—64,80—81)

将一种道德实践类比为一种语言,最想要强调的是道德的那种完全口语的或俗语的特征。道德并不是某种高于我们日常存在的事物,不是那种我们要通过一个反思努力来对我们的行动施加影响的事物;毋宁说,它对行为来说是一个中介,没有这个中介,任何行动或言谈都不可能发生。道德并不是以某种方式附着在追寻欲求或本能快感的那种更为原初或自然的活动之上;它是一种语言,对任何满足的追求在这种语言中才得以发生,是一种我们从不会失去的知识。欧克肖特一次又一次地强调道德实践的那种俗语特征,强调这样一个事实,即它是一种"活生生的、通俗的语言",被能动者们持续不断地使用,从而展露和设定他们自己,理解他人并与他人互动。道德行为并不是"从一个困惑倒向另一个困惑",也不是"解决难题";而是"能动者们在一种熟悉的道德对话语言之习语中持续不断地相互关联"。(*OHC*,62—64)欧克肖特在一个段落中总结了他全部的黑格尔式的观点,这个段落批评了关于"道德自主性"的浪漫概念,这一概念隐含于康德的作品,显见于存在主义的通俗版本:

> 被称为"道德自主性"的东西,并不要求道德选择成为一种对所谓"意愿"(一个与世隔绝的"我的"[*meum*])的无根据、无标准的实施——在这种实施中,一个孤独的能动者同时认可甚或创造一种"价值",而他对这种价值负有全部责任,且将他自己置于这种价值的命令之下,从而奇迹般地让自己从有机冲动、理性的偶然性以及行为的权威规则中解脱出来……人类行为不是先有无条件的需求……然后允让明智(审慎)理性和道德敏感性来指明或决定那种寻求满足的行动选择;人类行为是在智性地(即依据审慎的与道德的考量

来)需求,而如是需求成败皆有。(*OHC*,79—80)〔8〕

至此,欧克肖特完全是依据"自我展露"来讨论人类行为的,也就是说,能动者在行动中展露他们自己,这些行动的目标在于获得想象中的满足,这种满足主要是由其他能动者的回应所构成的。但还存在着人类行为的另一个面向需要考虑,不是对一个行动的想象中的和盼望中的满足,而是那种"动机"或"情感",在其中这个行动得以实施。欧克肖特将这一面向称为"自我设定"(self-enactment),他坚持认为,一种道德实践对于自我设定的关切不亚于它对自我展露的关切。一种道德实践所指明的条件不仅是道德自我展露的条件,而且也是德性自我设定的条件。关于动机,不存在什么纯粹"私性的"或"主观的"动机;动机,同行动一样,也受制于一种共同语言和实践的种种良心责备(compunction)。尽管如此,我们倾向于更严格或更准确地依照自我展露而不是自我设定来评判我们的同伴,这并非因为我们漠视彼此在自我设定中的功绩,而是因为我们在根本上不了解彼此的动机,以及我们的这样一种感知——在通常的对话中,这些动机对我们的影响比外在行动更少。(*OHC*,70—77)

在德性的自我设定中,自我展露的那种情景性和日常性特征多少被削弱了:"如果纳入考虑的是能动者的勇猛而非过眼云烟的胜利,是他的忠诚和坚韧而非稍纵即逝的失败,那么至少存在着一种不朽功绩的回声。"(*OHC*,84)然而,即使在这里,也没有完全逃离那种内在于实践生活的未果(inconclusiveness)与不满。只有当自我设定采取宗教信仰的形式时,"行为的致命性"才能被最终超克。在《论人类行为》的第一篇文章的结语中,欧克肖特对宗教性自我设定之特性给出了一段极

---

〔8〕 这一段落呼应了艾里斯·默多克的相关批评,见于 *The Sovereignty of Good* (London: Routledge and Kegan Paul, 1970)——默多克批判的是可以在存在主义和许多分析哲学中发现的那种自我的图景,即自我是一种隔离的和虚空的选择意志(例如斯图尔特·罕布什尔[Stuart Hampshire])。这也预示了迈克尔·桑德尔对"无牵绊的自我"(unencumbered self)的批判。

其华美的阐述,在此他回到了他早先一些文章(尤其是《宗教与世界》)的论题。在那里,欧克肖特将宗教特征性地描述为对外在成就之世俗标准的摒弃,也是对活出这样一种人生的努力:"在其每一个时刻"都蕴含着"这种人生的全部意义和价值";(*RPML*,31—32)同样,在这里,他将宗教特征性地描述为一种情感,在其中"人类行为的种种无常冒险……借由一种不朽性的暗示被赐福了……而速朽情感的瞬间甜蜜、悲恸中的情绪波动,以及一个五月清晨的短暂美好,这些既不会被视作纯粹稍纵即逝的冒险,也不会被视为更好的事情来临的讯号,而是被视为种种奇遇(*aventure*)——它们本身与永恒相遇"。(*OHC*,85)由始至终,欧克肖特的宗教观一直是一种高度诗意的和佩特式的观念。

公民联合

欧克肖特对公民联合(civil association)的理解,其要点是一种道德实践的理念,由《论人类行为》的第一篇文章发展而来。在最根本的意义上,公民联合是依据道德(即非工具性)实践的联合或关系。通过以这种方式来界定公民联合,欧克肖特得以克服那种原子论,它始终伴随着从洛克到密尔的自由主义理论。道德实践——公民联合也同样——不会危害内在于人类能动性的那种自由,因为它并不决定能动者的实质性选择,而只是规定在选择和行动中要被纳入考虑的程序性或副词性的条件。道德实践远不是对能动性的一个外在限制,相反对能动性而言,道德实践是不可或缺的。没有一种能动性不是对道德实践的一种确认,正如没有一种言谈不是以一种特定的语言来表达。自由与道德是彼此互为隐含的。

《论人类行为》的第二篇文章贯穿了欧克肖特所做的反差对比:一种是他所理解的公民联合,将此当作一种道德的、非工具性的实践;另一种是更为惯常的理解,依据对一个共同目标或旨趣的联合追求来理解联合。对于后一种联合模式,他将其命名为"事业联合"(enterprise association),并提到了辨析公民联合与事业联合之异同的若干难题。首先,"是难以阐明一个共同目标——据此得以将公民关系与其他所有事业关系区分开来"。在共同目标中没有什么——例如普遍繁荣或献身于一套宗教信仰——能够将公民联合与一个商务事业或一个宗教共同体区分开来。其次,诸如"安全"或"和平"这样的目标也无助于阐明公民联合的独特的共同目标。欧克肖特指出,安全与和平根本不是实质性目标;它们不是为其本身而被追求的特定满足,而是使那种对实质性满足的追求成为可能的条件。最后,也是最重要的是,事业联合不能容纳那种属于公民联合的强制性特征,至少在现代国家的情境下是如此。事业联合必须是自愿的关系。这样一种联合的成员,如果他们不愿危及自己内在的自由,那么就必定要将这个联合的共同目标确认为他们自己的目标,并且随时(一旦他们做如是选择的话)能够从这种关系中抽身而出。若要让一个事业联合成为强制性的,那就会剥夺能动者的"自由"或"自主性",而这正是能动性的条件。(*OHC*,114—119)

就公民联合是一种道德实践而言,它也可以被理解为对话的一种通俗语言。欧克肖特承认,"公民性的语言"(language of civility)并非使用在每一个场合——例如它就不是爱人对话所使用的语言,但"它从来没有被完全置于一边",而且"没有任何一个人际情景与它无关"。依据对话的通俗语言对公民联合所做的这种特征化描述,也不能被认为是一种简单的或含混的类比。对欧克肖特来说,它构成了"公民条件的本质性特征"。他主张:"对这种条件的考察只有在如下情况中才可能卓有成效,那就是只有当这种条件已经被联系到对其特征的一种解读,在这种解读中这一条件被辨识为能动者们依据一种理解和对话的语言来探讨他们的关系,这种语言对那些使用它的人来说是母语,并持续不断地由他们重新设定。"(*OHC*,122—124)

欧克肖特将公民联合辨识为一种道德实践,与此同等重要的是,仅凭这种辨识不足以阐明公民联合的性质。欧克肖特主张，公民联合不应被简单地理解为一种道德实践，而是要被理解为一种特殊类型的道德实践：这种道德实践"完全由规则构成，公民对话的语言是一种关于规则的语言，*civitas*（城邦）是体现了规则的联合"。（*OHC*,124）在欧克肖特后来对其批评者的回应中，他概括了公民规则（或法律）与其他道德考量之间的区别：

> （公民规则不同于其他道德考量：）首先，公民规则是在一个已获权威性的程序中接受颁布、撤销和变更；其次，公民规则所规定的条件之范围更小，更少苛求，表述得更为精确；再次，在公民规则那里存在着一种权威性的程序，用来确定一个行动中的能动者是否恰当地遵守了这些规则；最后，在公民规则那里存在着为人知晓的对于不恰当遵守的惩处规则，以及执行惩处的权力机构。[9]

经由将公民联合辨识为依据非工具性规则（或法律）的关系，我们已经抵达了或可被称为公民联合的特异之处（*differentia*）。欧克肖特本人将这种特质视为公民联合最为重要的意义。他评论说，这也是最难以"识别和深入把握的"特质。（*OHC*,181）《论人类行为》一书的一个主要关切是要提出关于法律之特性的一个准确定义，即对适合于公民联合的种种规则的一个准确定义。就此而言，它所引发的不仅是与霍布斯、康德和黑格尔的伟大的法哲学的比较，也是与汉斯·凯尔森（Hans Kelsen）和赫伯特·哈特（H. L. A. Hart）的更为晚近的实证主义理论的比较。欧克肖特特别是与哈特（他的著作《法律的概念》[*Concept of Law*]于1961年问世）共享着许多关于法律特性的观点，然而，欧克肖特反对割裂法律与道德之间的必要关联，并依据道德关系来构想法律关系，由此他最终与哈特分道扬镳。

---

[9] Oakeshott, "On Misunderstanding Human Conduct," 366.

欧克肖特考察了一般意义上的规则性质（其中一个游戏的规则提供了相当清晰的图景），由此开始探询法律（民法，civil law）*，或者他现在所指称的 *lex*（法）。他列举了四个基本特征，其中多数强调规则与命令之间的区别。欧克肖特与哈特一样，并出于许多同样的理由，否定法律的"命令理论"，这一理论在约翰·奥斯丁的法理学中获得其最明确的表述。第一个特征是，一项规则是一个权威性的断言，而不是一条定理。与一句格言或一条建议不同，一项规则并不去论证，其有效性并不取决于它被认为是合理的、有价值的或可欲的。当然它可以受到论证，它的可欲性可以被辩论，但规则就其本身而言并不请求检验认可（approval），而只要求同意（assent）。第二，一项规则是普遍的或抽象的。例如，与一项命令不同，它并不被用来针对一个可指定的能动者；它也不会在一次单一的实施中被用完或耗尽。第三，也与命令不同，"规则并不吩咐、禁止或担保实质性的行动或言论"；规则规定了一些副词性的考量，由人们在选择实施中予以遵循或纳入考虑，而这些考量"本身不能被'服从'或实施"。第四，规则被承认所依据的是它们的权威性，而不是它们被遵守或被违反的结果。（*OHC*, 124—127; OH, 126—130）

虽然公民联合的规则在许多方面与游戏规则相似，但这里仍然存在一个关键的差别：游戏是一个约定，它本身构成了一种关系，而在公民条件中并不存在这样一种共同约定。公民联合的成员，现在被指称为 *cives*（公民），不同于游戏的玩家，他们的关联完全依据他们对规则的共同承认。这也将 *cives*（公民）与事业联合的成员区分开来。事业联合的成员可能服从规则却不是依据规则被关联起来，他们的关联是依据一个共同选择或目标。欧克肖特主张，"*civitas*（城邦）的最重要的

---

* civil law，通常译作民法或民事法，但在这里的语境中，其含义显然要宽泛得多，在此后的译文中，大多数情况下将被译作"法律"。——译者注

假定源自这样一种考虑",即规则是 cives(公民)关联起来的唯一根据。这些假设中的头一条是,公民联合的规则或 lex(法)构成了一个自足的、确定了它自身治理权的系统。这是必要的,因为与游戏或事业联合的规则不同,lex(法)"不是被强制于一个已经成形的和得到表述的约定",而是"关联了那些(不然的话)原本不相关联的人们"。(OHC,116—117,128—130)

除 lex(法)的系统性特征之外,公民联合假定了一个程序,通过这个程序,构成 lex(法)的那些抽象和普遍的规则关联到因势而变的情境之中(判决);凭借这个程序,这些规则可以依据它们的可欲性来被审议(立法)。公民联合也假定了一套机制,用来强制执行这些规则和实施惩罚,若它们没有被充分服从(治理)。欧克肖特对以上每一个要点都有一些有意思的说法,但在此我们不必进入细节讨论。而当他讨论"政治"的时候,他将会有更多的话要说,事关那种属于立法的审议介入。(OHC,130—146)

至此所讨论的条件关联到主要是作为一个规则系统的公民联合,这个系统现在被欧克肖特指称为 respublica(共和体)或者公共关切(public concern)。但他指出,公民联合并不仅仅是依据一个规则系统的关系;它是这样一种关系,所依据的是某种特定的承认规则的方式,即"将规则认作规则"。将一项规则认作一项规则,不是依据赞成或反对来承认它;一项规则不会仅仅因为我们不赞成它就失去了它的义务强制性。对一项规则的承认也不是依据它被遵从与否的结果——收益或回报;希望或恐惧可能是遵从的动机,但它们并不构成遵从之义务的基础。将规则认作规则是依据其权威性来承认它,并将遵从规则认作一种义务:"公民权威和公民义务是文明条件的双重支柱。"(OHC,148—149)

欧克肖特对权威问题的专注当然可以一直追溯到他最早论及霍布斯的作品。和霍布斯一样,欧克肖特也主张公民权威无关于 respublica

（共和体）的种种条件之可欲性——效用、智慧、合理性或正义。承认respublica（共和体）的权威就是单纯接受它作为约束的种种条件，无论人们是否赞成这些条件。respublica（共和体）不是一种完全合理的或系统的建构——不存在任何"关于承认的单一的终极规则"（与哈特的看法相反），也不存在"一个无条件的和无可置疑的规范，所有其他规范可以由此获得其权威性"（与凯尔森的看法相反）。如果被问及"一套多样的规则——大多有未知的起源……往往被置之不顾且不受惩罚，常常是不便利的，既没有严格要求也不能博得所有相关方的赞同，而且至多不过是不完全地反映了被认为是'正义的'行为条件——何以被承认为具有权威性"，欧克肖特会依照事实回答："权威性是这套规则能够被无可争辩地承认所拥有的、唯一可以想见的属性。"（OHC, 149—154）

欧克肖特的那种霍布斯式的权威学说明显带有对自然法学说的拒斥。自然法学说坚持认为lex（法）的权威性或有效性源自它遵从某种"自然的"、"合理的"或"更高的"法——那种秉持"不义之法不是法"（或译作"恶法非法"，lex injusta non est lex）的"新柏拉图主义"观点。对欧克肖特而言，权威性与可欲性并不是同一桩事情，权威与正义也是有所区别的考量：lex injusta（不义之法）可能确实仍然是真正的lex（法）。尽管如此，他还是承认，存在着某些特定的形式条件内在于法律本身，诸如"规则不是专断的、秘密的（或）回溯性的……司法程序的独立性"等等，亦即朗·富勒（Lon Fuller）所指称的"法律的内在道德性"。[10] 一项法律若要成为有效的法律就必须符合这些形式条件。就这些条件而言，但仅仅是就这些条件而言，"或许可以说不义之法不是法"。（OHC, 153; OH, 140, 155—156）

因为公民权威及其对应物公民义务，并不论辩、说服或恳求赞同，所以它们常常被认为是对人类道德自主性的一种威胁。但欧克肖特认

---

[10] Lon Fuller, "Positivism and Fidelity to Law," *Harvard Law Review* 71 (1958): 644—648; *The Morality of Law* (New Haven: Yale University Press, 1969), esp. ch. 2.

为情况并非如此,其理由最终可以关联到他对道德自主性和内在于能动性之自由的独特理解。公民权威和义务不会危及人类的道德自主性,首先是因为法律或 lex(法)所指明的并不是实质性的行动,而只是一些副词性考量因素,在选择和行动时被纳入考虑。lex(法)的种种规定"不是对'意愿'的表达,它们的指令不是要被服从的秩序命令"。公民权威和义务之所以不会危及内在于能动性的自由或自主性,还有第二个理由,这关乎公民权威和义务区别于赞同或可欲性。恰恰是因为承认 respublica(共和体)之权威不包含对其条件的赞同,所以内在于能动性的自由——欧克肖特在此将其重新表述为"信念与行为之间的关联"——才得以存留:"在承认公民权威的情况下,cives(公民)并没有把自己抵押给这样一个未来,在其中他们的赞同和选择不再如其所是,他们只能通过一个脱离的行动来保有自由。"(OHC, 157—158)

在我们所讨论的《论人类行为》的这些段落中,或许可以找到欧克肖特对自由和权威之密切关系的最清晰的陈述。这一关系在对霍布斯的评论中得到了最令人难忘的表达,对此我已引述了多次:"霍布斯不是一位绝对主义者,恰恰是因为他是一位威权主义者";"恰恰是理性,而非权威,对个体性有摧毁作用"。(HCA, 67)欧克肖特对自由和权威的反思或许还能与(第三章所讨论的)观念论的政治哲学传统进行有益的比较。观念论规划的核心在于这样一种企图:要调和国家的权威与个人的自由,其方式是将权威建基于个人"真实的"或"理性的"意愿而不是建基于个人的同意(consent)。虽然欧克肖特的确追随黑格尔、格林和鲍桑葵,反对以个人同意作为权威的基础,但他并没有将权威等同于个人"真实的"或"理性的"意愿,至少不是当这种意愿在目的论的意义上被构想的时候。与此不同,他对自由和权威的调和依赖于(正如我们已经看到的那样)对如下观点的阐明:公民权威不会危及内在于能动性的形式自由。在这一点上,他最为鲜明地背离了他的英国黑格尔派先行者(对黑格尔本人的背离则是更为模糊的),他们关于"真实意志"的学说似乎的确是指向了一种实质性和目的论的人性学说,而他们关于权威的学说也就因此没有在权威与智慧之间做出清晰的区分。

虽然对 respublica(共和体)规则之权威性的承认并不蕴含着将它们认作是可欲的,但欧克肖特也没有否认,这些规则可以依据其可欲性予以考虑。respublica(共和体)唯一要排斥的是,将这些考虑要么与其他考虑相混淆,要么取代其他考虑。在公民联合中,权威性与可欲性或赞同总是区别开来的。这是标志公民联合的许多特点之一,这些特点将公民联合不仅区别于事业联合,而且区别于其他各种非工具性的道德实践,在后者那里很难区分权威与赞同。在大多数道德实践中,"承认一种道德美德本身就是赞同这种美德为行为所指明的条件;这些条件或许被遗忘或忽视,但排除它们就无异于对赞同做出撤销或有所保留"。换言之,在道德中不存在——公民联合中所存在的——那种已获权威的程序,通过这种程序,一种美德或一个行为规范可以被审慎地制定或废除。(OHC,158—161)这一点而不是那样一个事实——法律与外在行动相关,而道德与内在动机相关(如康德所言)——才是公民联合与其他更不具体的道德实践的区别所在。[11]

依据其可欲性对 respublica(共和体)之条件进行审议的介入活动被欧克肖特称为"政治"。他将这个词置入引号以示区别——将他用这个词所表达的含义区别于这个词日积月累的所有其他含义。"政治"排他性地仅与公民联合相关,而这意味着它被限制在只具体针对公民的可欲性进行审议。欧克肖特提出:"对政治的介入蕴含着一种被规训的想象。它将'奶与蜜的梦乡'(Schlafraffenland)——大地流淌着奶与蜜,大海被酿作姜汁酒——的那种云山雾罩的魅力搁置一边留待他日;它将放弃对人类幸福和美德的广泛考虑……而将注意力集中于公

---

[11] 关于康德对法律与道德的区分,参见《道德形而上学》(Metaphysics of Morals)导论。哈特在对法律与道德做出区分时,其方式与欧克肖特相似,参见 The Concept of Law (Oxford: Clarendon Press, 1961), 163—176。

民性(civility)。"(*OHC*,164)用不太修辞性的话来说,公民联合的政治所关切的不是去促进一些实质性的目标、利益或学说,因为这些事情并不是公民联合的关切所在。公民政治所关切的只是对一个道德的非工具性考量之整个系统的监管、维护和可欲性。(*OHC*,168—173)

除了政治的这一形式条件之外,欧克肖特指出,政治审议是一种偶然的和环境性的介入活动,而不是示范性的或演绎性的活动。这当然是《政治中的理性主义》的主题,而欧克肖特在此重复了他在那部著作中所论证的许多观点。他再一次反驳以自然法和无条件的原则作为政治审议的标准,转而捍卫一种对政治活动之过程的更为历史的(尽管并不必然是相对主义的)理解。他用一种令人回想起《政治中的理性主义》的语言谈论对公民条件的政治审议,将其称为"一种对暗示的探究",对此而言并不存在推进探究的"防错方式"。这种活动也不存在任何终点:"*respublica*(共和体)的每一次调节是将它凝聚在一起的种种张力的一次扰动,也易于将此前一直隐藏的矛盾暴露出来。"简而言之,在政治中不存在"最终解决"。(*OHC*,173,178—180)

当然,政治审议中最重要的考量关涉一项法律的正义或"正当性"(rightness)。然而,除了他对内在于 *lex*(法)的正义有所讨论之外,欧克肖特没有在《论人类行为》一书中过多地论及这一主题。仅仅是在后来的论文《法治》中,他才将严肃的注意力投向正义的根本问题。在那篇文章中,他反驳了霍布斯等人,认为内在于法的形式原则并没有耗尽那样一些考量——据此法的正义可以被审议:"法之正义(*jus of lex*)不能被简单地等同于它对法之形式特征的忠实。"用以确定一项法律之正义的标准必须在实证法之外来寻找。尽管如此,欧克肖特摒弃了自然法,将它当作对这一标准的不恰当阐释。自然法已经被证明是太过不确定的,以至于它无法充当一个有用的正义标准,而想要依据一些现成可用的原则(一项权利法案或根本法律)来表述自然法,由此越过这一困难,这样一种企图也未曾克服这一缺陷。这样的原则已经"时

常……成为无益争论的缘由"。(*OH*,140—143,157—160)

幸运的是,公民联合——以及对它做出界定的法治——并不要求一套示范性的、明白无误的、普世的标准,由此来确定法之正义(*jus of lex*)。除了内在于一项法令之理念的那些形式原则之外,欧克肖特指出,公民联合"可能附着于这样一种承认:法之正义可被辨识所依据的种种考量既不是武断的也不是无争议的,而这些考量是一种道德经验的产物,从不缺乏张力和内在矛盾"。因而,用以确定法之正义的标准是历史性的,反映了这一联合的历史的道德—法律自我理解。但是,欧克肖特很快就对这种历史的道德—法律想象限定了范围:它必须"仅仅被聚焦于一项法律可能施加的那种条件性义务",而不应当让自己关涉更普遍的道德考量,例如与我们行动的动机相关的那些考量。民法的规定"不应当与那样一种主流的、受过教育的感知力相冲突,这种感知力能够将'美德'的条件即道德联合('良善行为')的条件区别于应该由法律来强制推行的那种类型的条件('正义')"。(*OH*,143,159—161)

对于道德与法律之间的更一般性的关系——这一问题曾引发法官德富林男爵(Lord Devlin)与哈特之间的著名辩论,其中牵涉关于同性恋和卖淫的沃芬敦报告(Wolfenden Report)——欧克肖特明显地几乎无话可说,但是也许可以从他对正义的讨论中推断出他对这一问题的看法。既然他主张,公民联合的法律应当反映出其成员的历史的道德—法律理解,那么这似乎表明他会反对诸如约翰·罗尔斯、罗纳德·德沃金(Ronald Dworkin)和布鲁斯·阿克曼(Bruce Ackerman)等自由派思想家的这样一种观点:法律应当对于公民的实质性道德信念保持完全的中立。法律的非工具性特征当然是要避免它被设计用来提升作为公民联合实质性目标的道德品质或宗教救赎。但是,非工具性与中立性并不完全是一回事。对于非工具性的法律来说,似乎完全有可能反映出属于任何特定公民联合的所谓"公民性标准",即一个共同体所可能拥有的实质性信念,这些信念关乎什么构成了体面或不体面的、可接受或不可接受的、冒犯的或无恶意的行为。[12]

相比之下,欧克肖特对于分配正义的观点更易于被察明,这一主题在1970年代至1980年代罗尔斯、德沃金、阿克曼与罗伯特·诺齐克(Robert Nozick)的作品中被广为讨论。欧克肖特明确主张,在公民联合中没有分配正义的位置。分配正义将一种实质性的状况确立为公民联合的目标,因此就与其界定性的非工具性特征相抵触。对于罗尔斯与阿克曼的分配正义理论,欧克肖特写道:"在这里 lex(法),倘若还存在的话,是由许多规则组成,这些规则是依据它们的实施结果而被理解的,也被理解为一种指引,导向一种实质性的事物状态。"(*OH*, 156 n13;另见 *OHC*, 153 n1)罗尔斯和阿克曼因而理论化了一种事业联合;他们从事的是探讨现代国家的那种习语,欧克肖特将此命名为"目的制"(teleocracy)。这暗示,他们自己对他们工作的阐释可能是错误的。虽然他们声称已经将目的论和效益主义排除到他们的理论之外,但似乎他们最终隐含地吸纳了这些学说所信奉的东西。

对于欧克肖特与当代自由主义理论的关系,我将在本章的结尾给出更多的讨论。现在对于我们更为紧迫的一个关切是,欧克肖特关于公民联合的观念是否代表了任何真实的事情。是否有可能像欧克肖特那样鲜明地区分公民联合与事业联合?是否能够言之有理地将公民联合和法律说成是纯粹程序性的、非工具性的和无目标的?许多对欧克肖特的公民联合理论的批评都围绕着诸如此类的问题,表明这一理论或许过度形式主义了。果真如此吗?

公民联合与事业联合之间的界限是否可能像欧克肖特所划定的那样鲜明,让我们从这个问题入手:公民联合归根结底不是致力于某种目

---

[12] 本人从雪莉·莱特文的文章中借用了"公民性标准"这一表述,见于 Shirley Letwin, "Morality and Law," *Encounter* 35 (November 1974): 35—43——这篇文章就这一主题提供了一种似乎合理的欧克肖特式的处理方式。

标吗——无论是和平、安全、自由，或者是（如《独立宣言》所指明的）生命、自由和对幸福的追求？很明显，欧克肖特认为并非如此，但他的论证是简要的，有必要被充实。对于和平与安全而言，他明确断言：它们"不是实质性的目标，它们并不明确要求事业联合"。（*OHC*, 119；另见 *OH*, 161）他似乎是想表明，和平与安全不是特定的实质性满足，为了其本身的缘故而被追求；毋宁说，它们是一些形式条件，使追求特定的实质性满足成为可能。虽然和平与安全的确构成公民联合的特征，但它们远远没有指明——通过一些要求公民实质性表现的特定政策——要被追求的某些外在目标。当然，在某些环境中，和平与安全确实会变成一个联合的实质性目标——例如，内战或外来入侵——但在这些环境中，一个公民联合至少部分地被转变为一个事业联合。

欧克肖特沿用了大致相似的策略来反对将自由和幸福当作是公民联合的实质性目标。内在于能动性的自由当然是公民联合不会危及的某种东西，即便当这一联合采用一种强制性形式的时候。但这种自由几乎无法构成这样一种实质性目标——公民联合通过形成特定政策或要求能动者一方的实质性行动来追求的那种目标："这种'自由'不是作为（公民联合的）一种结果而来的，它内在于其特征。"（*OH*, 161）至于幸福，它完全不是一种实质性目标或目的，而是如霍布斯的"福气"（felicity）一样，是一种形式条件，"在其中能动者的表现持续不断地实现他们所期望的结果（无论它们可能是什么）"。正如欧克肖特机敏地观察到的那样，"我不可能要'幸福'；我所要的是可以在阿维农闲逛，或者聆听卡鲁索的演唱。"（*OHC*, 53—54）在另一方面，如果幸福指的是"繁荣"的实质性条件，那么我们所应对的就完全不再是公民联合而是事业联合。

现在我们可以转而讨论另一种形式主义的指控，这主要是质疑法律是否像欧克肖特所主张的那样是或可能是程序性的或无目标的。例如，朱迪思·史克拉（Judith Shklar）指出，法律从来不是纯粹程序性的，从来不是完全无目标的；即便是与这种形式主义的标准最为接近的道路规则也有着防止车辆碰撞的目标。[13] 而约翰·利汀顿(John Liddington)虽然承认合同法可能具有欧克肖特归于 *lex*(法)的那种形式化特征，但他又指出，刑法从来不仅仅是程序性的，而总是禁止某些实质性行动。欧克肖特曾宣称，一项刑法并不是禁止杀害或放火，它所禁止的是"谋杀性地"杀害或"纵火性地"放火。利汀顿含蓄地批评了这一主张，争辩说，任何实质性的法律都可能会以这样一种副词性的措辞被重新描述：例如，一项限制言论自由的法律，可能被重新表述为禁止"资产阶级式地"介入言论。[14]

这些反驳表面上看来是强有力的，但他们曲解了欧克肖特所说的法律的非工具性或无目标性特征的含义。显然他的意思不可能是，法律的制定不是为了达到特定的目标，例如防止火灾、谋杀或车辆碰撞。但法律的运作不是将这些目标强加于能动者或规定某些要被实施的具体行动。更恰当地说，法律的运作是强制规定一些副词性的条件，这些条件在能动者追求他们自己所选择的目标时要被纳入考虑。[15] 史克拉所举的道路规则的例子，恰恰有悖于她的意图，提供了一个有利于欧克肖特的例证。这种规则是为了防止车辆碰撞而制定的，但这一事实并没有使这些规则以欧克肖特想要排除的方式而具有目标性。道路规则并没有对驾驶员强行规定前往的目的地，它们只是规定了驾驶员需要纳入考虑的一些条件，无论他们的目的地是哪里。但这种情况显然

---

[13] Judith Shklar, "Purposes and Procedures," *Times Literary Supplement*, 12 September 1975, 1018.

[14] John Liddington, "Oakeshott: Freedom in a Modern European State," in *Conceptions of Liberty in Political Philosophy*, ed. Z. Pelczynski and John Gray (New York: St Martin's Press, 1984), 313. 另见 John Gray, "Oakeshott on Law, Liberty, and Civil Association," in Gray, *Liberalism: Essays in Political Philosophy* (London: Routledge, 1989), 210—211。

[15] 参见理查德·弗里德曼(Richard Friedman)的一篇有所帮助的论文："What Is a Non-Instrumental Law?" *Political Science Reviewer* 21 (Spring 1992), esp. 96—98。

不同于另外一个例子——法律禁止能动者从事"资产阶级的"(或者反过来"非资产阶级的")行为。当然有可能像利汀顿所展示的那样用副词性的术语来重新描述这种工具性的法律,但这只不过证明,任何洞见若被太过字面化地理解,都可能变得毫无用处。

公民联合构成了一种可能的人类关系模式,然而这一点也不能够消除可能对它产生的质疑。一个甚至更为重要的问题或许是,公民联合是否在现代国家的环境中构成了一种可实践的或可欲的联合模式。欧克肖特自己将这一问题表述为:公民联合"不过就是逻辑学家的一个梦想、一种由相关公理和命题所构成的几何学法则吗"?倘若如此,那么"事关联合在对历史——人类希望、抱负、期待或成就的历史——的实际介入活动中,公民联合会占据什么样的(若有的话)位置"。(*OH*, 149)针对这一历史问题,他在《论人类行为》的第三篇论文中展开了讨论。

现代国家模棱两可的特征

在《论人类行为》的第二篇论文中,欧克肖特关切的是作为一种人类关系的理想模式或"理想特征"的公民联合。公民联合被说成是"理想的",不是因为它代表了某种乌托邦,而是因为它具有一种特性,这种特性是"从世界的现实图景的偶在性和含混性中抽象出来的"。(*OHC*, 109)纵观第二篇论文——其中他用古老的拉丁语表达来代替现代政治的含混语汇这一做法尤为触目——欧克肖特从没有让我们忘记,公民联合是一种理想的联合模式,绝不能误作现代国家的一种具体形态。他之所以采取这种有点形式主义的程序,其缘由只有在《论人类行为》的第三篇论文中才变得清晰,在那里我们了解了,现代国家不是一种单一的、明白无误的人类联合的类型,而是处在公民联合与事业联合这两种不同类型的紧张之中。

欧克肖特在第三篇论文中所寻求的那种历史探究可以回溯到

1950年代的一系列相关探究:《信念论政治与怀疑论政治》《代议民主中的大众》以及哈佛讲座《现代欧洲的道德与政治》。像在那里一样，欧克肖特在此明确阐明了他所关切的论题是一个现代欧洲国家所构成的那种联合模式，这一论题紧密地关联着人们已经持有的关于政府职责和活动的信念。这一论题必须严格区别于欧洲政治思想史中的其他两个论题。第一个论题关乎这样一些信念，一个政府借此被承认拥有权威性；这些信念关系到政府的"构造"(constitutions)。虽然这是政治反思的一个重要论题，但一个政府的构造性轮廓无关于它的活动特征或这个国家的联合模式。第二个论题处在欧克肖特历史探究的范围之外，关乎政府的权力，在欧洲国家的行政历史中可以发现对这一论题的思考。虽然这一论题肯定会与一个国家的联合模式及其政府职责的论题相关，但它不能与后者混为一谈，因而可以被搁置一边。(OHC, 188—197)

欧克肖特借鉴了伟大的德国法学史家奥托·冯·基尔克(Otto von Gierke)和他的英国多元主义弟子弗雷德里克·梅特兰的思想，由此围绕着两种理念或类比来组织他自己的历史阐述。这两种理念是 *societas*（社会）的理念和 *universitas*（整体）的理念，在中世纪晚期的欧洲被用来理解新兴国家的那种令人迷惑和极其含混不清的经验。这两个词汇取自罗马的私法，分别指示两种不同的联合模式。*societas*（社会）是这样一种联合，加入其中的成员不是为了追寻一个共同的目标，而只是共同承认一些非工具性的行为规则，尽管他们被联合起来但仍然保持着各自的特点。与此形成反差，*universitas*（整体）是致力于一个共同目标的联合，其成员放弃他们各自的特点，在一些重要的方面构成了一种单一的"人格"，其范例包括教会、行会和大学。这两个术语指向两种非常不同的关于国家的理解。一个依据 *societas*（社会）来理解的国家是由非工具性的法律所支配的国家——欧克肖特在第二篇论文中称之为"公民联合"，而在这里则被指称为"规范制"(nomocracy)。而另一方面,一个依据 universitas(整体)来理解的国家是一种事业联合,在其中法律被理解为工具性地指向一个目标,政府被理解为对这个目标的管理——一种"目的制"(teleocracy)。(*OHC*,199—206)

欧克肖特的核心争辩论点是,单独取这两种理解的任何一种都无法鉴别现代国家,但当它们一同被采用时,则可提供一种框架,在这一框架中才得以理解现代国家的复杂性和根本的含混性。他写道:"一个国家可能被理解为两个不可调和的倾向之间的一种未解决的紧张,这两个倾向分别由 societas(社会)和 universitas(整体)这两个词来表征。……我提议要探究的论题是:正是这种紧张,而不是目前政治话语中盛行的任何其他论题,才是理解现代欧洲国家及其政府职责的核心所在。"(*OHC*,200—201)

他从中世纪晚期王国中的这种紧张所给出的暗示入手,来展开他的阐述。就 societas(社会)的一面而言,存在着中世纪王国的统治者,即国王,他不是被理解为一个"显贵"(grand seigneur)或一个王国的高贵所有者,而是被理解为和平的维持者和(最终是)正义的最高分配者。中世纪王国中皇室正义的缓慢延伸最终导致的结果是,它被承认为一种依据法律的联合。但中世纪王国还有另外一些特征,它们表明了 universitas(整体)是用以理解这种王国的最为恰当的类比。一种"未被清除的贵族身份的遗迹"仍旧深嵌在国王的职责之中。最初属于教皇并包含控制教育(potestas dicendi)之权力在内的那种祭司权威渐渐地被民政统治者挪用。(*OHC*,206—213,218—224)

欧克肖特从中世纪王国转向了现代国家。现代国家作为一种"主权"(sovereign)联合兴起于 16 世纪,从外部的权威(如教会和帝国)中解放出来,同时从国内的竞争对手(如难以统治的封建巨头)中解放出来,也能够从它的(其不可侵犯性存于其中的)法律传统中将其自身解放出来。然而,这种主权无法确定一个国家是被理解为一个 societas(社会)还是一个 universitas(整体)。(*OHC*,224—229)有一些环境条件

让我们趋于 *societas*（社会）这一类比，其中包括这样一个条件，大多数现代欧洲国家的组成是相当驳杂多样的。每个欧洲国家都由各种各样的人和民族组成，他们有着不同的语言、信仰、习俗、渴望和目标。而它们无一（哪怕只是）接近于构成一个"共同体"，更不用说是一个"国族"（nation）。一个欧洲国家，至少在表面上，似乎不是有望用作造就一个 *universitas*（整体）的材料。（*OHC*, 233—234）

除这种显得有点外在的环境条件之外，欧克肖特还提到了另一种条件，它甚至更为决定性地趋于依据 *societas*（社会）来理解一个国家的那种导向：在欧洲兴起的一种新的倾向或情感，那就是培养与享受个性的倾向，或者——像他在此所表达的那样——那种培养与享受内在于能动性之自由的倾向。正如欧克肖特在他早先的作品中所主张的那样，他认为在中世纪即将结束的时候，随着团体的、共同体生活的纽带开始解体，那种未被刻意追求的、不可避免的内在于能动性的自由开始变得引人注目，不仅被视为一种被默许的条件，而且被视为"人类尊严的标志……一种对每个个体来说都可以当作一个机会来探寻和培养、充分利用以及享受的条件，而不是当作一个要去承受的负担"。他坚持认为，这种培养内在于能动性之自由的历史性倾向不应混同于盲目的"对非遵从性的崇拜"，或者任何一种主观自我表现的浪漫信条。在此，自我不是某种"自然的"东西，对立于历史、文明和反思意识；它是"教育的结果"。这种倾向也完全无关于所谓的"资产阶级道德"或"占有性的个人主义"。欧克肖特在一个脚注中尖刻地写道，将个体性倾向的历史简缩为"所谓的'资产阶级市场社会的资本主义'的历史是一种臭名昭著的拙劣手法。……任何人，如果相信约翰·安脱摩尔修士（Frère Jean des Entommeurs）* 或帕里尼（Parini）是'占有性的个人主义

---

*　约翰·安脱摩尔修士是弗朗索瓦·拉伯雷在《巨人传》中创造的一个人物。——译者注

者'，或者相信米兰多拉(Pico della Mirandola)、蒙田、霍布斯、帕斯卡、康德、布莱克、尼采或克尔凯郭尔所论及的正是这样一些占有性的个人主义者,那么这种人就有本事相信任何事情了"。(*OHC*,234—242)〔16〕

欧克肖特以如下断言为他对培养个体性和价值自主性之倾向的阐述做了结语:这种倾向"一直是现代欧洲居民道德信念中最强有力的潮流"。他还主张,与这种道德倾向相符合的那种对国家的理解就是 *societas*(社会)的理解。"个人"是由他们为自己做出选择的意愿来界定的,只有在被理解为 *societas*(社会)的国家中,一个人为自己做出选择的自由才不会受到危害。欧克肖特援用圣奥古斯丁将如是理解的国家指称为"'客旅之城'(*civitas peregrines*):它是一种联合,不是前往一个共同目的地的朝圣客们的联合,而是冒险者们的联合,每个冒险者在一个由他的同类所组成的世界里尽其所能地回应良知的考验"。他还提到了几位著名的作者,在他们那里可以发现对国家的这样一种理解。对于其中几位作者——马基雅维利、洛克、美国奠基者、伯克、潘恩、兰克、托克维尔和阿克顿——而言,将国家作为 *societas*(社会)的理解表现在一个"含蓄性假定"的层面。而在另一些作者那里(比如孟德斯鸠那里),对国家的这种理解有着更为明确的认识和特征化描述。最后,还有一群被挑选出来的政治哲学家,他们不仅明确地将国家鉴别为 *societas*(社会),而且试图将这种鉴别依据其假设加以理论化的阐述。在这些作者中,欧克肖特列举了最有成就的几位作者的名字:博丹、霍布斯、斯宾诺莎、康德、费希特和黑格尔。(*OHC*,242—252)

特别值得关注的是,他专门为黑格尔的《法哲学原理》做出了长达七页左右的讨论——这是欧克肖特为这位哲学家写下的最长的讨论,

---

〔16〕 最后一段明显参考了 C. B. Macpherson, *The Political Theory of Possessive Individualism* (1962)。但欧克肖特的批评同样适用于列奥·施特劳斯,施特劳斯将霍布斯视为一种新型资产阶级道德的始作俑者,并主要依此来阐释自由主义传统。参见 Strauss, *The Political Philosophy of Hobbes*, ch. 7; *Natural Right and History* (Chicago: University of Chicago Press, 1953), 189; *What Is Political Philosophy*? 48。

黑格尔是他在霍布斯之外最为一贯地予以赞赏的哲学家。黑格尔依据"精神"(*der Geist*)和"意志"(*der Wille*)来理解人类,欧克肖特从黑格尔的这种理解入手,处理了从"抽象权利"到"伦理"(*Sittlichkeit*)以及从"市民社会"(*bürgerliche Gesellschaft*,不幸地被译作"civil society")到"国家"(*der Staat*)的辩证转换,由此提供了关于黑格尔政治哲学的一种权威性的重构,这种重构在很大程度上将黑格尔的政治哲学纳入了欧克肖特自己关于无目标性公民联合的观念之中。(*OHC*,256—263)虽然欧克肖特的阐释可以用来有益地矫正对于黑格尔的那些过度形而上学和社群主义的解读,但这种阐释在根本上是过于形式主义的,忽视了黑格尔对传统自由主义理论的那种原子论和狭隘自我利益的批判,也忽视了黑格尔的这样一种努力——为自由国家提供一种比单单是对生命、自由和财富的保障更为崇高的目标。

在一个观点上,欧克肖特果决地与黑格尔分道扬镳,那就是,黑格尔相信培养内在于能动性之自由的那种历史倾向——一种可追溯到基督教并以国家为先决条件的倾向——正在越来越多地体现为欧洲人的特征。而欧克肖特,就像托克维尔、克尔凯郭尔、布克哈特、尼采和许多其他追随黑格尔的道德家一样,发现除了成为个人的那种倾向之外,在现代世界中运转的还有另一种倾向,这种倾向所唤起的对国家的理解完全不同于那种与 *societas*(社会)相符合的理解。黑格尔看到一种通往理性国家的单线进化模式,在其中个人的主观自由被发展到其最高程度,但欧克肖特却发现了 *societas*(社会)与 *universitas*(整体)之间的一种紧张。欧克肖特继而关注的正是现代国家中 *universitas*(整体)的暗示线索。

在早期的现代欧洲,存在着几种环境因素促进了那种依据 *universitas*(整体)对国家的解读。欧克肖特提到的因素有:国家从国王对之实施"领主统治"(lordship)的土地财产中出现;现代国家的中央行政机构的创生和扩张;殖民冒险和管理;以及最终战争的经验。至于最后那个因素，他重申了在其多部战后作品中所表达的信念："发生在现代欧洲国家的战争是公民联合的敌人。"(*OHC*,266—274)

但是，在对作为 *universitas*(整体)的国家的阐述中，欧克肖特最为强调的环境条件是他称之为"挫败的个人"(*individual manqué*)的出现。我们从《代议民主中的大众》一文中已经熟知这种人格，而欧克肖特在此对这种人格的描述与他先前的讨论同样充满着意识形态色彩。挫败的个人发现，自由——因欧洲中世纪后期共同体生活的解体所产生的那种自由——与其说是激动人心的，不如说是负担沉重的。挫败的个人"具有的是需求而不是渴望"，"他所寻求的是一个保护人而不是一个统治者；是一个主人而不是一项法律，主人能够为他做出他无法为自己做出的选择，而法律能够在选择的冒险中保护他"。因为怨恨比他更有进取心的同类，并被肆无忌惮的"领导人"操纵，所以挫败的个人最终转变成好战的"反个人"，"在一种对独特性的极度反感中与他的同伴们联合起来"。欧克肖特坚持认为，唯一能够容纳在道德和感情上如此贫瘠之人格的一种国家类型就是 *universitas*(整体)，在其中个人的选择被移除了，而一种统一的实质性条件被强加给所有人。(*OHC*,274—278)

欧克肖特继而探索了现代欧洲政治历史中几种不同风格的目的制信念：作为文化的和宗教的 *universitas*(整体)的国家(如日内瓦)；作为"开明"政府的国家(如官房学派[Cameralism])；以及作为治疗性事业的国家(福柯也对此做过探讨)。但迄今为止，现代欧洲目的制信念最重要的风格体现是培根的表达，在那里国家被理解为一种团体事业，目的是开发地球资源。在此，国家被辨识为不只是**拥有**一个经济体，而且**就是**一个经济体。虽然这种技术性的国家视野在培根的《新大西岛》(*New Atlantis*)中获得了其最早和最大胆的表述，但这一视野要留给培根的继承者——圣西门、傅立叶、欧文、马克思、韦伯夫妇和列宁——来充分发展欧克肖特(用又一个拉丁语)所称的"欲望之城"(*civitas cupiditatis*)。纵观欧克肖特写就的所有作品，无论早期的还是晚期的，可以清楚地看到,他将这种技术性或经济主义的对国家的理解视为现代世界中公民联合的最严肃的对手。他评论说,所有作为 universitas(整体)之国家的当今版本都具有"无法消除的培根痕迹"。(OHC,279—311;另见 OH,153)

欧克肖特没有低估依据 universitas(整体)的国家理解对现代政治所造成的冲击,他写道,这种理解"已经深深地侵入了现代欧洲的公民体制",危及它的法律,败坏其公民论述的语汇。然而,他对这一发展的焦虑并没有导致他去构想一种片面悲观的和整体性的对现代性的阐述——这类阐述常见于诸如海德格尔、施特劳斯、沃格林、马尔库塞、福柯和麦金太尔之类的思想家。虽然对国家的这种目的制的理解已经深深地侵入了现代欧洲的公民传统,但它从未能无所限制地体现欧洲国家的特征:"在现代欧洲五个世纪的历史中,从来没有一个政体毫无限制地'代表'对国家的这种理解;公民联合的声音在四处都变成了低声耳语,但它在任何地方都没有完全沉寂无声。"(OHC,312—313)

在这方面,欧克肖特强调要反驳如下观点:存在着走向一种对国家之目的制理解的不可避免的趋势。这一观点采用了两种形式。其一,基于近来的种种发展,主要是技术的发展,走向目的制的趋势被视为在历史意义上是不可避免的。但欧克肖特指出,这种观点不符合目的制信念的真正来源。这种有利于目的制的倾向并不是在对最近的一系列(技术、全球经济或世界人口方面的)发展的回应中才出现的;这种倾向"成为欧洲政治意识的一个特征已经长达五个多世纪了"。这种观点——现代国家正向着一种明白无误的 universitas(整体)演化——的第二种形式具有一种浪漫主义的而不是理性主义的根源。它将现代欧洲的历史视为一个漫长而痛苦的努力,来复苏共同体纽带的温暖和亲密,这些共同体的纽带据说是被冷漠和占有性的现代个人主义摧毁的。但欧克肖特反对将公民联合混同于"原子化的社会"、"资本主义"、"占有性的个人主义"或"资产阶级道德"。这些对个人主义传统的拙劣模仿已经使得对共同体的渴望在我们的政治传统中显得令人尊敬甚至具有支配性,但实际上这种渴望只不过是一种"奴性的残余,对欧洲民族来说,为这种奴性感到深深的羞愧才是恰当的"。沿着这条告诫性的思路,欧克肖特又补充说:"每一个欧洲人,只要意识到他的道德理解之传承,就不可能否认公民联合更高的可欲性,而没有一种深刻的内疚感。"(*OHC*,320—323;*OH*,154)

很明显,欧克肖特偏向于公民联合或 *societas*(社会),而不是那种将国家作为事业联合或 *universitas*(整体)的理解。问题在于他的这种偏向是否具有一个合理的基础。贯穿整部《论人类行为》,他反复重申为他这种偏向辩护的一个论证:国家,作为一种强制性的联合体,不可能完全采取事业联合或 *universitas*(整体)的形式,而不触犯其成员的内在自由或自主性。(参见 *OHC*,115,119,157—158,264,298,316—317,319)但这一论证似乎只是关涉极端的或极权性的案例。那么,所有中间状况——国家以多种多样的方式结合了 *universitas*(整体)与 *societas*(社会)、事业联合与公民联合、政策目标与非工具性法律——又会怎么样呢?欧克肖特做出的区分在此又能提供什么样的引导呢?

公允地说,欧克肖特认识到,现代国家必定结合了公民联合与事业联合或 *societas*(社会)与 *universitas*(整体)这两种要素。虽然 *societas*(社会)与 *universitas*(整体)没有一种彼此的内在需求,但在现代欧洲国家中它们对彼此拥有一种因势而变的需求。例如,国防(尤其在战争时期)必然要求公民联合受到限制,国家至少要被局部地转变为事业联合。(*OH*,155,162—164)供养穷人的问题也要求对公民联合做出相似的限制。虽然欧克肖特几乎没有论及后一个问题,但他援用了黑格尔的观点:有必要实施"一种明断的'领主统治'来缓解穷困状况",哪怕只是为了排除穷人可能会有的那种念头——将国家转变为一个工业 *universitas*(整体),为所有人带来平等的配给和被保障的福利。(*OHC*, 304 n3)

然而，一旦欧克肖特敞开了大门，允许对公民联合的这些类型的限制，那么就不清楚为什么他不应当接受其他类型的限制——这些限制在我们当前的历史环境中可能最终会有利于保存或加强公民联合。的确，就像欧克肖特告诫的那样，我们必须"将难免的限制区别于败坏或摇摆不定"(*OH*,162)，但是这种说法似乎仍然留出了一片有待探询的开阔地带，去探询公民联合的那些因势而变的有效条件。例如，极端的经济不平等会对公民联合的命运造成什么影响？公民联合所颂扬的那种个体性会以怎样的方式导致托克维尔冠以"个人主义"之名的那种病症——自由民主社会中的个体所表现出的一种趋势，退回到他们家庭和朋友的私人圈子里，而脱离了与他们周围一个更大的共同体的联系，或丧失了对这个共同体的责任感？何以缓解抵消资本主义和自由个人主义这两者的腐蚀性影响——并不是为了创造一种"团结一致"(*solidarité commune*)，而只是为了使公民联合的理想得以存活？

虽然欧克肖特未必会排除关于或可被称为公民联合之社会和文化前提条件的这些考虑，但他从未真正严肃地思考过它们；他当然也不允许这些考虑去模糊其公民联合观念的严格的纯粹性。这是他的政治哲学中一个真正的弱点，而这也鲜明地区分了他的政治哲学与他的精神导师黑格尔的政治哲学。黑格尔的确深刻地思考了这些"社会学"问题，而在《法哲学原理》中，他勾勒出一个复杂的制度与联合的网络，以此来调节个人的特殊利益与国家的普遍利益。欧克肖特不愿意涉足这些因势而变的考虑，这也使他区别于美国的新保守主义者，后者受到托克维尔的影响，担忧自由个人主义的那种自我瓦解的特征，担忧自由社会之社会和文化条件的消蚀。

最终，对于——在一个现代国家中公民联合与事业联合、*societas*（社会）与 *universitas*（整体）的恰当的混合体应该是什么——这样一种实践的和因势而变的问题，《论人类行为》并没有给予我们多少指引。尽管如此，关于什么是我们政治传统中最重要和最有价值的东西，这本书的确提供了一种有力的哲学陈述,因此可以作为一个必要的绪论,帮助我们去思考上述那些实践的和因势而变的困难问题。欧克肖特在某处曾表示,为了捍卫公民联合的"令人瞩目的创造","我们必须不仅去了解我们的对手,而且了解我们自己,比现在了解得更准确;我们必须捍卫我们的立场,以一些与之相称的理由"。(*RP*,460)《论人类行为》对于更准确地了解我们自己这项任务做出了重要的贡献,这将公民联合的自由理想不仅区别于对它的平等主义的误解,也区别于对它的保守主义的误解——无论是依据"最小国家"(诺齐克)的版本、"自由企业国家"(米尔顿·弗里德曼[Milton Friedman])的版本,还是(哈耶克的)"所有误解中最悲哀的那个"版本。在最后那个版本中,虽然公民联合被正确地辨识为依据非工具性之行为规则的联合,但对它的辩护却是工具性的,把它"当作最有可能有助于满足和持续满足我们多样的和与日俱增的需求的那种联合模式"。(*RP*,456—457)就它摆脱了左右两翼的伪善和陈腐之词而言,《论人类行为》代表了一个非凡的成就。

公民联合与当代自由主义理论

1971 年,在《论人类行为》一书出版四年前,约翰·罗尔斯的《正义论》(*A Theory of Justice*)问世。这本书比其他任何著作都更为深远地确立了此后 30 年间有关自由主义辩论的议程。除了一些间接的和零星的参引之外(参见 *OHC*,147,153 n1;*OH*,156 n13),欧克肖特没有直接介入罗尔斯的著作或介入由此引发的众多评论和批评。[17]直到晚年,

---

[17] 在关于《哲学、政治和社会(系列二)》(*Philosophy, Politics and Society* [*Second Series*], edited by Peter Laslett and W. G. Runciman)的一篇评论文章中,欧克肖特实际上用了几个段落来讨论罗尔斯早期的文章《作为公平的正义》("Justice as Fairness"),称它可能是"书中最绝妙的一篇文章",见于 *Philosophical Quarterly* 15 (1965):281—282。

他仍然一直令人瞩目地关注政治哲学的发展。我们发现他在 81 岁的时候,还致信他的一位朋友,热情洋溢地写道:"我刚得到一本书,作者是一个哈佛小子迈克尔·桑德尔(Michael Sandel),书名是《自由主义与正义的局限》(*Liberalism and the Limits of Justice*)。我曾读过一篇关于它的书评,使我觉得这就是我一直在等待的一本书。"[18]然而,在许多方面他的公民联合理论是脱胎于更早期的那些政治—哲学辩论,属于欧洲战后甚至两次大战之间的那些年代。尽管如此,这一理论深刻地触及了贯穿于 20 世纪晚期(从罗尔斯到理查德·罗蒂)的自由主义理论的许多问题,因而值得将其带入与当代语境更明确的对话之中予以讨论。

正如在第一章中曾提到过的,约翰·格雷在他最近的著作《自由主义的两张面孔》(*Two Faces of Liberalism*)中,有益地区分了两种不同类型的自由主义:第一种类型以罗尔斯为范例,建基于理性共识,被启蒙运动对普遍主义体制的希望所激活;第二种类型以欧克肖特和伯林为范例,被格雷称为"临时协议"(modus vivendi)的自由主义,将自由制度视为在不同的生活方式之间实现和平共存的一种手段。[19]这一分类捕捉到了罗尔斯与欧克肖特之间的一个本质区别,这个区别甚至比他们在分配正义问题上的明显分歧更为根本。

什么构成了一个自由社会的正义,在这个问题上寻求共识,贯穿了罗尔斯早期和晚期的政治哲学。在《正义论》中,罗尔斯试图通过建构一个"中立的"立足点来达成这一共识,这一立足点就是所谓的原初位置,个人由此出发通过从他们各自的特殊利益和善的观念抽离出来,能够就正义的制度达成一致。但批评者们指出,这一原初位置的设置远

---

[18] 1982 年 3 月 6 日给诺埃尔·奥沙利文的信。信中继续写道:"我对这本书读得还不够多,但它开始于我所见过的对罗尔斯和德沃金的最优秀的批评,不管它的主义是什么,我认为我不会对它全然失望。其实我不用'自由主义'这个部分也可以完成我的工作,但没有一个美国作家能够回避它。"

[19] Gray, *Two Faces of Liberalism*, 2.

不是中立的,似乎预设了一种特殊的善的观念——自由主义的、个人主义的和意愿主义的善的观念。在此后的二三十年间,罗尔斯重铸了他的理论,以使它更友好地接纳现代多元主义的事实,阐明了一种"政治的"自由主义,这种自由主义不再依赖于任何有争议的关于人性或人类之善的整全性学说。这种"政治自由主义"被理解为不是建基于一种纯粹的霍布斯式的"临时协议",而是建基于一种真正道德的"重叠共识",而多种多样的"合理的"整全性(道德的、宗教的和哲学的)学说都可能确认这种重叠共识。然而,批评者再次怀疑罗尔斯是否成功地将他的自由主义从对整全性道德观点的依赖中解脱出来。罗尔斯的政治自由主义似乎仍然隐含地——尽管比在《正义论》中更为微妙地——依赖于一种整全性的道德学说,这种整全性学说被编码在"合理的"这一含混的术语之中,它对于道德多样性和多元主义并没有像罗尔斯所假设的那样友好。

在某一个论点上,罗尔斯借用了欧克肖特对公民联合与事业联合的区分,用来澄清他自己所做的一个区分——一种由政治的正义观念所支配的联合体与一种由整全性的道德、宗教或哲学学说所支配的联合体之间的区分。[20] 但是,在欧克肖特的公民联合概念与罗尔斯的政治自由主义观念之间存在着一些重要的区别。也许其中最重要的一个区别在于,公民联合与政治自由主义不同,它不是导向在道德多元主义的条件下达成关于正义的道德共识。公民联合理论更为关切的不是正义,而是权威的理念,后者并不预设对于正义或道德的一致意见。这是欧克肖特思想的霍布斯式的面向。然而正如我们已经看到的,欧克肖特与霍布斯不同,他没有将权威等同于正义,也不承认 lex(法)可以依据 jus(正义)来考量。但是欧克肖特又与罗尔斯不同,他不愿意进一步详细阐述 jus(正义),仅止于将它视作公民联合之成员的"主流的、受过

---

[20] John Rawls, *Political Liberalism* (New York: Columbia University Press, 1993), 42 n 44.

教育的感知力"。正义不是要被理解为一种"重叠共识"的产物——某种人们可以无视自己的整全性道德视野而认可的中立性的考虑。欧克肖特无疑会将这样一种"重叠共识"——更不用说是罗尔斯的那些审慎的民主后代们所寻求的那种更具野心的政治共识[21]——视为一招理性主义的伎俩,只有通过隐蔽地压制某些观点并将其特征描述为"非理性的",这种伎俩才能奏效。

欧克肖特的公民联合理念与罗尔斯的政治自由主义理念之间还有一个重要区别。罗尔斯致力于将自由主义从整全性道德学说中解脱出来并防止它成为一种宗派信条,作为这种努力的一部分,他否认政治自由主义是依赖于(诸如康德和密尔等作者笔下的)自主性和个体性的理想。而在另一方面,欧克肖特将现代欧洲国家中公民联合的现实化直接联系到个体性历史倾向的兴起,即"出现了这样一些国民,他们愿意为自己做出选择、从中发现快乐,并为接受强加于他们的选择而感到沮丧"。(*MPME*,84)在这方面,正如我们已经看到的,他的英雄不仅有康德,也包括蒙田、帕斯卡、塞万提斯、霍布斯、布莱克、克尔凯郭尔和尼采;而密尔在他看来,在个体性道德的问题上是一个更加含混不清的人物。不过,要点在于,与罗尔斯不同,欧克肖特没有把 *societas*(社会)想象为在良善生活意义上是中立的,或独立于个体性或自主性的历史理想。

鉴于欧克肖特反对罗尔斯式的中立性,有人可能倾向于将他置于罗尔斯的社群主义批评者(如迈克尔·桑德尔)的阵营。但是,尽管他对《自由主义与正义的局限》做出了热情的回应,且桑德尔将欧克肖特归为自由主义的一个社群主义批评者,[22]但欧克肖特的政治哲学与桑德尔式的社群主义几乎没有多少共同之处。通过如下对比,可以最

---

[21] 例如,参见 Amy Guttman and Dennis Thompson, *Democracy and Disagreement* (Cambridge: Harvard University Press, 1996)。

[22] 见于 *Liberalism and Its Critics*, ed. Michael Sandel (New York: New York University Press, 1984)。

容易地看清这一点。在《民主的不满》(Democracy's Discontent)一书中，桑德尔对美国历史中程序主义不断兴起与公民共和主义持续衰弱做出了一种简单化的解释。与此形成鲜明反差的是，在《论人类行为》一书中，欧克肖特对早期现代欧洲混杂多样和斑驳破碎的环境条件做出了精彩的重现："一部现代欧洲的历史就是波兰的历史，只不过略微更为如此而已。"(OHC,186)欧克肖特以一种桑德尔难以领会的方式，领会了为什么公民共和主义在现代多元主义的条件下不再适宜的缘由。他并不否认——必须说罗尔斯也没有否认——公民美德对一个公民联合来说是必要的；只是否认了这种公民美德在现代自由民主社会中可以与它在小型的同质化的共和体中相提并论。他提到节制、自我约束、勇气、正直，甚至骄傲，作为现代自由民主国家的成员所应该具有的重要的道德品质。(参见RPML,115;OHC,180)

当然，对当代自由主义理论的那种中立性愿望的批评，不仅仅出自像桑德尔这样的社群主义者。至善论的自由主义者，诸如斯蒂芬·马塞多(Stephen Macedo)、约瑟夫·拉兹(Joseph Raz)和威廉·盖尔斯敦(William Galston)，也反对中立性，但他们不是抛弃自由主义，而是试图表明自由主义是依赖于它自身独特的良善生活观念。在这方面马塞多是非常有意思的，因为在他的论证中有多处提到了欧克肖特。首先，他反对欧克肖特对理性主义的批判，同时为自由主义的如下要求(如杰里米·沃尔登[Jeremy Waldron]所概述的那样)辩护——"社会秩序应该在原则上有能力在每个个人理解的质询前解释自身"。在这方面，他赞成那种罗尔斯式的努力——"去寻求正当化的证明，它们能够广泛地被通情达理的人们所接收，这些人具有各种各样的道德与哲学的承诺和旨趣"。但是，与罗尔斯不同，马塞多并不隐藏自由主义的实质性和整全性的道德承诺。他指出，自由主义假定了并且应当去促进自主性的根本理想，他将这种理想关联到对道德和政治的自觉的批判性反思。奇怪的是，他援用了欧克肖特的自主性概念，但实际上他的道德理想离密尔很近而离欧克肖特很远:"理想的自由主义人格是以反思的自觉……(以及)一种介入自我批判的意愿为特征的……自由主义政治要求每个公民用理性推论来为自己立法……自由主义的自主性理想要求人们采取一种类似的批判性阐释的态度来面对他们自己的性格、承诺和生活。"[23]这种态度恰恰被欧克肖特在他早先作品中指责为是理性主义的,而他会将这种态度看作——若被采纳为一种政治目标——是对公民联合意在保护的那种自由和个体性的破坏。

约瑟夫·拉兹的《自由的道德》(*The Morality of Freedom*)对至善论的自由主义做出了最雄心勃勃和哲学上最为详尽的陈述。像马塞多一样,拉兹将自主性辨识为自由主义寻求推进的根本理想,而他将自主性界定为一种"在对可被接受和有价值的规划与关系的追求中度过的"生活。相对于罗尔斯等反至善论的思想家,拉兹主张由国家来追求这种实质性和整全性的理想,完全兼容于道德多元主义。不过,这是否兼容于欧克肖特对自由和个体性的理解却是有疑问的。和其他许多自由主义思想家一样,欧克肖特会担忧拉兹的以下一些主张:其一,"所有政治行动的目标都是要使个人能够去追求有效的善的观念并抑制有害的或空洞的善的观念";其二,国家关切如下一些考虑是恰当的——超越"狭隘道德"并触及"生活的艺术",指导"人们如何生活以及什么能够促进一种成功的、有意义的和有价值的人生";其三,"自主性原则允许甚至是要求政府去创造有道德价值的机会,并消除道德败坏的机会"。[24]拉兹顽强地努力将这些父权主义的主张与更为传统的自由主义禁令并置,甚至争辩说,这些主张兼容于一种改进的"伤害原

---

[23] Stephen Macebo, *Liberal Virtues: Citizenship, Virtue, and Community in Liberal Constitutionalism* (Oxford: Oxford University Press, 1990), 22—25, 40—59, 215—227, 251, 269—270, 282—283. 同时参考马塞多在其更晚近的一部著作中所谈及的"有脊梁的自由主义"(liberalism with a spine),见于 *Diversity and Distrust: Civic Education in a Multicultural Democracy* (Cambridge: Harvard University Press, 2000)。

[24] Joseph Raz, *The Morality of Freedom* (Oxford: Clarendon Press, 1986), 133, 213—214, 417.

则"——禁止使用强制措施去实现至善论的目标。然而,在这方面拉兹的这些努力在根本上是不融贯的和没有说服力的。最终,他的至善论自由主义变得更接近于至善论而远离了自由主义。

可以说相反的情况是威廉·盖尔斯敦在《自由的目标》(*Liberal Purposes*)一书中所表达的至善论自由主义。这本书的开篇醒目地声明:"自由国家不能够按照迈克尔·欧克肖特的思路来理解,被理解为由副词性规则所构建的无目标的公民联合。自由国家,与任何其他形式的政治共同体一样,是一种事业联合。它的独特性并不在于缺失公共目标,而是在于其公共目标的那种内容。"[25]但盖尔斯敦赞成一个目标性国家的论证,最后实际上比这段声明所暗示的要温和得多。他所发展的自由之善的理论是格外薄的,包含诸如生命、自由和基本能力的发展这样一些基本条目。而且他说自由主义的与众不同之处是在于它"不愿(从其实质性的善的观念)迈向对个人的全面公共强制",由此他进一步稀释了他的自由之善的理论。[26]盖尔斯敦这本书真正的批评对象是罗尔斯、德沃金等人的中立论的自由主义——禁止政府推动或支持那些对维护一个自由政体所必需的品格美德:节制、自我约束、守法、宽容,等等。欧克肖特未必会反对这样一种主张:自由主义或公民联合为维护自身需要一些特定的美德,然而(正如我们已经看到的)他没有充分地关注盖尔斯敦所谓的"自由主义的文化前提"。但是,所有这些主要关乎的是维护自由主义的审慎手段,而更少关乎是什么使它成为(界定为)一种独特的联合形式。就后面这一要点而言,欧克肖特与盖尔斯敦之间的一致性要比盖尔斯敦本人所以为的更多,这就是为什么发现以下事实完全不会令人惊奇或感到前后不一:盖尔斯敦在下一部著作中捍卫了"多样性国家"(diversity state)(而非目标性国家)

---

[25] William Galston, *Liberal Purposes: Goods, Virtues, and Diversity in the Liberal State* (Cambridge: Cambridge University Press, 1991), 3.
[26] Ibid., 89 and ch. 8 in general.

并接受了以赛亚·伯林的多元主义。[27]

这将我们带到格雷的分类格局的另一侧——"临时协议"式的自由主义,其主要的当代范例是伯林和欧克肖特。格雷正确地将这两位思想家的自由主义理论归为一类,尤其是在与罗尔斯及其追随者(甚至其某些批评者)的更为理性主义的自由主义相对照的意义上。尽管如此,在伯林与欧克肖特的自由主义理论之间存在着重要的区别,这些区别值得深入地探讨,特别是因为伯林式的自由多元主义近来引发了相当大的兴趣并变得影响广泛。格雷自己并不是没有意识到这些区别,并最终批评欧克肖特的政治哲学缺乏伯林对激进多样性和冲突的那种把握。[28]我自己的阐释将以不同的方式切入,不是将欧克肖特的自由主义看作不充分的多元主义,而是论证伯林的多元主义最终无法在理论上令人满意地支撑或阐明自由主义。

当然,伯林哲学的主导性理念是价值多元主义。他所写的一切,从《刺猬与狐狸》("The Hedgehog and the Fox",1953)到《理想的追求》("The Pursuit of the Ideal",1988),几乎都介入了对一元论的抨击——一元论相信所有人类的目标最终都是相互兼容的并可以被纳入一个单一的整体,以及对多元论的辩护——多元论相信"同样终极性的、同样神圣的各种目标可能互相矛盾,整个价值体系将会陷入冲突而没有理性仲裁的可能"。[29]伯林思想中这种主导性的二分法是如此普遍,以至于它本身可能会变得相当一元性。正如许多评论者注意到的那样,虽然伯林将自己看作"知道许多小事"的狐狸,但他最终却多少像是"明白一件大事"的刺猬,这件大事就是:价值是多元的,理性主义的一

---

[27] William Galston, *Liberal Pluralsim: The Implications of Value Pluralism for Political Theory and Practice* (Cambridge: Cambridge University Press, 2002).

[28] Gray, *Two Faces of Liberalism*, 32—33, 53;另见"Berlin, Oakeshott and Enlightenment," in Gray, *Endgames: Questions in Late Modern Political Thought* (Cambridge: Polity Press, 1997), 86—91。

[29] Isaiah Berlin, "The Originality of Machiavelli," in *The Proper Study of Mankind*, 320.

元论是错误的。

在他那篇广为人知的论文《两种自由概念》("Two Concepts of Liberty")里,伯林论证,他的价值多元主义观念以某种方式包含着自由主义试图保障的那种消极自由。在一个终极目标互相碰撞而且没有"最终解决"的世界里,选择的自由是至关重要的。这种"在多种绝对的主张之间进行选择的必要性"使"自由作为……目标本身获得了价值"。[30]然而,正如许多评论者已经指出的那样,伯林从多元主义推出自由主义的论证并不真正可行。面对激进的多元主义,我们仍然不清楚为什么人必然会选择满足于尽可能多的目标,而不选择只追求一个单一的目标,或者,为什么人要赋予消极自由优先性,优先于其他各种同样有价值的善。格雷认为,基于消极自由的自由主义理想不能简单地从多元主义的元伦理学论题中推导出来,而是依赖于"做出选择"这一具有文化特定性的价值。激进多元主义必须容纳一种不看重"做出选择"的生活方式的可能性,而不是简单地担保支持个体性和自主选择这些相当特殊的属于自由主义的价值。[31]

针对伯林力图把多元主义与自由主义联系起来的这些批评也并非没有引起反驳回应。一些学者列举出在某些地方伯林似乎对价值多元主义的界限和范围做出了限定:在这些地方伯林指出,"如果我们不想'蜕化我们的本性'",那么就要有一个必须得到保护的"个人自由的最小区域";还有些地方伯林顺着哈特关于"自然法的最低成分"的思路,论及一种共同道德视域,用作对我们行为的一个更低的约束。[32]然而,这些对共同人性和共同道德视域的零星谈论,还是过于笼统一般,也过于基本,以至于难以支持自由主义,或证成消极自由对于其他政治价值的优先性。历史上存在过许多社会,它们并没有把消极自由或选

---

[30] Isaiah Berlin, "Two Concepts of Liberty," in *The Proper Study of Mankind*, 239.
[31] John Gray, *Isaiah Berlin* (Princeton: Princeton University Press, 1996), 159—161.
[32] Berlin, "Two Concepts of Liberty," 198; "The Pursuit of the Ideal," in *The Proper Study of Mankind*, 15.

择的价值提升到至上的重要高度,却也同样符合伯林对基本道德尊严的标准。正如欧克肖特如此清晰地表明的那样,应当在重视自主选择和个体性的特定历史倾向中,而不是在某些笼统一般的人性或普遍道德底线中去寻找自由公民联合的基础。欧克肖特这一更为历史主义的论述——偶尔在伯林那里也有所显露,却从未得到前后一致的发展〔33〕——对于自由主义之基础的问题,给出了一种比试图将自由主义根植于非历史的多元主义事实这一努力更为融贯的回应。

伯林对自由社会之特性的阐述也不如欧克肖特成功。伯林主要依据消极自由来描述自由社会的特征,但是(正如他自己认识到的),没有一个社会能够简单地建立在消极自由之上。对这种自由一定存在着某种限制,也一定要为国家的行为留下空间,当然这种国家行为也一定会受到限制。但伯林并没有非常具体地阐述这些限制。他指出,自由"必须针对许多其他价值的要求来权衡,这些要求中最为明显的例子可能就是:平等、正义、幸福、安全和公共秩序"。没有什么万无一失的方法可以裁定这些相互竞争的要求,所以伯林留给我们"伯克的呼吁:诉诸对于补偿、调和以及平衡的不断需求"。〔34〕但这似乎会让自由社会珍贵的消极自由处于相当危急的处境。伯林似乎认识到了这一点,所以他同时也要求,必须有"某种绝对的壁垒来阻止一个人想将自己的意志强加于别人"。但到了开始界定那些绝对壁垒所依据的基础的时候,伯林又一次变得含糊其辞:

> 一定存在某些不允许任何人跨越的边界。决定这些边界的规则或许有不同的名称和特征:它们可能被称为自然权利,或上帝的指令,或自然法,或效用的要求或"人类永恒利益"

---

〔33〕 例如,参见《两种自由概念》中著名的结语段落,伯林在其中评论道,"可能的情况是,自由选择目标却并不主张这些目标的永久有效性,这一理想以及与此相关的价值多元主义,仅仅是我们正在衰course的资本主义文明所迟结的果实:这个理想在远古时代和原始社会未被承认",等等,见于"Two Concepts of Liberty," 242, 201。
〔34〕 Berlin, "Two Concepts of Liberty," 240。

的要求；也许我预先相信它们是有效的，或断言它们是我自己的终极目标，或是我的社会或文化的目标。这些规则和戒律有共同之处，即随着它们经由历史的发展，它们被如此广泛地接受，并被如此深地根植于人的真实本性，至今已成为我们指称何为一个正常人的本质部分。真正信奉一种最低限度个人自由的不可侵犯性需要某种如此绝对的立场。[35]

所有这些说法都不足以令人满意。伯林的大多数困难都源于根据消极自由的概念来理解自由主义。消极自由——尤其是伯林不时予以辩护的那种不能令人信服的霍布斯—边沁式的消极自由——不能真正地区别各种不同类型的国家行动。所有的国家行动都表现为一种侵犯，侵犯了我们追寻自身需求和欲望而不受到阻碍的消极自由。因此，伯林就陷入了在自由与其他竞争性的价值之间的那种无标准的和悲剧性的平衡。而欧克肖特的自由理论并没有陷入这种状况，他的自由理论既提供了对于人类自由不可侵犯之领域的一种更为清晰明了的理解，也提供了将这种自由与公民权威、义务和法律相调和的一个方式。权威、义务和法律——当它们在非目标性的公民联合的背景中被恰当地构想时——看上去就不是人类自由的障碍，而是其必要条件。因此，欧克肖特给出了一个得以区别不同类型的国家行动的标准，取决于这种行动是以非目标性的、副词性的行为规则来展开，还是以致力于实质性目标的工具性措施来实施。我们并非被置于一个悲剧性的选择：要么是自由，要么是诸如平等、正义、安全和幸福等其他价值。不如说，我们被赋予了一种自由的观念，它恰恰阐释了如果这些价值要与自由生活并行不悖，那么我们应当如何去理解它们。

理查德·罗蒂曾对伯林的自由主义提供了一种历史主义阐释，也曾援用欧克肖特关于公民联合的理想。罗蒂将欧克肖特，连同杜威和

---

[35] Berlin, "Two Concepts of Liberty," 235—237.

罗尔斯一起,视为他所拥护的那种反基础主义自由论的先驱,他们所寻求的是"在抛弃启蒙理性主义的同时保留启蒙自由主义"。罗蒂也拥护欧克肖特关于 societas(社会)的概念,这种理念将社会"构想为各种古怪之人出于相互保护的目的而合作的群体,而不是由一个共同目标所团结起来的精神伙伴的群体"。罗蒂自己的自由社会理想听起来的确是非常欧克肖特式的:一个社会"没有别的目标,除了自由;没有什么终点,只有一种意愿——愿意看世事变幻,并愿承担一切后果"。[36]而这引发了一个问题——本章的最后一个问题:欧克肖特的政治哲学是否可以被吸纳到罗蒂式的反基础主义和后现代主义之中?

简短的回答是,不。当然,罗蒂以他对其他哲学家的"过强"解读而著称——例如,很难说杜威抑或罗尔斯符合他的反基础主义范式——就他对欧克肖特的解读而言,确实如此。例如,他将欧克肖特把道德当作语言这一类比阐释为一种对道德—明智之区分的拒绝,也阐释为一种等同化,将道德等同于共同体利益,即等同于仅仅是"我们—意图"(we-intentions)这件事情。[37]在《论人类行为》一书中,很难发现一段更不加修饰的欧克肖特的论证,这个论证实际上恰恰意在将道德实践与明智实践区分开来,以及表明公民联合属于前一种范畴。再者,罗蒂无所顾忌地指称"资产阶级自由主义"与"富裕的北大西洋民主政体的实践",这都混淆了欧克肖特所细致区别的东西,即对公民联合的非工具性实践与资产阶级资本主义的工具性实践的区分。[38]最后,在欧克肖特那里完全没有这样一种暗示:如果"反讽论"(ironism)——认定我们的核心信念与最深的欲求都不过是偶然历史的产物——变成普遍的,如果我们的文化彻底变成后形而上学的、"去神圣的"、启蒙的和

---

[36] Richard Rorty, *Contingency, Irony, and Solidarity* (Cambridge: Cambridge University Press, 1989), 45—51, 57, 60.

[37] Ibid., 58—60.

[38] 参见 Richard Rorty, "Postmodernist Bourgeois Liberalism," *Journal of Philosophy* 80 (1983): 583—589。

世俗的,那么公民联合或自由社会将会变得更好。[39] 欧克肖特或许没有充分重视自由主义的道德与文化的前提条件,但他并不是有悖常理的。

在欧克肖特与罗蒂之间的最重要的区别在于他们各自的政治哲学观。欧克肖特当然会赞同罗蒂的这一观点:政治哲学的任务不是为自由主义民主铺垫"基础"。政治哲学的任务不是来证成我们的政治制度,而是来表达我们共享的关于政治的直觉和信念。就此而言,实践优先于理论,自由主义民主优先于哲学。但欧克肖特并不会同意罗蒂用非问题化的态度来对待那种他们都予以理论化的实践即自由主义。我同意罗蒂的一位批评者的说法,说他"只是整体性地谈及'自由主义民主'而没有打开其中包含的事物,或者没有公允地对待关于自由主义民主是什么或应该是什么的巨大历史争议"。[40] 欧克肖特绝不会接受罗蒂的这样一种暗含之义:"我们"对自由主义民主的含义都有共同的直觉;他也不会假定对于我们政治传统的本质存在着共识。正如我们已经看到的,他认为我们的政治传统具有深刻的矛盾暧昧之处。而他仅仅是通过从历史现实的偶在性与含混性中进行激进的抽象才企及了他的公民联合理论。

若以尽可能简洁的方式来陈述他们之间的区别,那就是欧克肖特反对罗蒂对哲学的实用主义理解。对欧克肖特来说,政治哲学不仅仅是对当下政治意见的表达或证成。虽然哲学——如密涅瓦的猫头鹰——追踪并反思自由主义民主,但哲学不仅仅局限于映照我们对这一历史实践的日常实用性理解。哲学代表了一种理解形式,完全不同于且在某些方面优越于我们日常实用性的自我理解。而另一方面,在罗蒂看来,没有这样一种理论与实践的分野,其结果是政治哲学变得无

---

[39] Rorty, *Contingency, Irony, and Solidarity*, xv, 45.
[40] Richard Bernstein, "One Step Forward, Two Steps Backward: Richard Rorty on Liberal Democracy and Philosophy," *Political Theory* 15 (November 1987), 545—546.

法区别于政治意见。于是,当罗蒂谈论自由主义民主时,他将这个术语留在了一片沼泽中,而又在实践领域的一片大致相同的沼泽中找回了它。此后当他试图澄清这个术语时,他给出了一份相当平庸的清单,列举了目前被当作"社会民主主义"的政治意见。[41]最终,这样一种实用主义导致了一种历史主义,在其中,哲学变得无法区别于历史、"文化人类学"、"文学批评"以及政治。[42]欧克肖特避免的恰恰是这样一种否定了哲学自主性并将其化约为历史和实践的历史主义。就他所做的工作而言,他的公民联合理论所保有的兴趣远非稍纵即逝。

---

[41] Richard Rorty, "Thugs and Theorists: A Reply to Bernstein," *Political Theory* 15 (November 1987): 564—580.

[42] Richard Rorty, *Philosophy and the Mirror of Nature* (Princeton: Princeton University Press, 1979): 381; *Consequences of Pragmatism* (Minneapolis: University of Minnesota Press, 1982), xxxvii—xliv。关于罗蒂对哲学真理的实用主义理解,一个特别惊人的例子是,他声称"对于自我的理论,我所能提出的唯一论证就是,它符合我们社会民主主义者的政治目标",见于"Thugs and Theorists," 577 n20。他继而支持罗伯托·昂格(Roberto Unger)的口号——对欧克肖特的一个诅咒——"任何事情都是政治"。

结　语

虽然,将欧克肖特置于当代政治理论的语境中来理解是重要的,但必须承认这多少也略微有些人为的痕迹。他开阔的哲学视野、对历史的深刻理解,以及才华横溢的文字风格——这一切都很难使他贴切地符合当代学术政治理论的狭隘限制。马克·里拉(Mark Lilla)最近评论说:"当今大学中被当作政治哲学或政治理论的东西,几乎完全缺乏以赛亚·伯林试图给予读者的那种心理学和历史学的洞见。"[1]这句话或许同样可以用来评论欧克肖特。伯林与欧克肖特都属于那一代伟大的政治思想家——也包括施特劳斯、阿伦特、哈耶克和阿隆——他们都成长于两次大战之间,被20世纪上半叶的政治、智识和哲学文化所塑造。在所有这些作者中,都有一种历史与哲学的深度和视野,这种深度和视野鲜见于哪怕是最杰出的当代政治理论。

那么,从20世纪哲学与政治哲学更长的视野中来看,欧克肖特做出了什么具有重要意义或经久不衰的贡献,或许能够对21世纪的思考也同样有所启迪或助益？我想要强调的有这样两个贡献。

第一个贡献与我们在前一章中详细考察的公民联合理论有关。正如我们已经看到的,在这一理论中,欧克肖特详尽阐述了一种在本质意义上自由的政治秩序——以自由、个体性和法治为特征——而不用求助于从一开始就缠绕着自由主义的某些更有争议的伦理和形而上学假设。通过将公民联合构想为一种道德的、非工具性的实践,他成功地净

---

[1] Mark Lilla, "Inside the Clockwork," *New York Review of Books*, 25 April 2002, 43.

化了自由主义中那种——时而（从洛克到哈耶克）显示出构成了其道德理想的——物质主义或经济主义。欧克肖特也设法使自由主义摆脱了它对某些有争议的诸如自然权利与原子论等形而上学观念的依赖。这后一种面向揭示了他与黑格尔政治思想传统的联系，以及试图克服个人与政府、意志与法律、自由与权威之间的对立，这种对立一直标志着从霍布斯到密尔的自由主义思想。欧克肖特理论的非形而上学特征提示了它与罗尔斯政治自由主义之间的某种亲和性；但与罗尔斯不同，欧克肖特提出了一种丰富的历史性的自我观念，以及一种可以支持他自由主义政治的对人类境况的富有想象力的阐释。在这方面，也仅在这方面，欧克肖特与约翰·斯图亚特·密尔相似。密尔也寻求以一种浪漫的个体性观念来丰富自由主义，但是（我要指出）与欧克肖特相比，密尔的这种努力不够自洽，不够具有想象力，也不够诗意。

　　欧克肖特对20世纪思想的第二个重大贡献在于知识论的领域。在《经验及其模式》一书中，欧克肖特致力于表明，知识世界存在于多重的自主模式中——历史、科学和实践，每一种模式都无法化约为任何另外一种，也不对其他任何一种拥有权威。他的这些论述部分地意在反对那种声称科学是知识的样板的主张，而且（更特别地是）反对这样一种论断——实践是人类活动的原始模式或权威模式。欧克肖特通过反对20世纪两种主要的化约主义——实证主义与"实用主义"，捍卫了历史、哲学以及（在后来）诗歌的自主性。最终他以"人类对话"这一富有感召力和被反复调用的意象描绘了他对知识世界的多元主义理解。

　　公民联合与人类对话虽然指涉不同的领域，但欧克肖特的这两个理念仍然以多种方式相互关联。首先，这两个理念都反映出欧克肖特对我们时代的那种化约主义和诺斯替主义之倾向的一贯反对，以及他对人类生活之多样性、偶在性、差异性和复杂性的深刻把握。其次，体现在人类对话中的那种文化理论以许多方式为欧克肖特的公民联合理想提供了终极的正当化证明。公民联合的禀赋（gift）——正如欧克肖特在与霍布斯相关的一个评论中所说的那样——是一种消极性的禀赋，使得人类在那个被理解为对话的文化领域中更实质性的自我实现成为可能。（参见 HCA,79）对欧克肖特而言，自我实现不是在政治中而是在文化中——主要以诗化的宗教性方式——获得。这一理念在他论及教育的作品中得到了最为清晰和精彩的表达。

通过将欧克肖特的公民联合理念关联于他的人类对话观念来考察，就可以发现他所提供给我们的这种政治哲学，要比（例如）罗尔斯的政治自由主义，以及可能是自密尔以来任何其他自由主义都更具整全性和启迪意义。的确，他的政治哲学与那种更为古老、更为宏大的政治哲学传统有着某种共同之处，欧克肖特曾将这种政治哲学的任务界定为"政治生活及其相关的价值和目标与那个属于一个文明的整个世界观念的关系"。（HCA,4）这对于像欧克肖特这样一位怀疑论者而言，或许会让人深感是过于浮夸了，但其哲学的部分魅力恰恰在于它所包含的那种张力——在宏大与温良、提升与紧缩、理想主义与怀疑主义之间的张力。

欧克肖特政治哲学有如其所是的吸引力，但它也不是没有自身的种种困难。也许其中最为严重的困难就是，欧克肖特未能处理一个关键的（若是因势而变的）问题——对于公民联合之维系与持存所必要的那些社会、经济和文化条件。虽然他小心翼翼地避免将公民联合混同于资本主义，但仍然不清楚，他关于财富、资源和机会分配的大量不平等所带来的对公民生活的腐蚀性影响作何考虑。他也未曾非常深入地反思托克维尔以"个人主义"这一术语所指称的问题：个人在一个自由主义民主社会中退回到他们家庭和朋友的私人圈子里，而脱离了与他们周围一个更大的共同体的联系，或丧失了对这个共同体的责任感；这一问题在西方民主社会中由于人们痴迷于物质的占有与满足而被进一步恶化。而且，不同于托克维尔（和黑格尔），欧克肖特也从未表明公民社会的中介机构——通过使个人挣脱他们的隔绝状态并与政治整体相认同——所发挥的关键作用。他并不是没有意识到现代自由生活的病理征兆,对此我们只需回想一下他在《一个学习的地方》中所描绘的那幅灾难性的景象:那个现在的孩子们成长于其中的浅薄而无意义的世界。但是,他那种严谨的哲学观阻碍了他去思考这些因势而变的"社会学"问题。

这又指向了欧克肖特哲学中的另一个困难,本书中的几个地方都对此有所提及:它涉及欧克肖特在理论与实践之间所做的那种封闭性的区分。一方面,欧克肖特划分理论与实践的那种鲜明性使他得以维护诸如哲学、历史甚至诗歌等话语模式的自主性,并保护它们免于被政治化——这在20世纪已对它们构成了最大的危险。另一方面,由于这种区别被划分得如此鲜明,欧克肖特剥夺了这些话语模式(尤其是哲学和诗歌)对于我们生活方式所具有的任何影响。这似乎不仅错误地描述了一般意义上的哲学与艺术,而且也错误地描述了特定意义上的欧克肖特的政治哲学。我这样说并不是要论证一个陈腐的观点:欧克肖特隐蔽地使所有类型的价值判断和规范性指示都滑入了他的照理说是纯粹理论的陈述之中。毋宁说,我想要强调的是,欧克肖特的政治哲学,通过加深我们对自身以及对我们政治传统的理解,能够对我们思考和开展政治的方式产生一种微妙却深刻的影响。正如他在某个不那么封闭的时刻中曾表述的那样,诗人与哲学家能够"去些许缓解他们的社会对自身的无知",从而将社会从"可能造访一个社会的最后那种败坏力量"也就是"意识的败坏"之中拯救出来。(*RPML*,95—96)欧克肖特的政治哲学的确起到了这一作用。

进一步阅读

欧克肖特所撰写的以及关于欧克肖特的最为全面的文献,已经由约翰·利汀顿编撰,结集为《迈克尔·欧克肖特的成就》(*The Achievement of Michael Oakeshott*, ed. Jesse Norman [London: Duckworth, 1992])一书。相关文献的更新版本可查阅"迈克尔·欧克肖特协会"网站(www.michael-oakeshott-association.org)。同样是在这个网站,有一个链接指向了一个在线目录,相应的材料收藏在伦敦政治经济学院"英国政治与经济科学图书馆"的档案之中。欧克肖特最重要作品的清单可见于本书开头的"书目缩写一览表"。我在下方所列出的文献只是选择了一部分有关欧克肖特的二手研究,作为进一步阅读的一个指引。

著作

Coats, Jr., Wendell John, *Oakeshott and His Contemporaries: Montaigne, St. Augustine, Hegel, et al.* (Selinsgrove: Susquehanna University Press, 2000).

Devigne, Robert, *Recasting Conservatism: Oakeshott, Strauss, and the Response to Postmodernism* (New Haven and London: Yale University Press, 1994).

Franco, Paul, *The Political Philosophy of Michael Oakeshott* (New Haven and London: Yale University Press, 1990).

Gerencser, Steven, *The Skeptic's Oakeshott* (New York: St Martin's Press, 2000).

Grant, Robert, *Oakeshott* (London: Claridge Press, 1990).

Greenleaf, W. H., *Oakeshott's Philosophical Politics* (London: Longmans, 1966).

Nardin, Terry, *The Philosophy of Michael Oakeshott* (University Park: Pennsylvania State Press, 2001).

 Imprint Academic 出版社已经开始出版一些修订后的研究欧克肖特的博士论文,下列作品是已经或即将问世的:

O'Sullivan, Luke, *Oakeshott on History* (2003).

Podoksik, Efraim, *In Defence of Modernity: Vision and Philosophy in Michael Oakeshott* (2003).

Sullivan, Andrew, *Intimations Pursued: The Voice of Practice in the Conversation of Michael Oakeshott* (forthcoming).

Tregenza, Ian, *Michael Oakeshott on Hobbes* (2003).

Tseng, Roy, *The Sceptical Idealist: Michael Oakeshott as a Critic of the Enlightenment* (2003).

Worthington, Glenn, *Religious and Poetic Experience in the Thought of Michael Oakeshott* (forthcoming).

文集

The Achievement of Michael Oakeshott, ed. Jesse Norman (London: Duckworth, 1993).

"In Memoriam: Michael Oakeshott, 1901—1990," *Political Theory* 19 (August 1991): 323—335.

Michael Oakeshott, Philosopher: A Commemoration of the Centenary of Oakeshott's Birth, ed. Leslie Marsh (London: Michael Oakeshott Association, 2001).

"Morality, Politics, and Law in the Thought of Michael Oakeshott," ed. Timothy Fuller, *Political Science Reviewer* 21 (Spring 1992): 1—147.

Politics and Experience: Essays Presented to Professor Oakeshott on the Occasion of His Retirement, ed. Preston King and Bhikhu Parekh (Cambridge: Cambridge University Press, 1968).

"Remembering Michael Oakeshott," *Cambridge Review* 112 (October 1991): 99—124.

"A Symposium on Michael Oakeshott," *Political Theory* 4 (August 1976): 261—367.

文章和著作章节

Annan, Noel, "The Deviants-Michael Oakeshott," in *Our Age: English Intellectuals Between the Wars-A Group Portrait* (London: Weidenfield and Nicolson, 1990), 387—401.

Auspitz, J. L., "Individuality, Civility, and Theory: The Philosophical Imagination of Michael Oakeshott," *Political Theory* 4 (August 1976): 261—294.

——"Michael Oakeshott: 1901—1990," *American Scholar* 60 (1990—1991): 351—370.

Coats, Jr., Wendell John, "Michael Oakeshott as Liberal Theorists," *Canadian Journal of Political Science* 18 (December 1985): 773—787.

Covell, Charles, *The Redefinition of Conservatism: Politics and Doctrine* (New York: St Martin's Press, 1986), 93—143.

Cowling, Maurice, *Religion and Public Doctrine in Modern England* (Cambridge: Cambridge University Press, 1980), 251—282.

Cranston, Maurice, "Michael Oakeshott's Politics," *Encounter* 28 (January 1967): 82—86.

Crick, Bernard, "The World of Michael Oakeshott: Or the Lonely Nihilist," *Encounter* 20 (June 1963): 65—74.

Flathman, Richard, *The Practice of Political Authority* (Chicago: University of Chicago Press, 1980), esp. chs 2—4.

Franco, Paul, "Michael Oakeshott as Liberal Theorist," *Political Theory* 18 (August 1990): 411—436.

——"Oakeshott's Critique of Rationalism Revisited," *Political Science Reviewer* 21 (Spring 1992): 15—43.

——"Oakeshott, Berlin, and Liberalism," *Political Theory* 31 (August 2003): 484—507.

Friedman, Richard, "Oakeshott on the Authority of the Law," *Ratio Juris* 2 (1989): 27—40.

——"What Is a Non-Instrumental Law?" *Political Science Reviewer* 21 (Spring 1992): 81—98.

Fuller, Timothy, "Authority and the Individual in Civil Association: Oakeshott, Flathman, and Yves Simon," in *Authority Revisited* (Nomos 29), ed. J. R. Pennock and J. W. Chapman (New York: New York University Press, 1987), 131—151.

Grant, Robert, "Michael Oakeshott," in *Cambridge Minds*, ed. Richard Mason (Cambridge: Cambridge University Press, 1994), 218—237.

Gray, John, "Oakeshott on Law, Liberty and Civil Association," in *Liberalism: Essays in Political Philosophy* (London: Routledge, 1989), 199—216.

——"Berlin, Oakeshott and Enlightenment," in *Endgames: Questions in Late Modern Political Thought* (Cambridge: Polity Press, 1997), 84—96.

Himmelfrab, Gertrude, "The Conservative Imagination: Michael Oakeshott," *American Scholar* 44 (Summer 1975): 405—420.

Johnson, Nevil, "Michael Joseph Oakeshott, 1901—1990," *Proceedings of the British Academy* 80 (1993): 403—423.

Letwin, Shirley, "Morality and Law," *Encounter* 43 (November 1974): 35—43.

Liddington, John, "Oakeshott: Freedom in a Modern European State," in *Conceptions of Liberty in Political Philosophy*, ed. Z. Pelczynski and John Gray (New York: St Martin's Press, 1984), 289—320.

Minogue, Kenneth, "Michael Oakeshott: The Boundless Sea of Politics," in *Contemporary Political Philosophers*, ed. Anthony de Crespigny and Kenneth Minogue (New York: Dodd Mead, 1975), 120—146.

Modood, Tariq, "Oakeshott's Conceptions of Philosophy," *History of Political Thought* 1 (1980): 315—322.

O'Sullivan, Luke, "Michael Oakeshott on European History," *History of Political Thought* 21 (Spring 2000): 132—151.

O'Sullivan, Noel, Obituary for Michael Oakeshott, *Independent*, 22 December 1990, 10.

Parekh, Bhikhu, "Michael Oakeshott," in *Contemporary Political Thinkers* (Baltimore: Johns Hopkins University Press, 1982), 96—123.

——"Oakeshott's Theory of Civil Association," *Ethics* 106 (October 1995): 158—186.

Pitkin, Hanna, "The Roots of Conservatism: Michael Oakeshott and the Denial of Politics," *Dissent* 20 (1973): 496—525.

Postan, Munia, "The Revulsion from Thought," *Cambridge Journal* (1948—1949): 395—408.

Rayner, Jeremy, "The Legend of Oakeshott's Conservatism: Skeptical Philosophy and Limited Politics," *Canadian Journal of Political Science* 18 (June 1985): 313—338.

Watkins, J. W. N., "Political Tradition and Political Theory," *Philosophical Quarterly* 2 (1952): 323—337.

Worthington, Glenn, "The Voice of Poetry in Oakeshott's Moral Philosophy," *Review of Politics* 64 (Spring 2002): 285—310.

索引[*]

Ackerman, Bruce	布鲁斯·阿克曼,161—162
Acton, Lord	阿克顿男爵,167
American Founders	美国奠基者,86,167
Anderson, Perry	佩里·安德森,56,73
Annan, Noel	诺埃尔·安南,1,8,11,124
Arendt, Hannah	汉娜·阿伦特,81,106,183
Aristotle	亚里士多德,4,18,32,33,35,57,81,84,97,113,151
Aron, Raymond	雷蒙·阿隆,81,183
art	艺术,9,16—17,78—79,126—133
see also poetry	又见诗歌
Attlee, Clement	克莱门特·艾德礼,2,11,12,81,83
Augustine	奥古斯丁,23,106,167
Austin, J. L.	约翰·兰索·奥斯丁,110
Austin, John	约翰·奥斯丁,58,156
authority	权威性,74—75,156,157—158,174
and freedom	权威性和自由,158—159,180
Ayer, A. J.	阿尔弗雷德·艾耶尔,24

[*] 本索引所注页码为原书页码,即中译本的边页码。——译者注

Bacon, Francis	弗朗西斯·培根,85,86,105,169
Barker, Ernest	厄奈斯特·巴克,4,5,9,10,32,74,76
Bennett, William	威廉·班尼特,124
Bentham, Jeremy	杰里米·边沁,8,63—65,69,71,114
Berlin, Isaiah	以赛亚·伯林,1,14—15,21,81,135—136,146,177—180,183
on Oakeshott	伯林论欧克肖特,188n.27
Bernal, J. D.	约翰·伯纳尔,8,9
Bloch, Marc	马克·布洛克,197n.21
Bloom, Allan	艾伦·布鲁姆,123—124
Bodin, Jean	让·博丹,167
Bosanquet, Bernard	伯纳德·鲍桑葵,4,26—27,30,31,33,40,42,67—72,73,75,115,146,159,190n.5
Boys-Smith, J. S.	约翰·桑德威斯·博伊斯-史密斯,191n.30
Bradley, F. H.	弗朗西斯·布拉德雷,4,5,6—7,24,25—31,33,35—36,37,40,42,43,44,45,53,57,67
British idealism	英国观念论,4,25—31,60,67—72
Brogan, D. W.	丹尼斯·布罗根,10
Brooks, David	大卫·布鲁克斯,ix
Bullough, Edward	爱德华·布洛,130,131,196n.15
Bultmann, Rudolf	鲁道夫·布特曼,36,191n.30
Burckhardt, Jacob	雅各布·布克哈特,108,168
Burke, Edmund	埃德蒙·伯克,1,11,15,84,87,92,100,103,106,114,167,179
Butler, Bishop	巴特勒主教,30
Butterfield, Herbert	赫伯特·巴特菲尔德,48,81,136,137—

	138,192n.42
Cambridge	剑桥,3—5,8,10,11,32—33,81,186n.16,190n.24
Cambridge Journal	《剑桥学刊》,11—13,81,83,116,117
capitalism	资本主义,167,170,180—81,185
Carr, E. H.	爱德华·卡尔,136—137,139
Carritt, E. F.	埃德加·卡里特,57,60
Catholicism	天主教,56,76—77
Christianity	基督教,33,35—38,48,79,168
civil association	公民联合,19—22,154—64,170—172,174,183—185
criticisms of	对公民联合的批评,162—164
difficulties with	公民联合的困难,185
ideal character of	公民联合的理想特征,164
politics in	公民联合的政治,159—162
and rules	公民联合与规则,155—157
coherence	融贯性,88,90
theory of truth	真理融贯论,26—27,42,44,47
Collingwood, R. G.	罗宾·科林伍德,7
on art	科林伍德论艺术,78—79,128—129,132
compared to Oakeshott	科林伍德与欧克肖特比较,45,50
historicism of	科林伍德的历史主义,50,79—80
on history	科林伍德论历史,7,27,46,52,134—135,136,137,139
on Oakeshott	科林伍德论欧克肖特,7,46,140
Oakeshott's criticisms of doctrine of historical reenactment of	欧克肖特对科林伍德历史重演学说的批评,134,137,139,198n.33

on theory and practice	科林伍德论理论与实践,45,56,60,78—79
Collini, Stefan	斯特凡·柯里尼,21
communism	共产主义,8,56,76—77,94,95
communitarianism	社群主义,175
Comte, Auguste	奥古斯特·孔德,14
concrete logic	具体逻辑,88,90,99
universal	具体的普遍,41—42,47,82,99
conservatism	保守主义,ix,15—16,20,21,56,81,86
neo-	新保守主义,ix,172
conversation	对话,93,100,147
of mankind	人类的对话,x,16—17,116,118—119,125—127,143,184
corruption of consciousness	意识的败坏,9,78—79,128—129,186
Croce, Benedetto	贝内德托·克罗齐,7,50
Crossman, R. H. S.	理查德·克罗斯曼,13,94—95
culture	文化,116,118,122,184
D Society	D 协会,35
Dawson, Christopher	克里斯多夫·道森,77
democracy, deliberative	审议民主,21,174
representative	代议民主,56,76,108—109
see also liberalism	又见自由主义
Descartes, René	勒奈·笛卡儿,85,86
Devlin, Patrick	派翠克·德富林(男爵),161
Dewey, John	约翰·杜威,22,122,180
Dilthey, Wilhelm	威廉·狄尔泰,116,120
Dworkin, Ronald	罗纳德·德沃金,161,199n. 18

economy	经济,100—101
Eddington, Arthur	亚瑟·爱丁顿,192n.49
education	教育,16,116—125,184
Eliot, T. S.	托马斯·艾略特,77,129
empiricism	经验主义,25—27,46—47,51,146
Engels, Friedrich	弗里德里希·恩格斯,9
enterprise association	事业联合,154,165,176
Epicureanism	伊壁鸠鲁主义,67,73
ethics	伦理学,57—58
Eucken, Walter	瓦尔特·欧根,81
experience	经验,39—46,146
fascism	法西斯主义,76—77
Feyerabend, Paul	保罗·费耶阿本德,51
Fichte, J. G.	约翰·费希特,167
Foucault, Michel	米歇尔·福柯,169
freedom	自由,20,67—68,91,101,109,146,149—153,154,179—180
and authority	自由与权威,158—159,180
inherent in agency	内在于能动性的自由,149,158,162—163,166,170
negative concept of	消极自由概念,178—179
Friedman, Milton	米尔顿·弗里德曼,172
Fuller, Lon	朗·富勒,158
Gadamer, Hans-Georg	汉斯-格奥尔格·伽达默尔,95
Galston, William	威廉·盖尔斯敦,146,175,176—177
Gasset, Ortega y	奥特加·伊·加塞特,108
Gellner, Ernest	厄奈斯特·盖尔纳,112

Gierke, Otto von	奥托·冯·基尔克,165
Gray, John	约翰·格雷,21,173,177,178
Green, T. H.	托马斯·格林,4,20,25,31,35,60,67—72,73,75,146,159
Griffith, Guy	盖伊·格里菲斯,8
Halifax, Marquis of	哈利法克斯侯爵,107
Hallowell, John	约翰·哈罗威尔,104
Hart, H. L. A.	赫伯特·哈特,155—156,157,161,178,198n.11
Hayek, Friedrich	弗里德里希·哈耶克,12,16,20,21,81,85—86,95,101,110,172,183
Hegel, G. W. F.	格奥尔格·黑格尔,18,61,111,113,114,155,185
and Bosanquet	黑格尔与鲍桑葵,68
and Bradley	黑格尔与布拉德利,25,29
and hierarchy of forms of experience	黑格尔与经验形式的等级,44,45,125
influence on Oakeshott	黑格尔对欧克肖特的影响,4,6,24,62,72,151,152,183
and modern principle of reason	黑格尔与现代理性原则,86—87,96
on natural rights	黑格尔论自然权利,74
Oakeshott's interpretation of	欧克肖特对黑格尔的阐释,168
on poverty	黑格尔论穷困,171
on rational will	黑格尔论理性意志,69—71,146,159
as theorist of civil association	黑格尔作为公民联合理论家,167—168
Heidegger, Martin	马丁·海德格尔,3,106,140,169,187n.5
Hempel, Carl	卡尔·亨佩尔,135,142
Himmelfarb, Gertrude	格特鲁德·希梅尔法布,95,110,195n.14

Hirsch, E. D.	埃里克·赫希,124
historicism	历史主义,35,39,50,56,79—80,104,182
see also relativism	又见相对主义
history	历史,7,18,27,46—50,86,109—110,133—143
and causality	历史与因果性,52—53,142
distinguished from practice	历史区别于实践,48,138—141
distinguished from science	历史区别于科学,52—53,134,135,138,142,148
Hitler, Adolph	阿道夫·希特勒,8
Hobbes, Thomas	托马斯·霍布斯,18,35,61,113,114,116
on authority	霍布斯论权威性,74—75,157—158,174
against bourgeois interpretation of	驳斥对霍布斯的资产阶级阐释,75,167
and individuality	霍布斯与个体性,74—75,108,174
on justice	霍布斯论正义,160
lack of theory of volition in	霍布斯缺乏意志理论,66—67,146
and liberalism	霍布斯与自由主义,21,73,75,183
and natural rights	霍布斯与自然权利,74
Oakeshott's interpretation of	欧克肖特对霍布斯的阐释,8,10—11,65—67,74—75,79
and politics of skepticism	霍布斯与怀疑论政治,103,106
as theorist of civil association	霍布斯作为公民联合理论家,167
Hobhouse, L. T.	伦纳德·霍布豪斯,20,35,68,70
Hobsbawm, Eric	埃里克·霍布斯鲍姆,188n.16
Human nature	人性,70,72,102,114,122,149

Humboldt, Wilhelm von	威廉·冯·洪堡,110
Hume, David	大卫·休谟,7,15,21,26,103,106
Husserl, Edmund	埃德蒙德·胡塞尔,51
idealism	观念论/观念主义,6—7,24—31,39—42,158—159
ideology	意识形态,83,85—87,91—93,96—97,101,110,169
individual *manqué*	挫败的个人,168—169
see also mass-man	又见大众人
individuality	个体性,73,101
historic disposition of	对个体性的历史倾向,102—103,108—110,114,166—167,174,178
Joachim, Harold	哈罗德·约阿希姆,26—27,30,40—42,189n.4
Jouvenal, Bertrand de	伯纳德·茹弗内尔,81
Juenger, F. G.	弗里德里希·荣格尔,117
justice	正义,160—161,174
distributive	分配正义,161—162
Kant, Immanuel	伊曼努尔·康德,21,72,108,114,130,146,151,152,155,159,167,174
Keats, John	约翰·济慈,127,130,131—132,133
Kelsen, Hans	汉斯·凯尔森,155,157
Kendall, Willmoore	威尔莫·肯德尔,104
Kierkegaard, Soren	索伦·克尔凯郭尔,167,168,174
Kirk, Russell	罗素·柯克,102
Knox, T. M.	托马斯·诺克斯,50

Kristol, Irving	欧文·克里斯托,15—16,86,102,104,111—112
Kuhn, Thomas	托马斯·库恩,51
Lakatos, Imre	伊姆雷·拉卡托斯,51
Laski, Harold	哈罗德·拉斯基,13,35
Laslett, Peter	彼得·拉斯莱特,110—111
law, civil (*lex*)	法律/法(法),155—159,163
and justice	法与正义,160—162
natural	自然法,102—104,114,158,160—161,178
philosophy of	法哲学,58—62
rule of	法治,99,100
Lawrence, D. H.	大卫·劳伦斯,9
Leavis, F. R.	弗兰克·利维斯,1,8,11,116—117,123
Letwin, Shirley	雪莉·莱特文,198n.12
liberalism	自由主义,ix,9—10,20—21,73—75,76—77,82,98—102,110,146,172,183—185,199n.18
contemporary theories of	当代自由主义理论,172—182
individualism or atomism of	自由主义的个人主义或原子论,4,9,22,69,72,76,146,154,168,171—172,183,185
materialism of	自由主义的物质主义,9,20,76—77,101,172,183
and virtue	自由主义与美德,175,177
see also democracy	又见民主
Liddington, John	约翰·利汀顿,163—164
Lilla, Mark	马克·里拉,183

Lippmann, Walter	瓦尔特·李普曼,104
Locke, John	约翰·洛克,8,14,20,25,73—75,76,86,113,114,146,154,167,183
London School of Economics	伦敦(政治)经济学院,13—15,17—18,22
Mabbott, J. D.	约翰·马波特,71—72,113
Macedo, Stephen	斯蒂芬·马塞多,146,175—176
Machiavelli, Niccoló	尼可罗·马基雅维利,86,105,167
MacIntyre, Alasdair	阿拉斯代尔·麦金太尔,169
Macmillan, Harold	哈罗德·麦克米伦,2
MacNeice, Louis	路易斯·麦克尼斯,75—76
Macpherson, C. B.	克劳福德·麦克弗森,18,75,199n.16
Maine, Henry	亨利·梅因,58
Maitland, Frederick	弗雷德里克·梅特兰,58,139,165
Mannheim, Karl	卡尔·曼海姆,85
Marcuse, Herbert	赫伯特·马尔库塞,169
Marx, Karl	卡尔·马克思,9,77,97,169
mass-man	大众人,108—110
see also individual *manqué*	又见挫败的个人
McTaggart, J. M. E.	约翰·麦克塔戈特,4,24
Mill, J. S.	约翰·斯图尔特·密尔,1,22,25,67,69,71,110,114,154,174,183,184
Minogue, Kenneth	肯尼斯·米洛,18—19,144
Moberly, Walter	沃尔特·摩柏利,116—119,124
modality	模态/模式性,43—45,133
Montaigne, Michel de	米歇尔·蒙田,23,73,103,106,108,167,174
Montesquieu, Charles de Secondat, Baron de	夏尔·德·塞孔达·孟德斯鸠,167

morality	道德,87—89,146,151—153
bourgeois	资产阶级道德,75,167,170
of the common good	公共善的道德,98,102,109
of individuality	个体性的道德,75,101—102,108—109,174
and law	道德与法律,161
Morgenthau, Hans	汉斯·摩根索,98
Moore, G. E.	乔治·摩尔,4,24—25,30—31,190n.20
Murdoch, Iris	艾里斯·默多克,22,198n.8
National Socialism	国族社会主义,56,57,60,76—77,94,95
natural rights	自然权利,20,73,92,99,146,183
Needham, Joseph	李约瑟,8,36
Newman, John Henry	约翰·亨利·纽曼,16
Nietzsche, Friedrich	弗里德里希·尼采,2,44,95,108,139,167,168,174
Nozick, Robert	罗伯特·诺齐克,161,172
Oakeshott, Michael	迈克尔·欧克肖特
iconoclasm of	欧克肖特的破除偶像品质,1—2
life of	欧克肖特的生活,1—23
obituaries of	欧克肖特的讣告,1
retirement of	欧克肖特的退休,18
wives of	欧克肖特的妻子,22
Pascal, Blaise	布莱兹·帕斯卡,103,106,167,174
Pater, Walter	瓦尔特·佩特,38,73,127—128,129—130,131,153,191n.33
philosophy	哲学,5,6,7,9,17,34,39—46,49,50,

	56—62,78—80,126,147,185
analytic	分析哲学,24,30—31,57,60—61
linguistic	语言哲学,110—115,145
phronēsis	实践智慧,84,95
Pitkin, Hanna	汉纳·皮特金,145
planning, central	中央规划,11—12,83,99
Plato	柏拉图,4,18,32,33,35,97,111,113,148
pluralism	多元主义,173,177—178
Pocock, J. G. A.	约翰·波考克,18
poetry	诗歌,16—17,126—133
Polanyi, Michael	迈克尔·波兰尼,51,81,84
political philosophy	政治哲学,56—62,80,110—115,147,181—182
death of	政治哲学之死,110—112
history of	政治哲学史,63—67
political science	政治科学,3—4
politics, in civil association	公民联合的政治,159—162
of passion vs. of skepticism,	激情政治对怀疑论政治,103—107
as pursuit of intimations	政治作为对暗示的追寻,91—94
vulgarity of	政治的粗鄙,78,194n.31
Popper, Karl	卡尔·波普尔,18,51,81,135,142,194n.2,197n.24
positivism	实证主义,3—4,31—34,36,39,52—53,66,135,184
see also scientism	又见科学主义
Postan, Munia	穆尼亚·波斯坦,8,188n.16,194n.2
poverty	穷困,171
practical experience, activity	实践经验,活动,53—55,116,129,133

practice(s)	实践,150
adverbial character of	实践的副词性特征,151
as language	实践作为语言,150—153,155
moral	道德实践,151—153,154,180
pragmatism	实用主义,35,39,56,182,184,200n.42
see also theory and practice	又见理论与实践
Prichard, H. A.	哈罗德·普理查德,57,60
Quine, W. V. O.	威拉德·奎因,31
rationalism	理性主义,11—12,20,64,81—97,98,101—103,175—176
Rawls, John	约翰·罗尔斯,20,21,81,146,161—162,172—175,177,180,183—184,199n.18
Raz, Joseph	约瑟夫·拉兹,146,175,176
reason	理性,74
relativism	相对主义,104,124
see also historicism	又见历史主义
religion	宗教,4—5,22—23,33,35—38,39,54,127,153,184
Riley, Patrick	帕特里克·莱利,22
Rilke, Rainier Maria	莱纳·里尔克,127
Robbins Report (1963)	罗宾斯报告(1963年),116,123,124
Röpke, Wilhelm	威廉·罗普克,81
Rorty, Richard	理查德·罗蒂,146,173,180—182,200n.42
Ross, W. D.	威廉·罗斯,57,60
Rousseau, Jean-Jacques	让-雅克·卢梭,18,33,35,67,69,71,146
Russell, Bertrand	伯特兰·罗素,4,24—25,30—31,60

Rüstow, Alexander	亚历山大·罗斯托,81
Ryan, Alan	艾伦·瑞恩,145
Ryle, Gilbert	吉尔伯特·赖尔,84,89,110,112
Sandel, Michael	迈克尔·桑德尔,146,173,175,199n.18
Santayana, George	乔治·桑塔亚那,114
Schiller, Friederich	弗里德里希·席勒,130
Schmitt, Carl	卡尔·施密特,56
Schweitzer, Albert	阿尔贝特·施韦泽,36
science	科学,50—52,79,80,116,129,133
scientism	科学主义,35,39,56
see also positivism	又见实证主义
Seeley, John	约翰·西利,32
Self-disclosure	自我展露,149,153
Self-enactment	自我设定,153
Sellars, Wilfrid	威尔弗里德·塞拉斯,31
Shelley, Percy Bysshe	珀西·比希·雪莱,38,127,130
Shklar, Judith	朱迪思·史克拉,163
Sidgwick, Henry	亨利·西季威克,32
skepticism	怀疑论,10,13,15,74—75,82,185
politics of	怀疑论政治,103—107
Skinner, Quentin	昆汀·斯金纳,18
Smith, Adam	亚当·斯密,20,114
Snow, C. P.	查尔斯·斯诺,118,123
Sorley, W. R.	威廉·索利,4,187n.6
Spencer, Herbert	赫伯特·斯宾塞,67,69
Spinoza, Baruch	巴鲁赫·斯宾诺莎,33,35,43,113,167
St. Paul	圣保罗,33
state	国家,62

idealist theory of	观念论的国家理论,68—72,73
modern	现代国家,154,164—172
as *societas*	作为*societas*(社会)的国家,165—168,171
as *universitas*	作为*universitas*(整体)的国家,165—166,168—171
Strauss, Leo	列奥·施特劳斯,18,23,81,123,136,183
on Collingwood	施特劳斯论科林伍德,134—135
and conservatism	施特劳斯与保守主义,ix,16,104
on historicism	施特劳斯论历史主义,192n.44
on Hobbes	施特劳斯论霍布斯,66,75,199n.16
monolithic account of modernity of	施特劳斯对现代性的一元论阐述,106,169
Talmon, Jacob	雅各布·托曼,81
Tawney, R. H.	理查德·托尼,77
Thatcher	撒切尔,ix,1,21
theology, see religion.	神学,见宗教
theory and practice	理论与实践,6,8—9,21,28—29,45,54—55,56,57,60,76—79,148,181—182,185—186
tradition	传统,91—102,150
Tocqueville, Alexis de	亚历西斯·托克维尔,20,22,167,168,171—172,185
Toulmin, Stephen	斯蒂芬·图尔明,51
utilitarianism	功利主义,64,162

Vinogradoff, Paul	保罗·维诺格拉多夫,58
Voegelin, Eric	埃里克·沃格林,81,106,169
Waldron, Jeremy	杰里米·沃尔登,175
Wallas, Graham	格雷厄姆·沃拉斯,13
war	战争,12,84,168,171
Warnock, G. J.	杰弗里·瓦诺克,145
Waugh, Evelyn	伊夫林·沃,1
Weaver, Richard	理查德·韦弗,104
Webb, Clement	克莱门特·威博,36,191n.29
Webb, Sidney and Beatrice	韦伯夫妇,8,13,169
Weldon, T. D.	托马斯·韦尔登,111—113
Wilde, Oscar	奥斯卡·王尔德,17,130
will, idealist theory of	意志,观念论的意志理论,33—34,66—67, 69—72,73,146,159
Winch, Peter	彼得·温奇,88,113
Wittgenstein, Ludwig	路德维希·维特根斯坦,24,31,60,111, 113,189n.2
Wordsworth, William	威廉·渥兹华斯,38,130
World War II	第二次世界大战,10,81
Worsthorne, Peregrine	佩里格林·沃索恩,10
Yeats, William Butler	威廉·巴特勒·叶芝,131

Works　欧克肖特的作品：

"The Activity of Being an Historian"《作为一个历史学家的活动》，133—134，138—140

"The Authority of the State"《国家的权威》，62

"The BBC"《英国广播公司》，11，13

"The Cambridge School of Political Science"《政治科学的剑桥学派》，3，32，33

"The Claims of Politics"《关于政治的主张》，8—9，77—79，128，133

"The Concept of a Philosophical Jurisprudence"《哲学法理学概念》，7，58—64，144

"The Concept of a Philosophy of Politics"《政治之哲学的概念》，61，80，144，193n. 8

"Contemporary British Politics"《当代英国政治》，11—12，99—100

"A Discussion of Some Matters Preliminary to the Study of Political Philosophy"《论政治哲学研究的一些初步问题》，3—4，33—34，144

"Dr. Leo Strauss on Hobbes"《列奥·施特劳斯博士论霍布斯》，65—67，73

"Education: The Engagement and Its Frustration"《教育：介入及其挫折》，16，121—122

"An Essay on the Relations of Philosophy, Poetry, and Reality"《一篇论及哲学、诗歌和现实之关系的文章》，191n. 25，196n. 1

Experience and Its Modes《经验及其模式》，5—7，24，31，33，34，39—55，56，58，59，79，80，81，99，125—127，129，130，132，133—134，137，138，140，142，143，145，146，148，184

A Guide to the Classics《经典著作指南》，8

Hobbes on Civil Association《霍布斯论公民联合》，22

"The Idea of a University"《大学的理念》，16

"The Importance of the Historical Element in Christianity"《基督教中历史因素的重要性》,36—37

"Introduction to Hobbes's *Leviathan*"《霍布斯的〈利维坦〉导论》,10—11,74—75,80,81

"John Locke"《约翰·洛克》,73

"Learning and Teaching"《学与教》,16,120—121

"*Leviathan*: A Myth"《〈利维坦〉:一个神话》,79—80

"The Masses in Representative Democracy"《代议民主中的大众》,19,98,107—110,144,164,168—169

"The Moral Life in the Writings of Thomas Hobbes"《霍布斯作品中的道德生活》,75,76

Morality and Politics in Modern Europe《现代欧洲的道德与政治》,19,98,107,114,144,164

"Mr. Carr's First Volume"《卡尔先生的第一卷》,136—137

"The New Bentham"《新边沁》,63—65,82

"On Being Conservative"《论作为保守派》,15—16,19,98,102—104

On History and Other Essays《论历史及其他论文》,18,22,133,140—143

On Human Conduct《论人类行为》,17,18—22,104,115,122,126,144—172

"A Place of Learning"《一个学习的地方》,16,121—122,124—125,185

"The Philosophical Approach to Politics"《政治研究的哲学路径》,5,34—35,39,187n.9

"Political Discourse"《政治话语》,97,195n.18

"The Political Economy of Freedom"《关于自由的政治经济学》,11,99—101

"Political Education"《政治教育》,13—14,91—94,112

"Political Philosophy"《政治哲学》,56,113—114,144

The Politics of Faith and the Politics of Scepticism《信念论政治与怀疑论政治》,98,104—107,144,164,189n.38

"Rational Conduct"《理性的行为》,11,89—90

"Rationalism in Politics"《政治中的理性主义》,11,83—87

Rationalism in Politics and Other Essays《政治中的理性主义及其他论文》,17,102,126,150,160

"Religion and the Moral Life"《宗教与道德生活》,35—36,54

"Religion and the World"《宗教与世界》,5,37—38,153

"Reply to Professor Raphael"《对拉斐尔教授的回应》,96—97

Review of J. D. Mabbott's *The State and the Citizen* 对马波特《国家与公民》的评论,71—72,113

"The Rule of Law"《法治》,160—162

"Scientific Politics"《科学的政治》,11,98

Social and Political Doctrines of Contemporary Europe《当代欧洲的社会与政治学说》,9—10,56,76—77

"Some Remarks on the Nature and Meaning of Sociality"《对社会性之本质与意义的若干评论》,3—4,33

"The Study of Politics in a University"《大学的政治研究》,16,120

"Thomas Hobbes"《托马斯·霍布斯》,65,73

"The Tower of Babel"《巴别塔》,11,87—89

"The Universities"《大学》,11,16,116—120

The Voice of Liberal Learning《人文学识的声音》,22

"The Voice of Poetry in the Conversation of Mankind"《人类对话中诗的声音》,16—17,125—133,147

人名中英文对照表*

Anselm　　　　　　　　　　　安瑟伦
Atkins, G. G.　　　　　　　　盖乌斯·阿特金斯
Auden, Wystan　　　　　　　威斯坦·奥登
Auspitz, Josiah Lee　　　　　约西亚·奥斯皮茨

Baldock, Robert　　　　　　　罗伯特·巴尔多克
Baldwin, Thomas　　　　　　托马斯·鲍德温
Berkeley, George　　　　　　乔治·贝克莱
Bernstein, Richard　　　　　理查德·伯恩斯坦
Blunt, Anthony　　　　　　　安东尼·布朗特
Bossuet, Jacques-Bénigne　　雅克·波舒哀
Braithwaite, R. B.　　　　　理查德·布雷斯韦特
Burgess, Guy　　　　　　　　盖伊·伯吉斯

Catlin, G. E. G.　　　　　　　乔治·卡特林
Condorcet, Marquis de　　　马奎斯·孔多塞

Danto, Arthur　　　　　　　　亚瑟·丹图

---

* 表中人名没有包括在索引中。——译者注

Elton, Geoffrey	杰弗里·埃尔顿
Finley, Moses	摩西斯·芬利
Friedman, Richard	理查德·弗里德曼
Friedrich, Caspar David	卡斯帕·弗里德里希
Fuller, Timothy	蒂莫西·富勒
Gaddis, John Lewis	约翰·加迪斯
Gallie, W. B.	沃尔特·盖利
Gardiner, Patrick	帕特里克·加迪纳
Glaude, Eddie	埃迪·克劳德
Gore, Charles	查尔斯·戈尔
Hampshire, Stuart	斯图尔特·罕布什尔
Hill, Christopher	克里斯多夫·希尔
James, Henry	亨利·詹姆斯
Maclean, Donald	唐纳德·麦克莱恩
Mandelbaum, Maurice	莫里斯·曼德尔鲍姆
Marsh, Leslie	莱斯利·马什
Mehta, Ved	维德·梅塔
Namier, Lewis	路易斯·纳米尔
Philby, Kim	金·菲尔比
Plumb, J. H.	约翰·普鲁布
Ramadge, Mark	马克·拉美治

Stebbing, Susan	苏珊·斯特宾
Stone, Lawrance	劳伦斯·斯通
Taylor, A. J. P.	艾伦·泰勒
Thompson, E. P.	爱德华·汤普森
Towlson, Anna	安娜·陶尔森
Trevor-Roper, Hugh	休·特雷弗-罗珀
Unger, Roberto	罗伯托·昂格
Walzer, Michael	迈克尔·沃尔泽
Warnock, Mary	玛丽·瓦诺克
White, Morton	莫顿·怀特
Williams, Raymond	雷蒙·威廉姆斯

译后记

最初注意到本书作者保罗·佛朗哥（Paul N. Franco）大约是在10年之前。当时他在美国著名学刊《政治理论》上发表了一篇精彩论文，题为《欧克肖特、伯林与自由主义》，引起了我的兴趣。后来，我将这篇论文译作中文，在我参与主编的《知识分子论丛》（第7辑）刊出。同时也了解到作者更多的背景情况。

佛朗哥1956年出生，在科罗拉多学院（Colorado College）就读本科期间就受到欧克肖特专家蒂莫西·富勒（Timothy Fuller）教授的指导。随后赴伦敦经济学院求学，在欧克肖特本人的指导下完成了硕士学位。他在芝加哥大学政治学系攻读博士学位，导师是政治哲学家约瑟夫·克罗波西（Joseph Cropsey，施特劳斯的弟子之一）。毕业后一直在美国著名的文理学院鲍登学院（Bowdoin College）政府系任教。佛朗哥迄今出版了四部著作：《欧克肖特的政治哲学》（耶鲁大学出版社，1990）、《黑格尔的自由哲学》（耶鲁大学出版社，1999）、《欧克肖特导论》（耶鲁大学出版社，2004）、《尼采的启蒙》（芝加哥大学出版社，2011），以及一部编著《欧克肖特指南》（宾州州立大学出版社，2012）。他论及黑格尔的专著获得了同行极高的赞誉，而学界公认他是欧克肖特少数几位最卓越的研究者之一。

2006年我与作者联系，商议将他对欧克肖特研究的成果翻译为中文。他在自己两部相关论著中选择了这部《欧克肖特导论》。我随即向严搏非先生推荐了这部书的翻译，而我的推荐翻译"自然地"变成了我的翻译任务，然后成为一桩心事，一个重负，最终成为了"债务"……拖欠了长达 6 年之久,才得以清偿。感谢三辉图书的宽怀大量,让我的负疚感没有吞噬信心;也感谢编辑"温馨提醒"式的催促,使我避免了更久的拖延。

目前,欧克肖特主要著作的中译本已经出版或即将出版。佛朗哥的研究著作将对我们理解这位伟大而复杂的政治哲学家提供有益的指南。

这部译作先由殷莹完成了初稿,但一直到这个暑假我才找到时间开始定稿的工作。我们合作的方式是,由殷莹逐句读出她的译文,我逐句对照原文核查。其中,纠正了少数误译和一些不够准确的译法,遇到疑难之处,共同商讨解决。但定稿工作的大部分时间是用在调整中文的遣词造句,我们时而反复斟酌与推敲,以求尽可能准确地传达原作的含义与风格。但译者的认真态度并不能确保完全排除失误,更何况有些术语(比如本书语境中的"civil"这一关键词)实际上没有贴切的中文对应词汇。无论如何,译文中若存在谬误与不当之处,应完全由我负责,也在此恳请读者批评指正。

殷莹和我的合作翻译始于 8 年之前,先后完成了《言论自由的反讽》和《以赛亚·伯林的遗产》的中译本。如今,当这部译稿完成的时候,我们的儿子刘存("小米")已经两岁半了。谢谢小米,在这两个月里耐心地忍受着父母之间奇怪而漫长的"交谈";而他的外婆承担了许许多多本应属于我们的烦劳与辛苦。小米每天都会在睡前说一句"谢谢外婆照顾我",这也是我和殷莹的心声。

刘　擎

2013 年 9 月 3 日

图书在版编目（CIP）数据

欧克肖特导论/（美）佛朗哥著；殷莹，刘擎译.
—北京：商务印书馆，2014
ISBN 978-7-100-10629-0

Ⅰ.①欧… Ⅱ.①佛… ②殷… ③刘… Ⅲ.①欧克肖特，M.（1901～1990）-思想评论 Ⅳ.① B561.59

中国版本图书馆 CIP 数据核字（2014）第 172998 号

所有权利保留。
未经许可，不得以任何方式使用。

欧克肖特导论
〔美〕保罗·佛朗哥 著
殷莹 刘擎 译

商 务 印 书 馆 出 版
（北京王府井大街36号 邮政编码100710）
商 务 印 书 馆 发 行
山东临沂新华印刷物流集团
有 限 责 任 公 司 印 制
ISBN 978-7-100-10629-0

2014 年 11 月第 1 版　　开本 960×1300　1/32
2014 年 11 月第 1 次印刷　　印张 8.75
定价：49.00 元